잡보장경雜寶藏經

- 온갖 보배가 가득한 경 -

원위元魏 시대에 서역에서 온 삼장三藏
길가야吉迦夜와 담요曇曜가 함께 번역하였다

잡보장경

온갖 보배가 가득한 경

雜寶藏經

동국역경원

『잡보장경』 간행에 즈음하여

부처님의 경전은 대체로 서분序分, 정종분正宗分, 유통분流通分 3단락으로 구성되어 있는데, 유통이 그 어느 공덕보다 지중한 것은 무슨 까닭일까? 내전內典이란 백천억 항하사 부처님이 말씀하신 바이고, 삼세여래가 수호하신 바이고, 시방보살이 귀의할 바의 청정안목으로써 미래 중생의 삿된 견해를 막아주는 법이기 때문이다. 따라서 이의 유통 공덕이 곧 수많은 중생의 견성성불로 청정법계를 이룩할 수 있는 터전이기에, 삼천대천세계를 가득 채운 칠보의 보시도 이 경전의 명호와 한 구절의 의의를 듣는 것만 못하다고 말한 것이다.

물론 『잡보장경』은 소의경전이 아니지만, 누구나 읽으면 알 수 있는 121가지의 본생담, 비유담, 인연담 등을 효양孝養, 비방誹謗, 시행施行, 교화敎化, 투쟁鬪爭의 5부분으로 일목요연하게 정리한 책이다. 이는 사부중생의 일상생활에 그 누구나 알아야 하고 수지受持해야 할 기본 규범을 설파하고 있는 것이라고 할 수 있다.

효양과 보시행을 예로 들면, 낳아주신 부모에 대한 효순은 보과報果를 떠나 자식으로서의 당연한 책무이자 사람으로서 필연의 의무이다. 이와 같은 기본 규범을 따르지 못하고서 태란습화胎卵濕化 사생四生의 자부慈父이신 부처님을 어떻게 받들 수 있겠는가. 그리고 보시행 또한 일상에서 생활화하지 못한 이가 부처님 전 그 무슨 보시 공덕을 어떻게 지을 수 있겠는가.

『잡보장경』에서 논급한 비방과 투쟁의 잘못 등은 가장 기본적인 지계持戒에 관련된 부분으로 우리의 일상에서 날마다 성찰하고 근신해야 할 덕목이다. 이는 불자를 떠나 세간의 모든 사람이 가정과 사회에서 지켜야 할 가장 기본적인 행동규범들이다.

이 경에서 말한 이러한 규범은 직접 견성오도의 첩경이라 말할 수는 없겠지만 이를 기조로 세간의 미풍양속이 이뤄지고, 여기에서 한 걸음 더 나아가 삼척동자도 한 번 읽으면 알 수 있는 부처님의 전생담 및 인연담을 통해서 여든 노인도 실행하기 어렵다는 실천에 매진하고 분발한다면, 보시바라밀이며 지계바라밀은 곧 이 경전을 통하여 이뤄지는 '첩경의 보장寶藏'이라고 말할 수 있을 것이다.

이러한 견지에서 『잡보장경』의 간행에 노고를 마다하지 않은 관계자 여러분의 유통 공덕은 오늘날 가정이 무너지고 서로의 반목과 갈등으로 얼룩진 작금의 사회현실에 이정표를 제

시해 주었을 뿐 아니라, 진정한 불국토는 멀리에서 이뤄지는 것이 아니라 바로 우리의 현실 생활 속, 효양과 보시, 그리고 비방과 다툼이 사라진 그 자리가 곧 연화장세계의 불국토임을 보여주는 쾌거라고 찬탄하는 바이다.

이런 의미에서 『잡보장경』의 간행을 살펴보면 만시지탄晚時之歎이 없지 않으나, 이번 출간을 통하여 모든 가정과 사회의 화평과 조화가 꽃피워지고, 나아가 삼천대천세계의 일체중생이 나와 너를 가리지 않는 평등한 법성의 세계가 이뤄지기를 바라마지 않는 바이다.

2023년 8월

동국대학교 불교학술원 동국역경원장 혜거

잡보장경 해제雜寶藏經 解題

성재헌

1. 개요

『잡보장경』은 5세기 말에 길가야吉迦夜가 담요曇曜와 함께 한역한 경전으로, 121가지의 짧은 설화로 이루어진 불교 경전이며, 모두 10권으로 되어 있다.

이 경은 부처님 전생 이야기인 본생담本生譚(jātaka)과 부처님 제자들의 전생 이야기인 비유담譬喩譚(avadāna)과 그 밖의 여러 가지 사건의 인연과 까닭을 설화적으로 이야기한 인연담因緣譚(nidāna) 등을 모아놓은 것이다. 또한, 그 이야기들은 효양孝養, 비방誹謗, 시행施行, 교화敎化, 투쟁鬪諍이라는 다섯 가지 주제에 따라 차례로 편집되어 있다. 즉, 제1권과 제2권에서는 효도한 이와 불효한 이가 받은 과보를 밝혀 효행을 권장한 이야기들을 수록하고 있다. 제3권에서는 비방과 분노에 따른 엄중한 과보를 밝혀 악행을 경계警戒한 이야기들을 수록하고 있다. 제4권에서 제7권까지는 보시를 실천하여 하늘나라에 태어난 자들의 이야기들을 수록하고 있다. 제8권과 제9권에서는 부처님과 부처님의 제자들이 선행善行으로 악인을 교화한 이야기들을 수록하고 있다. 제10권에서는 다툼과 관련된 여러 가지 이야기들을 통해 다툼이 초래하는 재앙의 심각성을 경고하였다.

이 경에서는 이런 이야기들을 통해 선인선과善因善果와 악인악과惡因惡果의 필연성을 강조하고, 이를 깨달아 보시 등의 선행善行을 닦고 부처님의 가르침에 따라 살도록 권유하고 있다.

2. 성립과 한역

『잡보장경』의 편찬 시기는 이 경에 수록된 설화를 토대로 추정할 수가 있다.

이 경 제111화에는 난타왕難陀王과 나가사나那伽斯那가 변론한 이야기가 수록되어 있다. 나가사나는 곧 나가세나Nāgasena로 불전佛典에서 '나선那先' 또는 '용군龍軍' 등으로 한역漢譯 되는 인물이다. 그는 서력기원 전 2세기 후반 인도 서북부 지역에 있었던 그리스 박트리아 왕국에서 활동했던 인도 출신 승려이다. 또 제93화에는 월지국왕月氏國王 전단계니타栴檀罽尼吒가 아라한 기야다祇夜多를 만나기 위해 직접 찾아간 이야기가 수록되어 있고, 제94화에는 전단계니타가 마명馬鳴 보살을 친구처럼 가까이 두고 조언을 받은 이야기가 수록되어 있다. 전단계니타는 곧 인도 서북부 지역에서 쿠샤나Kuṣāna 왕조의 전

성기를 이끌었던 카니쉬카Kaniṣka 왕(재위 127~147)이다. 또한 마명馬鳴(Aśvaghoṣa)은 불교문학의 시조로 추앙되는 인물로서 대승불교의 흥기에 막대한 영향을 끼친 인물이다. 이를 토대로 추정할 때 이 경은 최소 서력기원 2세기 이후에 편찬된 것으로 짐작된다.

『잡보장경』의 한역漢譯과 관련된 기사 중 가장 오래된 것은 남북조시대 양梁나라에서 활동했던 승려 승우僧祐(445~518)가 편찬한 『출삼장기집出三藏記集』 제2권에 나온다. 그 내용은 다음과 같다.

"잡보장경雜寶藏經 13권. 궐본이다.
부법장인연경付法藏因緣經 6권. 궐본이다.
방편심론方便心論 2권. 궐본이다.
이상 3부 총 21권은 송宋나라 명제明帝 때 서역에서 온 삼장 길가야吉迦夜가 북국北國(북위北魏)에서 효문제孝文帝 연흥延興 2년(513)에 승정僧正인 석담요釋曇曜와 함께 역출하고 유효표劉孝標가 필수筆受하였다. 이 세 가지 경은 모두 경도京都(건강建康)에 들어오지 않았다."

한역자 길가야에 대해는 『개원석교록』 제6권에서 다음과 같이 기록하고 있다.

"사문 길가야는 중국말로 하사何事라 한다. 서역 사람이다.

중생을 제도할 뜻을 품고 여러 곳을 돌아다니면서 사람들을 교화하였다. 효문제孝文帝 연흥延興 2년 임자(壬子, 472)에 북위北魏의 소현통昭玄統 즉 국통國統인 사문 담요曇曜를 위하여 『대방광보살십지경』 등 5부를 번역하였으며, 유효표劉孝標가 이를 받아썼다."

공역자 담요曇曜는 북위北魏의 태무제太武帝가 불교를 폐지했던 시기에도 환속하지 않고 홀로 불법을 호지했던 승려이다. 이후 태자 탁발황拓跋晃이 그를 존경해 스승으로 섬겼고, 태자가 문성제文成帝로 즉위한 후에는 불교를 재차 부흥시키고 특별히 그를 소현도통昭玄都統 즉 국통國統으로 임명해 모든 승려를 관리하게 하였다. 담요가 이후 무주산武周山 석벽 다섯 곳에 큰 불상을 조각하고 사찰을 건립하였는데, 이것이 대동운강석굴大同雲崗石窟의 시초이다.

『출삼장기집』 외에도 여러 전적에서 이 경에 관해 설명하고 있는데 역자와 번역 시기 등은 대체로 일치하나 다만 그 권수卷數에 있어서는 약간의 차이가 있다.

당唐나라 때 도선道宣이 편찬한 『대당내전록大唐內典錄』에서는 길가야와 담요가 『출삼장기집』에서 밝힌 세 가지 경 외에 『칭양제불경稱揚諸佛經』 3권과 『대방광보살지경大方廣菩薩地經』도 번역하였다고 밝혔다. 그리고 『잡보장경』의 권수에 대해서는 제4권에서는 "13권"이라 하고, 제7권과 제9권에서는 "8권 혹은 10권"이라고 명기하여 착오를 유발하였다.

『역대삼보기歷代三寶紀』 제9권과 『고금역경도기古今譯經圖紀』 제3권에서도 길가야와 담요가 다섯 가지 경을 번역했다는 사실을 거론하고, 『잡보장경』의 권수를 역시 "13권"이라고 하였다.

『정원신정석교목록貞元新定釋教目錄』 제9권에서는 『잡보장경』의 권수를 "8권"이라 하였다. 그리고 그 각주에서 "목록에는 13권이라 하였는데, 그 자세한 내용은 알 수 없지만 지금 남아 있는 것은 모두 8권에 불과하다. 혹 이 여덟 권을 나누어 13권으로 편집하였는지도 모르겠다. 도혜道慧가 편찬한 『송제록宋齊錄』과 승우僧祐가 편찬한 『출삼장기집』에 이 경의 역출에 관한 기록이 나온다."라고 설명하였다.

『개원석교록開元釋教錄』 제6권에서도 『잡보장경』의 권수를 "8권"이라 하고, 그 각주에서 "기존 목록에서는 '13권'이라 하였으나 확실하지 않다. 지금은 8권만 있을 뿐이다. 도혜의 『송제록』과 『승우록僧祐錄』에 나온다."라고 하였다. 또 『대주간정중경목록大周刊定衆經目錄』 제14권에서는 『잡보장경』의 권수를 "8권"이라 하고, 그 각주에서 "10권, 또는 13권으로 되어 있다."라고 하였다.

현전하는 『잡보장경』은 총 10권으로 구성되어 있다. 이렇게 권수에서 차이를 보이는 것이 번역본의 이탈 여부에서 발생한 것인지, 경의 내용은 같고 권을 분류하는 과정에서 발생한 차이인지는 불명확하다.

3. 주석서와 이역본

『잡보장경』의 주석서와 이역본은 없다.

약경명略經名은 『잡장경雜藏經』이고, 별경명別經名은 『잡법장경雜法藏經』이다.

4. 구성과 내용

『잡보장경』은 『현우경賢愚經』·『찬집백연경撰集百緣經』과 함께 불교설화 비유문학佛教說話譬喻文學의 3대작大作으로 불리는 경이다.

불교 경전에는 많은 설화가 수록되어 있다. 그 설화들은 내용과 형식에 따라 다음 몇 가지 장르로 분류한다. 첫째, 석존釋尊께서 성도成道하여 부처가 되기 이전, 아직 보살菩薩로서 수행하던 시기의 전생 이야기를 자타카jātaka, 즉 본생담本生譚 혹은 전생담前生譚이라 한다. 둘째, 자타카처럼 석존의 전생前生 때 이야기이긴 하지만 주인공이 부처님이 아니라 다른 인물 즉 부처님의 제자 등이고, 전생의 사건과 현생現生에서 일어난 사건의 인과관계를 밝힌 이야기이다. 이를 아바다아나avadāna, 즉 비유譬喻 또는 비유담譬喻譚이라 한다. 셋째, 부처님의 사적事蹟이나 그 밖의 여러 가지 사건의 인연과 까닭을 설화적으로 이야기한 것을 니다나nidāna, 즉 인연담因緣譚이라 한다. 이 밖에 짧은 우화寓話를 우파아마Upama 즉 비유比喩라고 한다.

이와 같은 설화문학의 영역에 속하는 이야기 등은 처음에는 여러 가지 장르로 분류되어 각각 독립된 문헌文獻, 즉 이야기를 형성하였다. 하지만 시대가 흐르면서 후대에 가서는 하나의 이야기(문헌) 안에 앞에서 거론한 여러 가지 장르의 특징이 뒤섞이게 되었다.

『잡보장경』에는 본생담·비유담·인연담 등에 해당하는 총 121가지 이야기가 10권에 나누어 실려 있다. 전체 내용은 많은 이야기가 그냥 무질서하게 엮어진 것이 아니라 효양孝養, 비방誹謗, 시행施行, 교화敎化, 투쟁鬪諍이라는 다섯 가지 주제에 따라 편집되어 있다. 즉, 제1권과 제2권에 수록된 이야기들은 효도를 권장하고 선악의 행위에 따른 인과因果를 밝힌 설화이고, 제3권에 수록된 이야기들은 비방과 분노에 얽힌 설화이고, 제4권에서 제7권까지 수록된 이야기들은 보시를 실천하여 하늘나라에 태어나는 과보를 얻은 설화이고, 제8권과 제9권에 수록된 이야기들은 교화에 관한 설화이고, 제10권에 수록된 이야기들은 여러 가지 다툼에 관한 설화이다.

이 경에서는 이런 전생담과 인연담과 비유담 등을 통해 선인선과善因善果와 악인악과惡因惡果의 필연성을 강조하고, 이 도리를 깨달아 보시 등의 선행善行을 닦고 부처님의 가르침에 따라 살도록 권유하고 있다. 또한 이 경 첫머리에 수록된 '십사왕 이야기'는 인도의 대표적 설화인 라마야나 이야기이다. 인도 고유의 전래 설화가 첫머리에 수록된 것으로 보더라도 이 경에 수록된 이야기들이 전부 불교 교단 안에서 생성된 이야기라고 단정할 수는 없다. 아마 많은 내용이 인도 민간에서 이미 전해지던 이야기들일 것이며, 그것이 부처님이나 그 제자들을 등장인물로 삼아 각색되었을 것으로 추측된다.

차례

장보광경

제1권

온갖 보배가 가득한 경

1.
십사왕 이야기

사람의 수명이 1만 세이던 아득히 먼 옛날에 십사十奢라는 왕이 있었다. 그는 수미산 남쪽 세계인 염부제閻浮提를 다스리는 왕이었다. 왕에게는 여러 명의 부인과 아들이 있었다. 큰 부인이 낳은 아들은 라마羅摩이고, 둘째 부인이 낳은 아들은 라만羅漫이었다. 라마 태자는 매우 용감하고 하늘나라의 신 금강역사처럼 힘이 셌다. 게다가 소리가 들리거나 모습만 보여도 상대를 해칠 수 있는 선라扇羅라는 강력한 무기를 가지고 있어서 아무도 그를 당할 수 없었다.

왕에게는 또 셋째 부인이 낳은 바라타波羅陀와 넷째 부인이 낳은 멸원악滅怨惡이라는 아들도 있었다. 왕은 셋째 부인을 유난히 사랑하였다.

어느 날 왕이 셋째 부인에게 이렇게 말하였다.

"나는 내가 가진 모든 재산과 보물을 당신에게 다 주어도 전혀 아깝지가 않소. 소원이 있으면 말해 보오. 당신이 원하는 대로 해 주리다."

부인이 대답하였다.

"저는 지금 바라는 것이 없습니다. 나중에 소원이 생기면 그때 다시 말씀드리겠습니다."

그리고 얼마 후 왕이 병에 걸려 매우 위독한 상태가 되었다. 왕은 곧 태자 라마를 자기를 대신할 왕으로 선택하여 그의 머리카락을 비단으로 묶고 머리에 천자의 관을 씌우고는 왕의 법도대로 용모와 규칙을 엄숙하게 지키게 하였다.

그 무렵 셋째 부인이 왕을 간호하였고 왕의 병은 조금씩 차도를 보였다. 셋째 부인은 그것이 자기 덕분이라 생각하였고, 또 라마가 왕의 자리를 이어받는 것을 보고는 질투하는 마음이 생겼다. 그래서 예전에 왕이 들어주기로 약속한 소원을 말하였다.

"라마를 폐하고 제 아들을 왕으로 삼아 주소서."

이 말을 들은 왕은 마치 목구멍에 무엇이 걸려 삼킬 수도 뱉을 수도 없는 사람처럼 난감했다. 큰아들을 폐하자니 이미 왕으로 세운 상황이고, 폐하지 않자니 소원을 들어주겠노라고 예전에 이미 약속했기 때문이었다.

십사왕은 젊은 시절부터 약속을 어긴 적이 없었다. 게다가 두말을 하지 않고 앞서 자신이 한 말은 번복하지 않는 것은 왕이 지켜야 할 법이었다. 이렇게 생각한 왕은 곧 라마를 폐하고 그의 의복과 천자의 관을 빼앗았다.

그때 아우 라만이 그의 형에게 말하였다.

"형님은 용맹하고 힘이 세며 또 강력한 무기인 선라까지 가지고 있습니다. 그런데 왜 그것을 쓰지 않고 이런 치욕을 당합니까?"

형이 아우에게 대답하였다.

"아버지의 소원을 어기면 효자라 할 수 없다. 셋째 어머니가 우리를 낳지는 않았지만, 아버지가 소중히 여기시니 우리의 친어머니나 마찬가지다. 그리고 바라타는 아주 온화하고 유순하며 조금도 다른 마음을 품지 않는 아우이다. 지금 내가 큰 힘과 선라를 가졌다고 하여 어찌 부모님과 아우에게 해서는 안 될 짓을 하고 해를 끼칠 수 있겠는가?"

아우는 형의 말을 듣고 이내 침묵하였다.

얼마 후 십사왕은 두 아들 라마와 라만을 멀리 깊은 산으로 보내면서 12년 후에나 본국으로 돌아오라 명하였다. 라마와 라만 형제는 아버지의 명령을 받들어 조금도 원한을 품지 않고, 부모님께 절을 올리고 멀리 떠나 깊은 산으로 들어갔다.

당시 바라타는 다른 나라에 있었다. 십사왕은 그를 왕으로 삼으려고 본국으로 돌아오게 하였다. 바라타는 평소 두 형과 화목하게 지냈으며, 공손히 순종하고 깊은 존경심을 품고서 늘 양보하던 아우였다. 바라타가 본국으로 돌아와 보니 부왕은 이미 세상을 떠난 뒤였다. 바라타는 그제서야 자신의 어머니가 멋대로 형 라마를 폐위하고 자기를 왕으로 세운 뒤 두 형을 멀리 내쫓았다는 사실을 알게 되었다. 바라타는 도리에 맞지 않는 짓을 한 자기 어머니를 미워하였다. 그래서 엎드려 절도 하지 않고 자기 어머니에게 이렇게 말하였다.

"어머님은 왜 도리에 어긋나는 짓을 하여 우리 집안을 망치려 하십니까?"

하지만 큰어머니에게는 절을 올리고 평소보다 갑절이나 더 공경히 받들면서 효도하고 순종하였다. 바라타는 곧바로 군사를 이끌고 형들이 사는 산으로 달려갔다. 산기슭에 이르러 군사를 뒤로 물리고는 자기 혼자 형들에게 다가갔다. 아우가 오는 것을 보고 라만이 형 라마에게 말하였다.

"형님이 예전에 '바라타 아우는 의리가 있고 양보할 줄 알며 공손히 순종한다.'라고 늘 칭찬하셨는데, 오늘은 군사를 끌고 와 우리 형제를 죽이려 하는군요."

형 라마가 바라타에게 말하였다.

"아우는 지금 왜 군사를 거느리고 왔는가?"

바라타가 형에게 말하였다.

"길에서 도적을 만날까 두려워 방어하기 위해 군사를 데려온 것이지, 다른 뜻은 없습니다. 형님께서 본국으로 돌아와 나라를 다스려주시기 바랍니다."

형 라마가 바라타에게 대답하였다.

"아버지의 명령을 받들어 멀리 이곳까지 왔는데 어떻게 우리 마음대로 당장 돌아갈 수 있겠는가? 만약 우리 마음대로 한다면 사람의 자식이라 할 수 없고, 어버이에게 효도하는 의리라 할 수도 없다."

아우 바라타가 여러 차례 간절히 청하였지만, 형의 뜻은 분명하고 매우 확고하였다. 바라타는 어떻게 해도 형의 마음을 돌릴 수 없다는 것을 알고는 형에게 신었던 가죽신이라도 달라 청하였다. 바라타는 슬픔에 젖어 괴로워하면서 그 가죽신을 들고 본국으로 돌아와 나라를 다스렸다.

바라타는 항상 그 가죽신을 어좌御座에 올려놓고서 형 라마를 대하는 것과 다름없이 아침저녁으로 예배하고 문안드리는 의리를 보였다. 그리고 늘 산으로 사람을 보내 자주자주 형들을 초청하였다. 그러나 두 형은 "12년이 지난 뒤 돌아오라는 아버지의 명령을 받았는데 연한이 차지 않았다." 하고는 지극한 효심으로 충성을 다하면서 감히 아버지의 명령을 어기지 않았다.

그 후 차츰 세월이 흘러 연한이 차게 되었다. 형 라마는 아우가 누차 사람을 보내 간절히 부르고, 또 신발을 자기처럼 여기며 공경한다는 것을 알고는 아우의 지극한 정성에 감동하여 드디어 본국으로 돌아왔다.

그들이 본국으로 돌아오자 바라타는 형 라마에게 왕위를 양보하였다. 그러자 라마가 다시 양보하면서 말하였다.

"아버지가 먼저 아우에게 주셨으니 나는 받을 수 없다."

아우가 또 양보하였다.

"형님이 맏아들입니다. 아버지의 대업을 이어받을 사람은 바로 형님이십니다."

이렇게 서로 주거니 받거니 양보하다가 결국 할 수 없이 형이 다시 왕이 되었다.

형과 아우가 돈독한 우의로 화목하게 지내자 아름다운 교화가 크게 시행되고 도덕이 널리 퍼졌다. 백성들이 모두 감화를 입어 더욱 충성하고 효도하였으며, 사람들이 스스로 나서 받들어 섬기면서 효도하고 공경하도록 권하였다. 또 바라타의 어머니가 비록 큰 죄를 지었지만, 라마는 조금도 원망하는 마음을 품지 않았다.

이런 충심과 효심 덕분에 바람과 비가 때를 맞추어 다섯 가지 곡식이 풍성하게 자라고 사람들이 병에 걸리지 않았으며, 염부제의 모든 백성이 보통 때보다 열 배나 번성하고 풍족하였다.

2.
자기 몸으로 부모를 살린 왕자

다음과 같이 나는 들었다.

언젠가 부처님께서 사위국舍衛國에 계실 때였다.

그때 아난이 가사를 입고 발우를 들고 성에 들어가 걸식하다가, 한 어린아이가 장님 부모를 모시고 음식을 구걸해 맛있는 음식은 부모님에게 드리고 거친 음식은 자기가 먹는 것을 보았다.

아난이 부처님께 아뢰었다.

"세존이시여, 이 어린아이는 참으로 보기 드문 아이입니다. 음식을 구걸하여 맛있는 음식을 얻으면 부모님께 공양하고, 거칠고 맛없는 음식은 골라서 자기가 먹습니다."

부처님께서 말씀하셨다.

"그것은 하기 어려운 일이 아니다. 나는 전생에 부모님을 봉양하면서 참으로 하기 어려운 일을 하였느니라."

아난이 다시 아뢰었다.

"세존께서는 전생에 부모님을 어떻게 봉양하셨습니까?"

부처님께서 말씀하셨다.

"아득히 먼 옛날에 큰 나라를 다스리던 대왕이 있었다. 그 대왕에게는 아들 여섯이 있었고, 제각기 한 나라씩 차지하고 있었다. 그런데 당시 라후구羅睺求라는 대신이 음모를 꾀하고 은밀히 군사를 일으켜 대왕과 다섯 아들을 죽였다. 하지만 여섯째 아들은 귀신이 찾아와 미리 알려준 덕분에 화를 면하였다.

'너의 아버지 대왕과 다섯 형이 모두 대신 라후구에게 살해당하였다. 다음은 네 차례가 될 것이다.'

왕자는 그 말을 듣고 곧바로 집으로 돌아왔다. 아내는 왕자의 근심스러운 얼굴빛이 여느 때와 다른 것을 보고 물었다.

'당신 표정이 왜 그렇습니까?'

왕자가 대답하였다.

'남자들의 일이라 당신에게 말할 수 없소.'

'왕자님, 나는 당신과 함께 살고 함께 죽을 사람입니다. 하지 못할 말이 뭐가 있겠습니까?'

'조금 전에 귀신이 찾아와, 나의 아버지 대왕과 다섯 형이 모두 살해당했고 다음은 내 차례가 될 것이라고 나에게 알려주었소. 그래서 근심과 두려움으로 어찌 줄을 모르겠소.'

부부는 곧바로 아이를 데리고 다른 나라로 도망치기로 계획을 세웠다. 계획대로면 일주일 치 양식이면 목적지에 도착하기에 충분하였다. 하지만 두려움에 휩싸여 서두른 탓에 길을 잘못 들고 말았다. 왕자 가족은 열흘이 지나도록 걷고도 목적지에 도착하지 못하였고, 양식이 떨어져 피로와 굶주림으로 거의 죽을 지경이 되었다.

왕자는 생각하였다.

'세 사람이 다 살려니 고통이 더 심하다. 차라리 한 사람을 죽여 두 사람을 살리는 것이 낫겠다.'

왕자는 곧 칼을 빼 아내를 죽이려 하였다. 그러자 아이가 아버지를 바라보면서 합장하고 말하였다.

'아버지, 어머니를 죽이지 마셔요. 어머니 대신 차라리 저를 죽이세요.'

아버지는 아이 말대로 자기 아들을 죽이려 하였다. 아들이 다시 아버지에게 말하였다.

'하지만 제 목숨을 끊지는 마세요. 저를 죽이면 살이 곧 썩어 오래가지 못합니다. 그러면 어머니가 목적지까지 갈 수 없을지도 모릅니다. 그러니 저를 죽이지는 말고 날마다 조금씩 제 살을 베어 드십시오.'

그리하여 사람들이 사는 마을에 도착하기 전, 아이 몸에는 살이 겨우 세 점 정도만 남게 되었다.

아들이 부모에게 말하였다.

'이 살 두 점은 부모님이 드시고 남은 한 점은 저에게 주십시오.'

그 부모는 어린아이를 땅에 던져 버리고 길을 떠났다.

그때 석제환인釋提桓因의 궁전이 진동하였다. 석제환인은

곧 이것이 무슨 까닭인가 하고 세상을 두루 살피다가, 한 어린 아이가 좀처럼 드문 일을 한 것을 보았다. 석제환인은 곧 굶주린 늑대로 변해 남은 살점을 탐내면서 아이에게 다가갔다. 아이는 생각하였다.

'나는 이 살을 먹더라도 결국은 죽을 것이요, 먹지 않더라도 죽을 것이다.'

아이는 곧 마지막 남은 살점을 떼어 굶주린 늑대에게 던져주었다. 그러자 석제환인이 다시 사람으로 변해 아이에게 말하였다.

'너는 지금 부모에게 살을 베어 주고도 후회하는 마음이 없는가?'

'후회하지 않습니다.'

'너는 지금 몹시 괴로워하고 있다. 네가 후회하지 않는다는 말을 누가 믿겠는가?'

그러자 아이가 맹세하였다.

'만약 제가 후회하지 않는다면 몸의 살이 다시 생겨 예전 모습으로 회복될 것입니다. 만약 후회한다면 여기서 바로 죽을 것입니다.'

이렇게 말하자 아이의 몸이 예전 모습 그대로 회복되었다. 석제환인은 그 아이와 부모를 어딘가로 데려가 그 나라의 왕을 만나게 하였다. 왕은 크게 슬퍼하면서 한편으로는 크게 기뻐하였다. 왕은 아들의 지극한 효도를 어여삐 여겨 일찍이 없었던 일이라 찬탄하고는 군사를 주어 본국으로 돌아갈 수 있도록 하였다. 석제환인 역시 그를 잘 옹호하여 염부제의 왕이 되게 하였다.

아난이여, 그때 그 어린아이가 바로 지금의 나요, 그 부모가 바로 지금 나의 부모님이니라."

부처님께서 이어 말씀하셨다.

"나는 오늘만 자비와 효도를 찬탄하는 것이 아니다. 과거 한량없는 겁 동안에 항상 찬탄하였느니라."

비구들이 부처님께 여쭈었다.

"세존께서는 과거 전생에 어떻게 부모님을 봉양하셨습니까?"

부처님께서 말씀하셨다.

"옛날 가시국왕迦尸國王의 나라에 큰 산이 하나 있었고, 그 산에 섬마가睒摩迦라는 선인仙人이 살고 있었다. 그의 부모님은 늙었을 뿐 아니라 눈이 먼 장님들이었다. 섬마가는 두려울 것이 없는 한적하고 고요한 곳에 부모님을 모시고 살면서 항상 맛있는 과일과 아름다운 꽃과 시원한 물을 가져와 부모님께 공양하고, 할 일이 있어 출입할 때에는 먼저 부모님께 말씀드렸다.

어느 날 부모님께 말씀드리고 나서 물을 길으러 갔을 때였다. 그때 범마달梵摩達이라는 왕이 사냥을 하다가 물을 먹고 있는 사슴을 보고 활을 쏘았다. 그런데 독약이 묻은 그 화살이 실수로 그만 섬마가를 맞추고 말았다. 독화살에 맞은 섬마가가 큰소리로 부르짖었다.

'화살 하나로 세 사람을 죽이다니 이 얼마나 비통한 일인가!'

그 소리를 들은 왕은 활을 땅에 내던지고 즉시 달려가 누가 이런 말을 했는지 살펴보았다.

왕이 물었다.

'이 산에 자비와 효도로 장님 부모를 봉양하는 섬마가라는 선인이 있다고 온 세상이 칭찬하는 이야기를 내가 들었는데, 그대가 혹시 섬마가가 아닌가?'

'제가 바로 섬마가입니다.'

그리고 섬마가가 왕에게 말하였다.

'지금 저는 이 몸의 고통은 걱정하지 않습니다. 다만 늙고 앞 못 보는 부모님이 아무도 봉양할 사람이 없어 지금부터 굶주리게 될 것이 걱정입니다.'

왕이 물었다.

'너의 장님 부모는 지금 어디 계시는가?'

섬마가가 손으로 가리키면서 말했다.

'저 오두막에 계십니다.'

왕은 곧 장님 부모가 있는 곳으로 찾아갔다.

그때 섬마가의 아버지가 아내에게 말하였다.

'내 눈이 이상하게 떨리오. 우리 효자 섬마가에게 재앙이 닥칠 징조가 아닌지 모르겠소.'

그 부인도 남편에게 말하였다.

'제 젖가슴도 이상하게 떨립니다. 우리 아들에게 불상사가 닥치는 것은 아닌지 모르겠습니다.'

그때 장님 부부는 바삭거리는 왕의 걸음 소리를 듣고 두려운 마음으로 물었다.

'우리 아들 걸음이 아닌데, 거기 누구요?'

왕이 다가가 큰소리로 인사하자, 장님 부부가 말하였다.

'우리는 아무것도 보이지 않습니다. 인사하는 당신은 누구십니까?'

'나는 가시국의 왕이오.'

그러자 장님 부부가 왕에게 말하였다.

'앉으십시오. 우리 아들이 있었더라면 왕께 좋은 꽃과 과일을 올렸을 것입니다. 우리 아들이 아침에 물을 길러 나갔는데 날이 저물도록 오래 기다려도 돌아오지를 않는군요.'

그러자 왕이 슬피 울면서 게송으로 말하였다.

나는 이 나라의 왕으로서
이 산으로 사냥을 나왔다오.
그저 짐승을 쏘려 했을 뿐인데
사람을 맞춰 해칠 줄은 몰랐다오.

나는 이제 왕의 자리를 버리고
이곳으로 와서 장님 부모 섬기리라.
당신의 아들과 다름없이 하리니
부디 근심하거나 괴로워하지 마시오.

장님 부모도 게송으로 왕에게 대답하였다.

우리 아들은 인자하고 효순하니
천상 인간 어디에도 그런 아들 없지요.
왕께서 저희를 가엾이 여기신다지만
어떻게 우리 아들 효도만 하리까?

왕께서 저희를 가엾이 여기신다면
우리 아들이 있는 곳으로 데려다 주소서.
우리 아들 곁에 있을 수만 있다면
함께 죽더라도 마음은 만족하리다.

이에 왕은 장님 부모를 데리고 섬마가 곁으로 갔다. 그들은 아들 곁에 이르자 가슴을 치고 괴로워하면서 '우리 아들은 인자하고 효순하기 비할 데 없었는데.' 하며 울부짖었다. 그러자 천신·지신·산신·목신·강의 신·연못의 신 등 여러 신이 게송으로 말하였다.

제석천 범천과 세상의 왕들이
왜 돕지를 않아
인자하고 효순한 우리 아들이
이런 고통을 받게 하시는가?
우리 효자에게 깊이 감동했다면
얼른 그 목숨을 살려 주소서.

그때 석제환인의 궁전이 진동하였다. 석제환인은 하늘의 귀(天耳)로 장님 부모가 슬픔에 울부짖는 소리를 듣고, 곧 하늘에서 섬마가가 있는 곳으로 내려와 말하였다.

'너는 왕에게 미워하는 마음이 있느냐?'

'조금도 미워하는 마음이 없습니다.'

'너에게 미워하는 마음이 없다는 것을 누가 믿겠는가?'

섬마가가 대답하였다.

'만약 저에게 왕을 미워하는 마음이 있다면 화살의 독이 온몸에 퍼져 당장 죽을 것입니다. 하지만 만약 저에게 왕을 미워하는 마음이 없다면 독화살이 빠지고 상처가 곧바로 나을 것입니다.'

그러자 그의 말대로 독 묻은 화살이 저절로 빠지고 상처가 회복되었다. 왕은 한량없이 기뻐하며 곧 온 나라에 '항상 자비를 닦고 부모를 효도로 섬기라.' 하는 법령을 내렸다.

비구들이여, 섬마가는 옛날부터 인자하고 효순하며 부모님을 봉양하였다. 비구들이여, 알고 싶은가? 그때 그 장님 아버지가 바로 지금의 정반왕이요, 그때 그 장님 어머니가 바로 지금의 마야부인이며, 섬마가는 바로 지금의 나이고, 그 가시국의 왕은 바로 지금의 저 사리불이며, 석제환인은 바로 지금의 저 마하가섭摩訶迦葉이니라."

3.

장님 부모를 봉양한 앵무새

부처님께서 왕사성王舍城에 계시면서 비구들에게 말씀하셨다.

“방망이로 친 공처럼 쏜살같이 지옥에 떨어지게 하는 두 가지 삿된 행이 있다. 무엇이 그 두 가지인가? 첫째는 부모를 봉양하지 않는 것이요, 둘째는 부모에게 온갖 나쁜 짓을 하는 것이다.

방망이로 친 공처럼 쏜살같이 하늘나라에 태어나게 하는 두 가지 바른 행이 있다. 무엇이 그 두 가지인가? 첫째는 부모를 봉양하는 것이요, 둘째는 부모에게 온갖 선행을 실천하는 것이다.”

비구들이 아뢰었다.

“놀랍습니다, 세존이시여. 세존께서 이렇게나 부모님을 찬탄하시다니요.”

부처님께서 말씀하셨다.

"오늘만이 아니니라. 아득히 먼 옛날 설산雪山에 앵무새 한 마리가 있었는데, 그 부모가 모두 장님이었다. 그 앵무새는 항상 좋은 꽃과 과일을 따다가 먼저 부모에게 공양하고는 하였다.

그때 한 농부가 있었는데, 그는 처음에 곡식을 심으면서 이렇게 원을 세웠다.

'내가 심은 이 곡식을 여러 중생과 함께 나눠 먹으리라.'

앵무새는 그 농부가 보시할 마음을 가진 것을 알고 항상 그 밭의 곡식을 가져다 부모에게 공양하였다. 그 농부는 밭의 곡식을 돌아보다가 여러 벌레와 새들이 곡식의 싹을 잘라먹은 것을 보고는 화를 내며 괴로워하였다. 농부는 곧 그물을 쳐서 앵무새를 잡았다. 그러자 앵무새가 말하였다.

'농부님은 예전에 곡물을 아낌없이 베풀겠노라며 좋은 마음을 가졌습니다. 그래서 제가 감히 찾아와 곡식을 가져갔던 것입니다. 그런데 왜 지금은 그물로 저를 잡는 것입니까? 또 밭은 어머니와 같고 씨앗은 아버지와 같으며 진실한 말은 아들과 같고 농부는 왕과 같습니다. 당신을 보호하는 것은 당신 자신입니다.'

앵무새가 이렇게 말하자, 농부가 기뻐하여 앵무새에게 물었다.

'너는 누구를 위해 이 곡식을 가지고 가는가?'

앵무새가 대답하였다.

'장님 부모님이 계십니다. 이것으로 봉양하려 합니다.'

그러자 농부가 말하였다.

'지금부터는 조금도 어려워하지 말고 언제든 찾아와 가져가거라.'"

부처님께서 이어 말씀하셨다.

"앵무새는 과일이나 종자가 많은 것을 좋아하고 농부도 마찬가지이다. 그때의 앵무새가 바로 지금의 나요, 농부는 지금의 사리불이며, 장님 아버지는 지금의 정반왕이요, 그때 장님 어머니가 바로 지금의 마야부인이니라."

4.
노인을 버리는 나라

부처님께서 사위국에 계실 때였다.

그때 세존께서 이렇게 말씀하셨다.

"노인을 공경하면 큰 이익이 있느니라. 들은 적 없던 것을 들어 알게 되고, 명성이 널리 퍼질 것이며, 지혜로운 사람들에게 공경 받을 것이다."

비구들이 아뢰었다.

"여래 세존께서는 항상 부모님과 나이 많은 어른을 공경하는 것을 찬탄하시는군요."

"오늘만이 아니다. 나는 과거 한량없는 겁 동안 항상 부모님과 나이 많은 어른을 공경하였다."

"과거 전생에는 어른을 공경하면서 어떤 일이 있었습니까?"

부처님께서 말씀하셨다.

"아득히 먼 옛날에 기로국棄老國이라는 나라가 있었다. 그 나라에는 노인을 봉양하지 않고 집에서 멀리 내다 버리는 풍습이 있었다.

그때 한 대신이 있었는데 그의 아버지가 나이가 들어, 국법에 따라 멀리 내다 버려야만 했다. 하지만 대신은 효심이 깊고 유순하여 차마 그런 짓을 할 수 없었다. 그래서 땅을 깊이 파고 비밀의 방을 만들어서 아버지를 그곳에 모시고 수시로 드나들면서 효심으로 봉양하였다.

그 무렵 하늘의 신이 뱀 두 마리를 들고 와 왕의 궁전에 던지면서 이렇게 말하였다.

'암컷 수컷을 구별해 내면 너의 나라가 안전하겠지만, 만약 구별하지 못하면 너와 너의 나라는 이레 뒤에 완전히 멸망할 것이다.'

왕은 이 말을 듣고 괴로워하고 번민하다가 곧 여러 신하와 이 일을 의논하였다. 하지만 다들 '구별할 수 없습니다.'라고 하면서 물러났다. 왕은 곧 온 나라에 '누구든 뱀이 암컷인지 수컷인지 구별할 수 있는 자에게 후한 벼슬과 상을 내리겠다.'라고 영을 내렸다.

대신은 집으로 돌아와 그의 아버지에게 찾아가 물었다. 그러자 아버지가 아들에게 답을 알려주었다.

'그건 구별하기 쉽지. 비단 같은 부드러운 물건 위에다 뱀을 올려놓아라. 거기서 요동치면서 비비적대는 놈은 수컷이요, 꼼짝 않고 가만히 있으면 그놈은 암컷이니라.'

대신이 아버지의 말대로 하였더니, 과연 암컷 수컷이 구별되었다.

하늘의 신이 다시 물었다.

'잠든 자들은 깬 자라 부르고 깬 자들은 잠든 자라 부르는 사람은 누구인가?'

왕과 신하들이 다시 의논하였지만 알 수 없었다. 그래서 다시 온 나라에 알려 답을 구했지만 아무도 아는 이가 없었다.

대신은 이 문제를 또 아버지에게 물었다.

'이것은 무슨 말입니까?'

그러자 아버지가 말했다.

'그것은 학인學人을 두고 한 말이다. 보통 사람들은 학인을 깬 자라고 부르지만, 아라한들은 아직 잠자는 자들이라고 부르지.'

대신은 곧 아버지의 말대로 하늘의 신에게 답하였다.

하늘의 신이 다시 물었다.

'이 커다랗고 하얀 코끼리는 무게가 얼마나 되는가?'

왕이 신하들과 의논하였지만 아는 사람이 없었다. 그래서 또 온 나라에 알려 답을 구했지만 아무도 몰랐다. 그래서 대신이 아버지에게 또 물었다.

그러자 아버지가 말했다.

'코끼리를 배에 싣고 큰 못에 띄워 배가 어디까지 잠기는지 표시해 두어라. 그리고 다시 코끼리를 내리고 그 배에다 돌을 실어 보아라. 표시했던 곳까지 물에 잠기면 그 돌 무게가 바로 코끼리 무게니라.'

대신은 곧 아버지의 말대로 지혜롭게 답하였다.

하늘의 신이 다시 물었다.

'한 움큼의 물이 큰 바닷물보다 많을 때가 있다. 이 도리를 아는 사람 있는가?'

신하들이 함께 의논하였으나 또 알 수가 없었다. 그래서 또 온 나라에 알려 찾아보았지만 아는 사람이 전혀 없었다.

그래서 대신이 다시 아버지에게 물었다.

'이것은 무슨 말입니까?'

아버지가 말했다.

'그 말도 쉽게 알 수 있지. 청정한 신심으로 한 움큼의 물을 부처님이나 스님이나 부모님이나 고통 받는 병자에게 보시하는 사람이 있다면, 그는 그 공덕으로 수천만 겁 동안 끝없이 복을 받게 된단다. 하지만 바닷물은 아무리 많다 해도 한 겁을 넘기지 못하지. 이를 근거로 말하면 한 움큼의 물이 큰 바다보다 백천 곱이나 많은 것이다.'

대신은 곧 아버지의 말대로 하늘의 신에게 답하였다.

하늘의 신이 다시 뼈만 앙상하게 남은 굶주린 사람으로 변해서 찾아와 물었다.

'세상에 굶주림의 고통이 나보다 심한 사람이 있을까?'

신하들이 생각해 보았으나 또 대답할 수 없었다.

대신이 다시 아버지에게 찾아서 물었다.

그러자 아버지가 곧바로 답을 말했다.

'이 세상에는 아까워하고 욕심내고 질투하면서 삼보를 믿지 않고 부모와 스승에게 공양하지 않는 자들이 있다. 그런 자들은 다음 생애에 아귀세계로 떨어진단다. 아귀는 백천만 년이 지나도록 물이나 곡식은 이름조차 듣지 못하며, 몸은 태산만 하고 배는 큰 골짜기 같은데 목구멍이 가는 바늘만 하며, 송곳이나 칼 같은 날카로운 털이 온몸을 감싸 다리까지 이르고, 움직일 때마다 뼈마디에 불길이 치솟는단다. 이것과 비교한다면 그런 굶주림의 고통보다 백천만 배나 심하단다.'

대신은 곧 아버지의 말씀대로 하늘의 신에게 답하였다.

하늘의 신이 다시 손과 다리에 쇠고랑을 차고 목에는 또 사슬을 걸고, 몸에서 불길이 치솟아 온몸이 타들어 가는 사람의 모습으로 변해 물었다.

'세상에 나보다 고통이 심한 사람이 있을까?'

신하들은 당황스러워하며 아무도 답을 못했다.

대신이 다시 아버지에게 물었다.

그러자 아버지가 곧바로 답을 말해주었다.

'이 세상에는 부모에게 효도하지 않고 사람을 해치고 남편을 배반하고 삼보를 비방하는 자들이 있다. 그런 자들은 다음 생애에 지옥에 떨어진단다. 지옥은 온 산이 칼이고, 나무도 칼이며, 불덩어리 수레가 달려들고, 대지가 화로의 숯불처럼 이글거리며, 푹푹 빠지는 늪지대에 똥물이 부글부글 끓고, 칼이 길이요 불이 길이란다. 이와 같은 온갖 고통이 한량없고 끝이 없어 헤아릴 수조차 없는 곳이란다. 이것과 비교한다면 너의 고통보다 백천만 배나 심하단다.'

대신은 곧 아버지의 말씀대로 하늘의 신에게 답하였다.

하늘의 신이 다시 세상 사람보다 훨씬 곱고 아리따운 모습의 여인으로 변해 물었다.

'세상에 나처럼 아름다운 사람이 있을까?'

왕과 신하 모두 잠자코 답하는 이가 없었다.

대신이 다시 아버지에게 찾아가 물었다.

그러자 아버지가 바로 답을 말해주었다.

'이 세상에는 삼보를 믿고 공경하며, 부모에게 효도하고 순종하며, 보시하고 인욕하고 정진하기를 좋아하면서 계율을 지키는 사람들이 있다. 그런 사람은 죽으면 하늘나라에 태어나는데 빼어난 아름다움이 그보다 백천만 배나 더하단다. 이것과 비교한다면 그런 여인은 눈먼 원숭이나 마찬가지란다.'

대신은 또 아버지 말씀대로 하늘의 신에게 답하였다.

하늘의 신이 다시 네모반듯한 진단眞檀 나무토막을 가져와 물었다.

'어디가 뿌리 쪽인가?'

신하들의 지혜로는 답할 수가 없었다.

대신이 또 아버지에게 찾아가 물었다.

그러자 아버지가 답을 말해주었다.

'그것도 알기 쉽지. 그 나무토막을 물에 던져 보아라. 뿌리 쪽은 잠길 것이고, 가지 쪽은 뜰 것이다.'

대신은 곧 아버지 말씀대로 하늘의 신에게 답하였다.

하늘의 신이 또 생김새가 똑같은 두 마리 흰 말을 데려와 물었다.

'어느 것이 어미이고, 어느 것이 새끼인가?'

왕과 신하들은 역시나 아무도 대답하지 못했다.

대신이 또 아버지에게 찾아가 물었다.

아버지가 답을 말해주었다.

'풀을 주어 먹여 보아라. 만약 어미라면 반드시 풀을 밀어 새끼에게 줄 것이다.'

이처럼 하늘의 신이 던진 질문에 모두 답하자, 하늘의 신이 기뻐하며 그 나라 왕에게 진기한 재물과 보물을 많이 주면서 말하였다.

'너의 나라를 내가 보호하여 외적이 침입하지 못하게 하리라.'

왕은 이 말을 듣고 못내 기뻐하면서 대신에게 물었다.

'그것을 그대 스스로 알았는가, 아니면 누가 가르쳐 주었는가? 그대의 지혜 덕분에 우리나라가 편안해지고 많은 보물까지 얻었다. 게다가 하늘의 신이 보호한다고 약속까지 하였으니, 이것이 모두 그대 덕분이다.'

그러자 대신이 대답하였다.

'저의 지혜가 아닙니다. 저에게 벌을 내리지 않겠다고 약속하신다면 감히 그 내력을 낱낱이 말씀드리겠습니다.'

왕이 말하였다.

'설령 지금 그대가 만 번 죽어 마땅한 죄를 지었다 해도 그 죄를 묻지 않을 것이다. 하물며 작은 허물이겠는가?'

대신이 왕에게 말씀드렸다.

'나라에서 제정한 법률에 따르면 노인을 모시지 못하게 되어 있습니다. 저에게는 늙은 아버지가 계십니다. 하지만 저는 차마 내다 버릴 수 없어 왕의 법을 위반하고 땅속에 비밀의 방을 만들어 은밀히 모셨습니다. 제가 하늘의 신에게 대답한 것은 모두 아버지 지혜이지, 저의 힘이 아닙니다. 부디 대왕께서는 온 나라에 명령하여 다시 노인을 봉양하도록 허락하소서.'

왕은 곧 대신의 훌륭함을 칭찬하고 마음으로 기뻐하였다. 또한 '그대의 부친이 이 나라와 모든 백성의 목숨을 살렸다. 이런 이익이 있을 줄 나는 생각지도 못했다.'라고 하며 대신의 아버지를 봉양하고 스승으로 받들었다.

왕은 곧 온 천하에 다음과 같이 법령을 선포하였다.

'노인을 버리는 것을 허락하지 않으니 부모를 우러르며 효도하도록 하라. 부모에게 효도하지 않거나 스승을 공경하지 않는 자가 있으면 큰 벌을 내릴 것이다.'

비구들이여, 그때 그 대신의 아버지가 바로 지금의 나요, 그때 그 대신이 지금의 사리불이며, 그때 그 왕은 지금의 아사세왕阿闍世王이요, 그때 그 하늘의 신이 바로 지금의 아난이니라."

5.
도리천에서 마야부인에게 설법하신 부처님

부처님께서 사위국에 계시다가 비구들에게 말씀하셨다.

"나는 이제 도리천으로 올라가 그곳에서 여름 안거를 보내며 어머니를 위해 법을 설하고자 한다. 너희 비구 중에 함께 가고 싶은 사람이 있으면 나를 따르도록 하라."

이렇게 말씀하시고, 곧 도리천으로 올라가 한 나무 아래에서 여름 안거를 보내시며 어머니 마야부인과 헤아릴 수 없이 많은 하늘나라 사람들을 위해 법을 설하셨다. 그리하여 그들이 모두 진리를 알게 되자 다시 수미산 남쪽 세계인 염부제로 돌아오셨다.

비구들이 아뢰었다.

"세존이시여, 어머니를 위해 90일이나 도리천에 머무시다니 참으로 놀랍습니다."

부처님께서 말씀하셨다.

"오늘만이 아니다. 나는 과거 전생에도 어머니가 괴로워하던 일을 해결해 드렸느니라.”

그러자 비구들이 여쭈었다.

“전생에는 어떤 일을 하셨습니까?”

부처님께서 말씀하셨다.

“아득히 먼 옛날 설산雪山 기슭에 500마리 원숭이를 거느린 원숭이 왕이 있었다. 그때 한 사냥꾼이 원숭이를 잡으려고 그물을 펼쳐 원숭이들을 포위하였다. 그러자 원숭이 왕이 말하였다.

‘너희들은 조금도 두려워하지 말라. 내가 너희들을 위해 저 그물을 찢을 것이니, 너희들은 모두 나를 따르라.’

원숭이 왕은 곧바로 그물을 찢었다. 그리하여 원숭이들은 모두 그물을 빠져나올 수 있었다. 그때 새끼를 업고 있던 한 늙은 원숭이가 발을 헛디뎌 깊은 구덩이에 떨어지고 말았다. 그 늙은 원숭이는 원숭이 왕의 어머니였다. 원숭이 왕은 어머니를 찾았지만 어디 계신지 알 수가 없었다. 그러다 깊은 구덩이가 하나 있는 것을 발견하였다. 원숭이 왕이 그 구덩이로 다가가 살펴보았더니, 어머니가 그 속에 빠져 있었다.

원숭이 왕이 여러 원숭이에게 말하였다.

‘각자 힘을 합해 나와 함께 어머니를 구출하자.’

원숭이들은 서로의 꼬리를 붙잡고 구덩이 바닥으로 내려가 어머니를 끌어당겨 구출하였다. 그 덕분에 어머니는 고난을 벗어났다.

그리고 나는 오늘 또 어머니의 고난을 해결해 드렸다. 그때는 깊은 구덩이에 빠진 고난에서 건져 주었고, 지금은 삼악도三惡道의 재난에서 어머니를 건진 것이다."

부처님께서 비구들에게 말씀하셨다.

"부모님을 구제하면 큰 공덕이 있느니라. 나는 어머니를 구제하였기 때문에 태어나는 세상마다 고난이 없었고, 스스로 부처를 이루게 된 것이다. 그러므로 비구들이여, 각자 부모님께 효도하고 순종하며 공양해야 하느니라."

6.
부처님의 전생 어머니 가단차라

부처님께서 유행遊行 하다가 거하라국居荷羅國에 이르셨을 때였다. 부처님께서 갑자기 길가 한 나무 아래에 앉으셨다. 그때 남의집살이를 하던 가단차라迦旦遮羅라는 한 늙은 여인이 우물에서 물을 긷고 있었다.

부처님께서 아난에게 말씀하셨다.

"저 늙은 여인에게 가서 물을 얻어 오너라."

아난은 부처님의 분부를 받고 곧 가서 물을 청하였다.

늙은 여인은 부처님께서 물을 청하신다는 말을 듣고 직접 물그릇을 들고 다가왔다. 부처님 앞에 이른 늙은 여인은 물그릇을 땅에 내려놓더니 부처님을 안으려고 와락 달려들었다. 아난이 여인을 막으려 하니, 부처님께서 말씀하셨다.

"막지 말라. 이 늙은 여인은 500생 동안 나의 어머니셨다. 애정이 다하지 않았기 때문에 나를 안으려 하는 것이다. 만약 막는다면 끓는 피가 얼굴에서 흘러나와 이내 죽고 말 것이다."

늙은 여인은 부처님을 안고 손과 발을 쓰다듬으며 울다가 한쪽에 섰다.

그러자 부처님께서 아난에게 말씀하셨다.

"너는 가서 이 여인의 주인을 불러오너라."

늙은 여인의 주인이 찾아와 땅에 엎드려 부처님께 예배하고 물러나 한쪽에 섰다. 그러자 부처님께서 그 주인에게 말씀하셨다.

"이 여인이 출가할 수 있도록 풀어 주시오. 이 여인은 출가하면 반드시 아라한이 될 것입니다."

주인은 곧바로 늙은 여인을 풀어 주었다.

그러자 부처님께서 아난에게 말씀하셨다.

"이 여인을 파사파제波闍波提 비구니에게 데려가 출가시켜라."

늙은 여인은 오래지 않아 아라한의 도를 얻고, 비구니 중에서 경전을 가장 잘 아는 사람이 되었다.

비구들이 이상히 여겨 부처님께 여쭈었다.

"세존이시여, 저 여인은 어떤 인연으로 남의집살이를 하고, 또 어떤 인연으로 아라한이 된 것입니까?"

부처님께서 말씀하셨다.

"저 여인은 가섭迦葉 부처님 시절에 집을 나와 도를 배웠다. 그 인연으로 아라한이 된 것이다. 또 그때 많은 사람의 지도자가 되었는데 여러 성현과 뛰어난 비구니들에게 종놈이라며 욕을 하였다. 그 인연으로 지금 남의집살이를 하게 된 것이다.

저 여인은 또 500생 동안 늘 나의 어머니셨는데 아까워하고 욕심내고 질투하여 내가 보시하는 것을 방해하였다. 그 인연으로 항상 가난하고 천한 집안에 태어난 것이다.

비구들이여, 내가 저 여인을 가난에서 구해 준 것은 오늘만의 일이 아니니라."

비구들이 아뢰었다.

"알 수 없습니다. 과거 전생에는 저 여인을 어떻게 가난에서 구제하셨습니까?"

부처님께서 말씀하셨다.

"과거 전생에 바라나국波羅捺國의 한 가난한 집에서 어머니와 아들이 함께 살고 있었다. 아들이 늘 품을 팔아 어머니를 봉양하였는데, 버는 돈이 적어 겨우 아침저녁이나 해결할 정도였다. 그래서 아들이 어머니에게 말하였다.

'저도 상인들과 함께 멀리 장사를 떠날까 합니다.'

어머니가 허락하자, 아들은 길을 떠났다. 그런데 아들이 떠난 뒤 도적이 들이닥쳤다. 도적은 집을 부수고 재물을 약탈하였으며, 또 그의 노모까지 끌고 가 다른 지역에 팔아버렸다.

얼마 후 집으로 돌아온 아들은 어머니를 찾으러 다니다가 곧 어머니가 계신 곳을 알게 되었다. 아들은 많은 재물을 들고 찾아가 보상하고 자신의 어머니를 되찾았다. 그리고 곧 고향으로 돌아와 함께 살았는데 살림살이가 예전보다 몇 배나 풍족하였다.

비구들이여, 그때 그 어머니가 바로 지금의 가단차라요, 그 아들이 바로 지금의 나다. 나는 그때도 어머니의 고통을 덜어 드렸느니라."

7.
자동녀 이야기

옛날에 부처님께서 왕사성에 계시면서 비구들에게 말씀하셨다.

"부모님에게 조금만 공양하여도 한량없는 복을 받고, 조금만 불효하여도 한량없는 벌을 받느니라."

비구들이 부처님께 여쭈었다.

"세존이시여, 어떤 벌을 받고 어떤 복을 받습니까?"

부처님께서 말씀하셨다.

"아득히 먼 옛날 바라나국에 자동녀慈童女라는 장자의 아들이 있었다. 그는 아버지가 일찍 돌아가셨다. 집안 재산이 바닥나자, 자동녀는 땔나무를 해다 팔아서 하루에 2전을 벌었다. 그리고 그 돈으로 늙은 어머니를 봉양하였다. 자동녀의 형편은 조금씩 나아졌다. 그래서 하루에 4전을 벌어 어머니를 봉양하고, 다시 하루에 8전을 벌어 어머니를 봉양하였다. 자동녀는 차츰 사람들의 신뢰를 얻어 여기저기서 찾는 이가 많아졌고 얻는 이익도 날이 갈수록 많아졌다. 그리하여 하루에 16전을 벌게 되었고, 이 돈으로 어머니를 봉양하였다.

사람들은 그가 총명하고 복덕이 있는 것을 보고 권하였다.

'자네 아버지는 살아계실 때 해상무역으로 보물을 채집해서 큰돈을 만지고는 하셨지. 그런데 자네는 왜 해상무역을 나서지 않는가?'

자동녀가 이 말을 듣고 어머니에게 물었다.

'우리 아버지는 살아계실 때 어떤 일을 하셨습니까?'

어머니가 말하였다.

'너의 아버지는 해상무역으로 보물을 가져오셨다.'

그는 곧 어머니에게 말하였다.

'아버지가 해상무역으로 보물을 거래하셨다면 저라고 어찌 해상무역을 못 하겠습니까.'

어머니는 인자하고 효순한 아들이 자신을 떠날 수 없을 것으로 생각하고 장난삼아 말하였다.

'너도 해상무역을 해도 되지.'

그는 어머니의 말을 듣고 '그럼 결정된 것이다.' 하고는 곧 동료들과 해상무역을 나설 계획을 세웠다. 상단을 꾸리고 나서 어머니를 하직하고 떠나려 하자, 어머니가 말하였다.

'나에게는 자식이 너 하나뿐이다. 내가 죽거들랑 떠나거라. 어떻게 너를 보내겠니?'

아들이 대답하였다.

'전날 허락하지 않으셨다면 저는 감히 결정하지 않았을 것입니다. 어머니께서 이미 허락하시고서는 왜 다시 막으려 하십니까? 저는 제가 죽는 한이 있더라도 신용을 지키고 싶습니다. 사람들과 약속해 떠나기로 이미 결정했는데, 도로 여기 머물 수는 없습니다.'

어머니는 아들이 마음을 정한 것을 보고는 다가가 다리를 붙잡았다. 그리고 울면서 말하였다.

'내가 죽을 때까지 기다리지 않고, 어떻게 나를 버리고 떠날 수 있느냐?'

하지만 아들은 곧 단호하게 손으로 어머니를 밀치면서 다리를 빼려고 하였다. 그 바람에 어머니의 머리카락이 수십 가닥 끊어졌다. 어머니는 아들이 벌을 받을까 두려워 곧바로 놓아주고 떠나게 하였다.

그는 드디어 여러 상인과 함께 바다로 나아갔고, 보물섬에 이르러 많은 보물을 얻게 되었다. 그는 다시 여러 동료와 함께 돌아오려고 길을 나섰다. 돌아오는 길은 두 가지였다. 하나는 수로를 이용하는 것이고, 하나는 육로를 이용하는 것이었다. 사람들이 모두 육로를 이용하기를 원하자 자동녀는 육로로 길을 나섰다.

그 나라 법에는 도적이 물품을 빼앗았을 경우에 만약 도적이 상단의 주인까지 잡았다면 모든 상인의 물품을 다 도적의 것으로 인정하지만, 도적이 상단의 주인을 잡지 못했다면 비록 물품을 빼앗았더라도 상단의 주인이 돌아왔을 때 물품을 모두 돌려주게 되어 있었다. 그래서 상단의 주인이었던 자동녀는 밤이 되면 항상 상인들과 떨어져 따로 잤고, 상인들은 아침 일찍 일어나 그를 기다렸다가 데리고 이동하였다.

그러던 어느 밤 큰바람이 불어 상인들은 상단의 주인인 자동녀를 기다렸다가 데려가는 것을 깜빡하고 갑자기 출발하게 되었다. 뒤에 홀로 남겨진 자동녀는 결국 동료를 잃고 말았다. 길을 알지 못했던 자동녀는 산이 있는 것을 보고는 곧바로 꼭대기까지 올라갔다. 멀리 짙푸른 유리琉璃로 만들어진 성이 보였다. 굶주리고 목마르고 피곤했던 자동녀는 그 성을 향해 달려갔다.

그때 성에서 여의주를 손에 든 네 명의 미녀가 노래를 부르고 춤을 추면서 함께 나와 그를 맞이하였다. 그는 그곳에서 4만 년 동안 큰 쾌락을 누렸다. 그러다 어느새 싫증을 느꼈다. 자동녀가 그들을 버리고 떠나려 하자, 미녀들이 애원하였다.

'염부제 사람들은 참으로 무정합니다. 4만 년이나 함께 살았으면서 어떻게 하루아침에 우리를 버리고 떠나십니까?'

자동녀는 그들의 애원을 뿌리치고 곧바로 떠났다. 다시 앞으로 나아가자 파리頗梨로 만들어진 성이 나타났다. 그리고 여의주를 손에 든 여덟 명의 미녀가 노래를 부르고 춤을 추면서 함께 나와 그를 맞이하였다. 그는 그곳에서 8만 년 동안 큰 쾌락을 누렸다. 그러다 어느새 싫증이 나자 다시 그들을 버리고 먼 길을 떠났다.

그러다 하얀 은으로 만들어진 성에 도착하였다. 그 성에서는 열여섯 명의 미녀가 열여섯 개의 여의주를 들고 나와 그를 맞이하였다. 그는 또 그곳에서 16만 년 동안 큰 쾌락을 누리다가 역시나 싫증을 느껴 다시 그들을 버리고 떠났다.

그러다 황금으로 만들어진 성에 도착하였다. 그 성에서는 서른두 명의 미녀가 서른두 개의 여의주를 들고 나와 그를 맞이하였다. 그는 또 그곳에서 32만 년 동안 큰 쾌락을 누리다가 역시나 싫증을 느껴 또 그들을 버리고 떠나려 하였다. 그러자 미녀들이 말하였다.

'당신은 지금까지 늘 좋은 곳에만 머물렀습니다. 하지만 지금부터는 좋은 곳이 없습니다. 그냥 여기서 사는 것만 못합니다.'

자동녀는 이 말을 듣고 생각하였다.

'이 미녀들이 나를 사랑해 붙잡고 싶어서 이런 말을 하는 거겠지. 앞으로 더 나아가면 분명 더 좋은 곳이 있을 거야.'

그는 곧 그들을 버리고 길을 떠났다. 가다 보니 멀리 쇠로 만들어진 성이 나타났다. 자동녀는 이상한 마음이 들었다. 하지만 다시 이렇게 생각하였다.

'겉은 쇳덩어리지만 안은 엄청 좋을 거야.'

점점 앞으로 나아가 성 가까이 다가갔지만 나와서 맞이하는 미녀도 없었다. 그는 다시 생각하였다.

'성 안이 너무도 즐거운가 보구나. 그래서 성 밖으로 나와 나를 맞이하지도 않는 거겠지.'

차츰 앞으로 나아가 드디어 쇠로 만들어진 성안으로 들어가자 성문 빗장이 덜커덩 하고 잠겼다. 그곳은 감옥이었다. 성

안에는 어떤 사람이 시뻘겋게 달궈진 쇠고리를 머리에 쓰고 있었다. 그는 시뻘겋게 달궈진 쇠고리를 벗어 자동녀의 머리 위에 씌우고는 곧바로 나가버렸다.

자동녀가 옥졸獄卒에게 물었다.

'제가 쓴 이 고리는 언제 벗을 수 있습니까?'

옥졸이 대답하였다.

'이 세상에는 네가 그랬던 것처럼 죄와 복을 지은 자들이 있다. 그들 가운데 누군가가 바다로 나가 보물을 얻고 여러 성을 거치면서 오랜 시간을 보낸 뒤에 이곳으로 와서 너를 대신해 벌을 받을 것이다. 그러기 전에는 그 쇠고리가 결코 땅으로 떨어지지 않을 것이다.'

자동녀가 물었다.

'제가 어떤 복을 짓고, 또 어떤 죄를 지었습니까?'

옥졸이 대답하였다.

'너는 옛날에 염부제에서 날마다 2전을 벌어 어머니를 봉양하였다. 그래서 유리로 만들어진 성과 네 개의 여의주와 네 명의 미녀를 얻어 4만 년 동안 그런 쾌락을 누린 것이다. 또 4전을 벌어 어머니를 봉양하였다. 그래서 파리로 만들어진 성과 여덟 개의 여의주와 여덟 명의 미녀를 얻어 8만 년 동안 온갖 쾌락을 누린 것이다. 또 8전을 벌어 어머니를 봉양하였다. 그래서 하얀 은으로 만들어진 성과 열여섯 개의 여의주와 열여섯 명의 미녀를 얻어 16만 년 동안 쾌락을 누린 것이다. 또 16전을 벌어 어머니를 봉양하였다. 그래서 황금으로 만들어진 성과 서른두 개의 여의주와 서른두 명의 미녀를 얻어 32만 년 동안 큰 쾌락을 누린 것이다.

그리고 어머니의 머리카락을 끊었기 때문에 지금 시뻘겋게 달궈진 쇠고리가 씌워진 것이다. 그 쇠고리는 땅에 떨어진 적이 없으니, 너를 대신할 사람이 있어야 벗게 될 것이다.'

'이 감옥에 혹시 저와 비슷한 벌을 받는 사람도 있습니까?'

'백 명 천 명 한량이 없어 이루 다 헤아릴 수도 없다.'

자동녀는 이 말을 듣고 가만히 생각하였다.

'나는 결국 이 죄를 피할 수 없다. 차라리 그들이 받아야 할 고통까지 모두 내가 받고 싶구나.'

이렇게 생각하자 쇠고리가 바로 땅에 떨어졌다.

자동녀가 옥졸에게 말하였다.

'당신이 말하기를 이 쇠고리는 땅에 떨어진 적이 없다고 했는데, 지금은 왜 떨어진 것입니까?'

그러자 옥졸이 화를 내며 곧 쇠막대기로 자동녀의 머리를 내려쳤다.

자동녀는 그 자리에서 죽어 도솔천에 태어났다.

비구들이여, 알고 싶은가? 그때 그 자동녀가 바로 지금의 나이니라.

비구들이여, 명심하라. 조금이라도 부모에게 선하지 않은 짓을 하면 아주 고통스러운 과보를 받고, 조금이라도 공양하면 한량없는 복을 얻는다. 이를 명심하고 부디 힘써 마음을 다하여 부모를 봉양해야 하느니라."

8.
연화 부인蓮華夫人 이야기

부처님께서 사위국에서 비구들에게 말씀하셨다.

"부모님이나 부처님과 그 제자들에게 화를 내면 그 사람은 흑승지옥黑繩地獄에 떨어져 한량없는 고통을 끝없이 받게 된다. 흑승지옥은 목수가 나무에 먹줄을 튕겨 톱질하듯이, 옥졸이 죄인의 몸에 먹줄을 튕겨 톱으로 자르는 형벌을 받는 곳이다."

비구들이 부처님께 여쭈었다.

"세존이시여, 저희는 부모를 공경하고 존중하겠습니다. 만약 부모를 공경하거나 존중하지 않고 조금이라도 나쁜 짓을 하면 어떻게 됩니까?"

부처님께서 말씀하셨다.

"아득히 먼 옛날 설산 기슭에 제바연提婆延이라는 선인仙人이 살고 있었다. 그는 바라문婆羅門 종족이었다. 바라문들은 자식을 낳지 않으면 하늘나라에 태어나지 못한다고 믿고 있었다.

그 바라문은 항상 돌 위에다 소변을 보았는데, 어느 날 소변을 보다가 정액을 흘리게 되었다. 그 정액은 돌 틈새에 떨어졌고, 그때 어떤 암사슴이 소변에 섞인 염분을 섭취하려고 다가와 그 돌을 핥았다. 암사슴은 곧 새끼를 배게 되었다. 달이 차자 암사슴은 선인이 사는 굴 아래로 찾아와 한 여자아이를 낳았다. 그 여자아이는 꽃에 싸여 어미 태에서 태어났고, 얼굴이 단정하고 매우 아름다웠다. 선인은 그 아이가 자신의 딸임을 알고 곧 아이를 데려다 길렀다. 아이가 점점 자라 어느덧 걷게 되었는데, 신기하게도 아이가 발로 밟은 자리마다 연꽃이 피었다.

어느덧 세월이 흘렀다. 바라문들은 밤이면 항상 불을 밝히는 것을 법규로 삼았다. 그런데 어느 날 밤 어쩌다 그만 불이 완전히 꺼지게 되었다. 바라문의 딸은 불씨를 얻으러 다른 사람의 집으로 달려갔다. 그 집의 주인이 그의 발자국마다 연꽃이 피는 것을 보고 말하였다.

'우리 집을 일곱 바퀴 돌아주면 내가 너에게 불씨를 주리라.'

바라문의 딸은 곧 일곱 바퀴를 돌고 불씨를 얻어서 산으로 돌아왔다.

그때 마침 오제연烏提延이라는 왕이 사냥을 나왔다가 그 집에 연꽃이 일곱 겹으로 피어 있는 것을 보았다.

왕이 이상히 여겨 물었다.

'너희 집에는 어떻게 이런 연꽃이 피었는가?'

그가 왕에게 대답하였다.

'이 산에 사는 바라문의 딸이 불씨를 얻으러 왔었는데, 그 여자의 발밑에서 이 연꽃이 피었습니다.'

왕은 발자국을 따라 선인이 사는 곳으로 찾아갔다. 왕은 그 여자의 얼굴이 단정하고 매우 아름다운 것을 보고 선인에게 말하였다.

'딸을 내게 주시오.'

선인은 바로 허락하면서 왕에게 말하였다.

'왕자를 500명이나 낳을 것입니다.'

왕은 드디어 그를 부인으로 삼고, 500명의 미녀 가운데 가장 으뜸으로 여겼다. 그러자 왕의 첫째 부인이 사슴의 딸을 심하게 질투하며 이렇게 말하였다.

'왕이 지금도 저렇게 애지중지하는데, 왕자를 500명씩이나 낳는다면 저보다 갑절은 더 받들겠지.'

그리고 얼마 후 사슴의 딸은 500개의 알을 낳았고, 그것을 상자에 담아 두었다. 그때 첫째 부인이 500개의 밀가루 떡을 가져와 알 대신에 놓아두고는 곧 알이 든 상자는 뚜껑을 덮고 표시를 한 다음 갠지스 강에 던져버렸다.

왕이 첫째 부인에게 물었다.

'무엇을 낳았는가?'

첫째 부인이 대답하였다.

'밀가루 덩어리만 잔뜩 낳았습니다.'

왕은 '그 선인이 거짓말을 하였구나.' 하고는 곧바로 사슴의 딸에게서 부인의 지위를 박탈하였다. 그 여자는 그 후 다시는 왕을 보지 못하였다.

당시 살탐보薩躭菩라는 왕이 갠지스 강 하류 지역을 다스리고 있었다. 살탐보왕이 강가에서 미녀들과 놀다가 그 상자를 발견하였다.

왕이 말하였다.

'이 상자는 내 것이다.'

그러자 미녀들이 말하였다.

'왕께서 이제 상자를 가지시겠다면 저희는 상자에 담긴 물건을 가지겠습니다.'

사람을 보내 상자를 가져온 왕은 500명의 부인에게 상자에 든 알을 하나씩 나눠주었다. 그 알들은 저절로 부화하였고, 그 속에서 단정한 사내아이들이 나왔다. 그 아이들은 커가면서 다들 큰 힘을 가진 장사가 되었다. 그래서 장사의 깃발을 500개나 세우게 되었다.

그 무렵 오제연왕은 항상 살탐보왕에게 공물貢物을 바치라고 요구하였다. 살탐보왕은 오제연왕이 공물을 요구한다는 말을 듣고 걱정스러워 근심에 잠겼다. 이에 아들들이 여쭈었다.

'무엇 때문에 근심하고 괴로워하십니까?'

왕이 말하였다.

'내가 이제 세상을 살면서 남에게 모욕까지 당하는구나.'

'누구에게 모욕을 당했습니까?'

'오제연왕이 계속 나를 따라다니면서 공물을 바치라며 독촉하고 있다.'

아들들이 아뢰었다.

'수미산 남쪽의 모든 왕이 공물을 바치라 요구한다고 해도 도리어 저희가 그들에게 왕께 공물을 바치라고 요구할 수 있습니다. 그런 대왕께서 무엇 때문에 다른 이에게 공물을 바치겠습니까?'

500명의 힘센 장사들은 드디어 군사를 이끌고 오제연왕을 정벌하러 나섰다. 그러자 오제연왕이 두려움에 떨면서 말하였다.

'한 명의 장사도 감당할 수 없는데 하물며 500명의 힘센 장사이겠는가? 온 나라에 영을 내려 적을 물리칠 수 있는 자를 뽑아야겠다.'

그러다가 다시 생각하였다.

'그 선인이라면 혹시 방법을 알지도 모르겠다.'

오제연왕은 온갖 방법을 동원하여 선인에게 찾아가 말하였다.

'나라에 큰 어려움이 있는데 어떻게 하면 물리칠 수 있겠소?'

그가 물었다.

'원한을 품은 적이 나타났군요.'

왕이 말하였다.

'살탐보왕에게 힘센 장사 500명이 있는데, 그들이 모두 군사를 거느리고 나를 치려고 오고 있소. 내게는 지금 그들과 대적할 만한 그런 힘센 장사가 없소. 어떤 방법을 써야 그 적을 물

리칠 수 있겠소?'

선인이 대답하였다.

'왕께서는 돌아가 연화 부인에게 부탁하십시오. 그가 적을 물리칠 수 있습니다.'

'연화 부인이 어떻게 물리칠 수 있겠소?'

선인이 대답하였다.

'그 500명의 힘센 장사가 모두 연화 부인에게서 태어난 당신의 아들입니다. 당신의 큰 부인이 질투하여 연화 부인이 낳은 아들들을 모두 강물에 던져버렸지요. 살탐보왕이 강 하류에서 놀다가 그들을 얻어 그렇게 씩씩하게 길러낸 것입니다. 왕께서는 이제 연화 부인을 큰 코끼리에 태워 군대의 선두에 세우십시오. 그러면 저들이 스스로 항복할 것입니다.'

오제연왕은 곧 선인의 말대로 궁으로 돌아와 연화 부인에게 잘못을 뉘우치며 사과하였다. 그러고 나서는 부인에게 좋은 옷을 입혀 아름답게 꾸미고 거대한 흰 코끼리에 태워서 군대의 선두에 세웠다.

그러자 500명의 힘센 장사들이 활을 들어 부인을 쏘려 하였다. 그런데 손이 저절로 뻣뻣해지면서 굽혀지지를 않았다. 그들 모두 깜짝 놀랐다.

그때 선인이 날아와 허공에서 힘센 장사들에게 말하였다.

'삼가 활을 잡은 그 손을 들지 말고 나쁜 마음을 내지 말라. 만약 나쁜 마음을 내면 모두 지옥에 떨어질 것이다. 이 왕과 부인은 바로 너희 부모님이다.'

그때 그들의 어머니가 곧 손으로 젖가슴을 눌렀다. 그러자 한 젖가슴마다 250가닥의 젖이 나와 500명이나 되는 아들들의 입으로 들어갔다. 그들은 곧 부모님께 참회하였다. 그렇게 스스로 부끄러워하고는 모두 벽지불辟支佛이 되었다. 오제연왕과 살탐보왕도 스스로 깨닫고 벽지불이 되었다.

비구들이여, 그때 그 선인이 바로 나다. 나는 그때에도 여러 아들을 만류하여 부모에게 나쁜 마음을 내지 않게 하고 벽지불이 되게 하였다. 나는 지금도 늙은 부모를 봉양하는 덕을 찬탄하느니라."

9. 녹녀鹿女 부인

부처님께서 왕사성의 기사굴산耆闍崛山에 계시면서 비구들에게 말씀하셨다.

"사람을 쏜살같이 인간과 천상에 태어나게 하여 열반의 즐거움에 이르게 하는 두 가지 법이 있고, 사람을 쏜살같이 세 가지 나쁜 세계로 떨어뜨려 큰 고통을 받게 하는 두 가지 법이 있다.

사람을 쏜살같이 인간과 천상에 태어나게 하여 열반의 즐거움에 이르게 하는 두 가지 법은 무엇인가? 첫째는 부모에게 공양하는 것이요, 둘째는 성현에게 공양하는 것이다.

사람을 쏜살같이 세 가지 나쁜 세계로 떨어뜨려 큰 고통을 받게 하는 두 가지 법은 무엇인가? 첫째는 부모에게 온갖 못된 짓을 하는 것이요, 둘째는 성현에게 못된 짓을 하는 것이다."

비구들이 부처님께 아뢰었다.

"세존이시여, 선행과 악행의 결과가 빨리 나타난 사례로 어떤 것이 있습니까?"

부처님께서 말씀하셨다.

"헤아릴 수 없이 아득히 먼 옛날에 바라나波羅奈라는 나라가 있었다. 그 나라에 선산仙山이라는 산이 있었고, 어떤 범지梵志가 그 산에 살고 있었다. 그는 항상 돌 위에다 대소변을 보았다. 그러던 어느 날 그의 정액이 소변을 본 자리에 떨어졌고, 암사슴이 소금기를 섭취하려고 찾아와 핥아 먹고는 곧 아이를 배었다.

달이 차자 사슴은 선인이 사는 곳으로 찾아와 한 여자아이를 낳았다. 그 아이는 얼굴이 단정하고 매우 아름다웠는데 한 가지 흠이라면 다리가 꼭 사슴 같았다. 범지는 그 아이를 데려다 키웠다.

범지는 항상 불을 받들어 섬기면서 그 불을 꺼트리지 않는 것을 법규로 삼았다. 그런데 어느 날 그의 딸이 불씨를 재에 묻어두었다가 잠시 부주의한 바람에 불이 꺼지고 말았다. 딸은 범지가 화를 낼까 두려웠다. 당시 그곳에서 1구루사拘屢奢[중국 단위로는 5리里]쯤 떨어진 곳에 다른 범지가 살고 있었다. 딸은 불을 빌리려고 쏜살같이 달려 그 범지에게 찾아갔다. 그때 그 범지는 그가 내딛는 발자국마다 연꽃이 피는 것을 보게 되었다.

범지는 바라문의 딸에게 말하였다.

'우리 집을 일곱 바퀴 돌아주면 너에게 불씨를 주리라. 또 우리 집에서 나갈 때도 일곱 바퀴를 돌고, 왔던 길이 아닌 다

른 길로 돌아가거라.'

그는 범지의 말대로 하고 불씨를 얻어 집으로 돌아갔다.

어느 날 범예국梵豫國의 왕이 사냥을 나왔다가 연꽃이 열네 겹으로 그 범지의 집을 에워싸고 있는 것을 보았다. 그리고 또 두 갈래 길에 두 줄로 연꽃이 피어 있는 것을 보았다. 왕이 그 까닭을 이상히 여겨 범지에게 물었다.

'물기가 전혀 없는데 어떻게 이렇게 아름답고 예쁜 연꽃이 피었는가?'

범지가 대답하였다.

'저 선인이 사는 곳에서 어떤 딸아이가 불씨를 빌리러 제게 찾아왔었는데 그 아이가 딛는 발자국마다 연꽃이 피었습니다. 그래서 제가 그에게 불씨를 얻고 싶으면 우리 집을 일곱 바퀴 돌고, 나갈 때도 역시 일곱 바퀴를 돌라고 요구하였습니다. 그래서 이렇게 집 주위에 연꽃이 피게 된 것입니다.'

왕은 연꽃이 피어있는 발자국을 따라 범지의 처소로 찾아가서 그의 딸을 만나보았다. 왕은 그 여자의 단정한 모습에 반하여 범지에게 딸을 자신에게 달라고 부탁하였다. 범지는 곧 왕에게 딸을 시집보냈고, 왕은 곧 그 여자를 둘째 부인으로 삼았다.

그 여자는 어려서부터 선인이 길렀기 때문에 성품이 단정하고 곧았으며 아녀자들의 요사스러운 짓은 할 줄 몰랐다. 세월이 흘러 여자는 임신하게 되었고, 관상가가 1,000명의 아들을 낳을 것이라고 예언하였다.

왕의 큰 부인은 그 말을 듣고 시기하고 질투하는 마음이 생겨 몰래몰래 계략을 꾸몄다. 큰 부인은 녹녀 부인을 가까이 모시는 시종들에게 두둑한 재물과 보배를 내려 자기편으로 만들어 두었다.

열 달 후에 녹녀는 꽃잎이 천 개나 되는 연꽃을 낳았다. 아이를 낳으려는 순간 큰 부인은 사슴의 딸이 직접 보지 못하도록 물건으로 그의 눈을 가렸다. 그리고 고약한 냄새를 풍기며 썩어가는 말의 허파를 가져다 산모 밑에 두고, 꽃잎이 천 개나 되는 연꽃은 상자에 담아서 강물에 던져버렸다. 그러고는 가렸던 눈을 다시 풀어 주면서 말하였다.

'네가 낳은 것을 보아라. 고약한 냄새를 풍기며 썩어가는 한 뭉텅이 말 허파뿐이구나.'

왕은 사람을 보내어 물었다.

'무엇을 낳았는가?'

'다 썩은 말 허파를 낳았습니다.'

그때 큰 부인이 왕에게 말하였다.

'왕께서 홀렸던 것입니다. 짐승이 낳고 선인이 기른 이 여자가 이렇게 상서롭지 못한 썩은 물건을 낳았습니다.'

왕과 큰 부인은 곧 녹녀에게서 부인의 지위를 박탈하고 다시는 눈에 띄지 못하게 하였다.

그때 오기연烏耆延이라는 왕이 여러 시종과 부인과 미녀들을 거느리고 강 하류에서 놀고 있었다. 그러다 일산처럼 펼쳐진 황금색 구름이 상류에서 물길을 따라 흘러 내려오는 것을 보았다. 왕은 '저 일산처럼 펼쳐진 구름 밑에 신비한 물건이 있는 게 틀림없다.'라고 생각하고, 사람을 보내 살펴보게 하였다. 파견된 신하는 황금색 구름 아래에서 상자 하나를 발견하고 곧 가져왔다. 왕이 그 상자를 열어 보니 꽃잎이 천 개나 되는 연꽃이 들어 있고, 꽃잎 하나마다 아기가 하나씩 있었다. 왕은 그 아기들을 데려다 키웠다. 아기들은 차츰 자라나 모두 큰 힘을 가진 장사가 되었다.

오기연왕은 해마다 늘 범예왕에게 공물을 바쳐 왔다. 그래서 여러 가지 공물을 모아 수레에 싣고 사자와 함께 보내려고 할 때였다.

여러 아들이 물었다.

'무엇을 하려고 그러십니까?'

왕이 대답하였다.

'저 범예국의 왕에게 공물을 바치려는 것이다.'

아들들이 다들 말하였다.

'저희 하나만 있어도 천하를 정복하여 모두 아버님을 찾아와 공물을 바치게 할 수 있습니다. 하물며 아버님께는 그런 아들이 1,000명이나 있습니다. 그런데 남에게 공물을 바친단 말입니까?'

1,000명의 아들은 즉시 군사를 거느리고 여러 나라를 차례로 정복하고 범예왕의 나라까지 쳐들어갔다. 범예왕은 군대가 쳐들어왔다는 소식을 듣고 온 나라에 영을 내렸다.

'누가 적을 물리칠 수 있겠는가?'

그러나 그들을 물리칠 수 있다는 사람이 아무도 없었다.

그때 둘째 부인이 찾아와 말하였다.

'제가 물리칠 수 있습니다.'

왕이 물었다.

'어떻게 물리칠 수 있는가?'

부인이 대답하였다.

'저에게 높이 100발(丈)쯤 되는 대臺를 만들어 주시기만 하면 됩니다. 제가 그 위에 앉으면 틀림없이 물리칠 수 있습니다.'

대를 다 만들자 둘째 부인이 그 위에 앉았다. 그때 1,000명의 아들이 활을 쏘려고 하였으나 저절로 손이 들리지를 않았다. 부인이 그들에게 말하였다.

'너희들은 삼가 부모를 향해 손을 들지 말라. 나는 너희들의 어머니이다.'

그들이 물었다.

'우리 어머니라는 것을 무엇으로 증명하겠습니까?'

녹녀가 대답하였다.

'내가 만약 젖가슴을 눌러 하나의 젖가슴에서 500가닥의 젖이 나와 각각 너희의 입으로 들어간다면 그것이 내가 너희의 어머니라는 증거이다. 만약 그렇지 않다면 너희 어머니가 아닐 것이다.'

녹녀가 곧 두 손으로 젖가슴을 누르자 젖가슴마다 500가닥의 젖이 솟아 나왔다. 그 젖은 1,000명의 아들 입으로 들어가고 다른 군사들의 입에는 들어가지 않았다.

1,000명의 아들은 항복하고 부모님께 참회하였다. 여러 아들은 서로 화합하였고, 두 나라는 다시는 원수가 되는 일 없이 자발적으로 서로 권하고 이끌어주었다. 그리고 500명은 친부모의 아들이 되고 500명은 양부모의 아들이 되었다. 그리하여 두 나라 왕은 염부제를 나누어 통치하면서 각기 500명의 아들을 길렀느니라."

부처님께서 계속해서 말씀하셨다.

"비구들이여, 알고 싶은가? 그때 1,000명의 아들이 바로 현겁賢劫의 1,000 부처님이요, 질투심으로 남의 눈을 가렸던 그 부인은 저 비늘이 촘촘한 눈먼 용이며, 범예국의 왕이었던 아버지는 백정왕白淨王이요, 그때의 어머니는 마야부인이니라."

비구들이 부처님께 여쭈었다.

"그는 어떤 인연으로 사슴에게서 태어나, 딛는 발자국마다 연꽃이 피게 되었으며, 또 어떤 인연으로 왕의 부인이 되었습니까?"

부처님께서 말씀하셨다.

"그 여자는 그보다 과거 전생에 가난하고 천한 집에 태어난 적이 있었다. 어머니와 딸이 둘이서 밭에서 김을 매다가 한 벽지불이 발우를 들고 걸식하는 것을 보게 되었다. 어머니는 그 딸에게 말하였다.

'나는 집에 있는 내 몫의 음식을 가져다 저 유쾌하게 살아가는 수행자에게 주고 싶구나.'

딸도 말하였다.

'제 몫까지 가져와 함께 드리십시오.'

어머니는 벽지불에게 주려고 두 사람 몫의 음식을 가지러 곧 집으로 돌아갔다. 그러는 사이 딸은 풀을 끌어 모아 앉을 자리를 만들고 꽃을 따 그 위에 흩뿌리고는 벽지불에게 앉기를 청하였다.

딸은 어머니가 너무 늦어진다는 생각에 높다란 곳으로 올라가 자신의 어머니가 어디쯤 오는지 멀리서 바라보았다. 드디어 어머니 모습이 보이자 딸이 소리쳤다.

'왜 빨리 서두르질 않습니까? 사슴처럼 달려오세요.'

어머니가 도착하자, 딸은 어머니가 굼뜬 게 미워 원망하면서 말하였다.

'제가 어머니에게서 태어나느니 차라리 사슴에게서 태어날 걸 그랬습니다.'

어머니는 곧 두 사람 몫의 음식을 벽지불에게 드리고, 그 나머지 찌꺼기를 모녀가 같이 먹었다. 벽지불은 음식을 먹고 나서 발우를 허공에 던지더니 그것을 따라 허공으로 날아올라 열여덟 가지 신통 변화를 보였다.

그때 어머니가 매우 기뻐하면서 서원을 세웠다.

'제가 다음 생에는 항상 저 성인처럼 거룩한 아들만 낳게 하소서.'

이런 인연으로 그 뒤로는 500명의 아들을 낳아 모두 벽지불이 되었는데, 한 번은 양모가 되고 한 번은 생모가 되었느니라.

딸은 자신의 어머니에게 사슴처럼 달리라고 말대꾸한 인연으로 사슴의 뱃속에서 태어나고 다리가 사슴과 같게 되었으며, 또 꽃을 따서 벽지불에게 흩뿌렸기 때문에 그 발자국에서 연꽃이 피어난 것이며, 또 벽지불에게 풀을 깔아 주었기 때문에 태어날 때마다 항상 왕의 부인이 된 것이다.

그 어머니의 후신이 바로 범예왕이고, 그 딸의 후신이 바로 사슴에게서 태어난 연화 부인이다. 이런 인연으로 뒤에 현겁의 1,000 성인을 낳고, 그 서원의 힘으로 항상 성현을 낳은 것이니라."

비구들은 이 말씀을 듣고 기뻐하여 받들어 행하였다.

잡보장경

제2권

온갖 보배가 가득한 경

10.
여섯 개의 어금니를 가진 하얀 코끼리

옛날 사위국의 어떤 큰 장자가 딸을 낳았다. 그의 딸은 자신의 전생을 기억하였고 또 태어나면서부터 말을 할 줄 알았다.

딸이 이렇게 말하였다.

"불효하는 짓, 부끄러움을 모르는 짓, 악독하게 해치는 짓, 은혜를 저버리는 짓은 나쁜 짓이다."

이렇게 말하고 그 딸은 침묵하였다. 그 아이는 태어날 때부터 큰 복과 덕이 있었기 때문에 부모가 이름을 현賢이라고 지었다. 아이는 차츰 자라면서 가사袈裟를 입은 분들을 매우 공경하였고, 가사를 입은 분들을 공경한 인연으로 집을 떠나 비구니가 되었다. 하지만 부처님께 찾아가지는 않고 혼자서 부지런히 수행하여 곧 아라한이 되었다. 그러던 어느 날 그 비구니는 부처님께 찾아가지 않았던 것을 뉘우쳤다. 그래서 곧 부처님께 나아가 참회하였다.

그러자 부처님께서 말씀하셨다.

"나는 옛날에 이미 그대의 참회를 받았느니라."

비구들이 이상히 여겨 부처님께 여쭈었다.

"저 현 비구니는 무엇 때문에 출가한 뒤에 부처님을 뵙지 않았을까? 이제야 부처님을 뵙고 참회하는 것은 또 어떤 까닭일까?"

부처님께서 곧 그 인연을 말씀하셨다.

"옛날에 여섯 개의 어금니를 가진 하얀 코끼리가 있었는데, 그 코끼리는 많은 무리를 거느리고 있었다. 그 코끼리에게는 두 마리 암컷 코끼리가 있었는데, 첫째는 이름이 현賢이요 둘째는 이름이 선현善賢이었다.

어느 날 하얀 코끼리가 숲속을 거닐다 우연히 연꽃을 주워 현에게 주려고 하였다. 그런데 선현이 보고는 덥석 빼어갔다. 연꽃을 빼앗긴 현은 질투하는 마음이 생겨 '저 하얀 코끼리가 선현만 사랑하고 나는 사랑하지 않는구나.' 하고 생각하였다.

그때 그 산에 부처님의 유골을 모신 탑이 있었다. 현은 매일같이 꽃을 꺾어 그 탑에 공양하면서 소원을 빌었다.

'제가 인간으로 태어나 전생을 기억하게 하시고, 또 저 하얀 코끼리의 어금니를 뽑아버리게 하소서.'

현은 결국 산꼭대기로 올라가 스스로 떨어져 죽었다. 암컷 코끼리 현은 이내 비제혜왕毘提醯王의 딸로 태어났고, 자신의 전생을 기억하였다.

그 딸은 커서 범마달왕梵摩達王의 아내가 되었다. 왕비가 된 그는 전생의 원한을 기억하고 범마달왕에게 말하였다.

'저에게 하얀 코끼리의 어금니로 만든 상床을 주시면 제가 살 수 있습니다. 그렇지 않으면 저는 죽어버리겠습니다.'

범마달왕은 곧 사냥꾼을 모집하는 명령을 내렸다.

'하얀 코끼리의 어금니를 가져오는 자에게 100냥의 황금을 주리라.'

사냥꾼은 즉시 가사를 입어 수행자로 위장하고 활과 독화살을 들고서 하얀 코끼리 사는 곳으로 찾아갔다. 그때 암컷 코끼리 선현이 사냥꾼을 보고 코끼리들의 왕인 하얀 코끼리에게 말하였다.

'저기 사람이 옵니다.'

코끼리 왕이 물었다.

'어떤 옷을 입었는가?'

'가사를 입었습니다.'

'가사 입은 사람치고 나쁜 사람은 없다. 분명 착한 사람일 것이다.'

사냥꾼은 코끼리 왕 가까이 다가가 독화살을 쏘았다. 그러자 선현이 코끼리 왕에게 말하였다.

'당신이 가사 입은 사람치고 나쁜 사람이 없다 하셨는데, 저 사람은 왜 이럽니까?'

코끼리 왕이 대답하였다.

'가사의 허물이 아니다. 저 사람 마음속 번뇌의 허물이다.'

선현은 곧 그 사냥꾼을 해치려 하였다. 하지만 코끼리 왕이 갖가지 방법으로 만류하고 타일러 그를 해치지 못하게 하였다. 코끼리 왕은 또 500마리 코끼리가 그 사냥꾼을 죽일까 걱정하여 사냥꾼을 틈에 숨기고 500마리 코끼리를 모두 멀리 쫓아버렸다. 그리고 사냥꾼에게 물었다.

'너는 무엇이 필요해 나에게 화살을 쏘았는가?'

사냥꾼은 대답하였다.

'나는 너에게 필요한 것이 없다. 범마달왕이 너의 어금니를 원하기 때문에 그것을 가지러 온 것이다.'

'그렇다면 얼른 뽑아라.'

'감히 내 손으로 뽑을 수 없다. 이렇게 자비롭게 나를 보호해 주지 않았는가. 그런데도 내가 만약 너의 어금니를 뽑는다면 내 손은 반드시 썩어 떨어질 것이다.'

그러자 하얀 코끼리가 곧 큰 나무를 들이받아 스스로 어금니를 뽑고는 코로 집어서 사냥꾼에게 주며 발원하였다.

'이 어금니를 뽑아 보시합니다. 이 공덕으로 제가 미래에 모든 중생의 삼독三毒의 어금니를 뽑아버리게 하소서.'

사냥꾼은 곧 그 어금니를 가져다 범마달왕에게 바쳤다.

그때 왕의 부인이 그 어금니를 얻고는 곧 뉘우치는 마음이 생겼다.

'내가 지금 무슨 자격으로 이 어질고 훌륭하며 계율을 깨끗하게 지킨 코끼리의 어금니를 가진단 말인가?'

그 후 왕의 부인은 크게 공덕을 닦고 서원을 세웠다.

'부디 저 하얀 코끼리가 미래에 부처님이 될 때 제가 그분의 가르침 안에서 출가하여 도를 배우고 아라한이 되게 하소서.'

비구들이여, 너희들은 알아야 한다. 그때 그 하얀 코끼리가 바로 지금의 나이고, 그 사냥꾼은 바로 제바달다提婆達多이며, 현은 지금 저 비구니요, 선현은 바로 야수다라耶輸陀羅 비구니이니라."

11.
자신의 몸을 구워 선인에게 공양한 토끼

사위국에 한 장자의 아들이 있었다. 그는 부처님의 가르침 안에서 출가하였지만, 항상 고향 친지들과 어울리기를 좋아하고 도인들과 함께하는 것은 좋아하지 않았다. 또 경전을 읽고 도를 닦는 것도 좋아하지 않았다. 그래서 부처님께서 그 비구에게 "인적이 드문 아련야阿練若로 가서 부지런히 수행하여 아라한이 되고 여섯 가지 신통을 완전히 갖추도록 하라." 하고 명령하셨다.

비구들이 이상히 여겨 부처님께 여쭈었다.

"세존께서 세상에 나오심은 참으로 기이하고도 특별합니다. 저런 장자의 아들도 마음을 잡고 아련야로 가서 아라한의 도를 얻고 여섯 가지 신통을 갖추게 하시는군요."

부처님께서 말씀하셨다.

"그가 마음을 다잡게 한 것은 오늘만이 아니다. 옛날에도 그가 마음을 잡도록 도운 적이 있느니라."

비구들이 아뢰었다.

“세존이시여. 옛날에는 어떻게 그의 마음을 잡아주셨습니까?”

부처님께서 말씀하셨다.

“아득한 옛날에 어떤 선인仙人이 숲속에서 살았다. 그 무렵 큰 가뭄이 들어 산의 과일과 열매들이 뿌리며 줄기 가지와 잎사귀까지 모두 말라 버렸다.

그 선인이 어떤 토끼와 친하게 지냈는데, 그 토끼에게 말하였다.

‘나는 이제 마을로 내려가 걸식해야겠다.’

토끼가 말하였다.

‘가지 마십시오. 제가 당신에게 먹을 것을 드리겠습니다.’

그러고는 토끼가 땔감을 모아 놓고 그 선인에게 말하였다.

‘반드시 제가 드리는 음식을 받으셔야 합니다. 그러면 하늘에서 비가 내릴 것입니다. 당신은 사흘만 기다리면 꽃과 열매가 다시 살아나 따먹을 수 있을 것입니다. 인간 세상에는 가지 마십시오.’

이렇게 말한 뒤 불을 활활 피우더니 그 속으로 뛰어들었다.

선인은 그것을 보고 생각하였다.

‘이 토끼는 나의 좋은 친구다. 내 음식이 되려고 자기 목숨까지 버렸으니, 참으로 하기 어려운 일이다.’

그때 그 선인은 몹시 괴로워하면서 그것을 먹었다. 토끼가 이렇게 누구도 하기 어렵고 고통스러운 보살행을 하자, 하늘나라 석제환인의 궁전이 진동하였다. 석제환인은 생각하였다.

'지금 무슨 인연으로 나의 궁전이 흔들리는 걸까?'

살펴보니 토끼가 세상 누구도 하기 어려운 일을 했기 때문이었다. 석제환인은 토끼의 보살행에 감동하여 곧 비를 내렸다. 그래서 선인은 그곳에 계속 머물면서 과일과 열매를 따 먹을 수 있게 되었다. 그리고 부지런히 공부하여 다섯 가지 신통을 얻었다.

비구들이여, 알고 싶은가? 그때 다섯 가지 신통을 얻은 선인이 바로 지금의 저 비구요, 그 토끼가 지금의 나이니라. 나는 그때도 내 몸을 바쳐 그 선인이 아련야에 머물면서 다섯 가지 신통을 얻게 하였다. 하물며 지금의 내가 저 비구를, 친지를 멀리 떠나 인적이 드문 아련야에 머물면서 아라한이 되고 여섯 가지 신통을 얻게 하지 못하겠느냐?"

12.
착한 원숭이와 나쁜 원숭이

부처님께서 왕사성에 계실 때였다.

그때 비구들이 부처님께 아뢰었다.

"세존이시여, 제바달다에게 의지하면 언제나 고뇌를 받고, 여래 세존께 의지하면 현재에도 안락을 얻고 다음 생에도 좋은 곳에 태어나 해탈의 도를 얻습니다."

부처님께서 말씀하셨다.

"오늘만 그런 것이 아니다.

아득한 옛날에 원숭이 두 마리가 있었는데 한 마리는 착한 원숭이고 한 마리는 나쁜 원숭이였다. 그들은 각각 500마리씩 무리를 거느리고 있었다. 그러던 어느 날 가시왕迦尸王의 아들이 사냥을 나와 그들을 포위하면서 접근하였다.

착한 원숭이가 나쁜 원숭이에게 말하였다.

'지금 이 강을 건너면 우리는 재난을 면할 수 있다.'

나쁜 원숭이가 말하였다.

'우리는 저 강을 건널 수 없다.'

그러자 착한 원숭이가 원숭이들에게 말하였다.

'저 비다라毘多羅 나무의 가지가 매우 길구나.'

착한 원숭이는 곧 그 나무의 가지를 잡아당겨 500마리 원숭이가 무사히 강을 건너게 하였다. 그러나 나쁜 원숭이 무리는 강을 건너지 않았기 때문에 모두 왕자에게 사로잡히고 말았다.

비구들이여, 그때 그 착한 원숭이는 바로 나요, 나쁜 원숭이는 바로 저 제바달다이다. 그가 거느린 무리는 그때도 고통을 당했고, 지금 그에게 의지하는 자들 역시 마찬가지니라.

그때 나에게 의지했던 원숭이들은 긴 세월 즐거움을 누렸고, 현재에는 명예와 공양을 얻고 있으며, 미래에는 인간이나 천상에 태어나 해탈을 얻을 것이다. 그때 제바달다에게 의지했던 원숭이들은 긴 세월 고통을 받았고, 현재에는 나쁜 소문이 퍼져 사람들이 공양하지 않고 있으며, 미래에는 세 갈래 나쁜 세계에 떨어질 것이다.

그러므로 비구들이여, 반드시 나쁜 친구를 멀리하고 착한 친구를 가까이해야 한다. 착한 친구는 언제나 사람들에게 편안함과 즐거움을 준다. 그러므로 착한 친구를 가까이해야 한다. 하지만 나쁜 친구는 반드시 멀리해야 한다. 왜 그런가? 나쁜 친구는 사람들의 속을 태우고, 현재도 미래에도 온갖 고통을 불러들이기 때문이다."

13.
지혜의 물로 세 가지 불을 끄신 부처님

남방산南方山이라는 나라가 있었다. 부처님께서 그 나라로 가던 도중 어느 마을에서 주무시게 되었다. 마침 그 마을에 좋은 일이 있어 사람들이 모여 술을 마셨는데, 다들 술에 취해 난장판이 되어버렸다. 그러다 부주의로 불이 나서 마을을 태우기 시작했다. 놀라고 당황한 사람들이 어찌할 바를 몰라 웅성거렸다.

"우리는 부처님을 의지해야만 이 화재를 면할 수 있다."

그들은 곧 부처님께 달려가 아뢰었다.

"세존이시여, 저희를 구해 주소서."

부처님께서 말씀하셨다.

"모든 중생이 세 가지 불을 가지고 있으니, 그것은 탐욕의 불, 분노의 불, 어리석음의 불이다. 나는 지혜의 물로 그 불을 끄는 사람이다. 만약 이 말이 진실이라면 저 불은 분명 꺼질 것이다."

이렇게 말씀하시자 불이 곧 꺼졌다. 사람들이 모두 기뻐하면서 부처님을 더욱 믿고 존경하였다. 그리고 부처님의 설법을 듣고는 모두 수다원須陀洹의 도를 얻었다.

비구들이 이상하게 여기며 말하였다.

"부처님께서 세상에 나오심은 참으로 놀랍고 특별한 일입니다. 부처님께서는 이 마을에 큰 이익을 주셨습니다. 마을의 불도 꺼지고 사람들 마음의 때도 없어졌습니다."

부처님께서 말씀하셨다.

"오늘만 저들에게 이익을 준 것이 아니다. 과거 전생에도 저들에게 큰 이익을 주었느니라."

비구들이 여쭈었다.

"세존이시여, 과거 전생에는 저들에게 어떤 이익을 주셨습니까?"

부처님께서 말씀하셨다.

"아득한 옛날 설산 한 기슭에 큰 대나무 숲이 있었다. 많은 새와 짐승들이 그 숲을 의지해 살고 있었는데, 그중에 환희수歡喜首라는 앵무새가 있었다.

어느 날 그 숲에 사나운 바람이 불어 대나무끼리 서로 부딪치다가 불이 일어나 그 숲을 태우기 시작했다. 새와 짐승들은 피할 곳이 없어 두려움에 떨어야만 했다. 그때 환희수라는 그 앵무새가 숲의 새와 짐승들을 가엾이 여기는 깊은 자비심을 일으켰다. 앵무새는 날개에 물을 적셔 불길에 뿌렸다. 그러자 숲의 짐승들을 가엾이 여기는 간절한 그 마음에 감동하여 제석천의 궁전이 크게 진동하였다.

제석천의 주인인 석제환인이 깜짝 놀라 자신의 궁전이 크게 흔들린 까닭을 천안天眼으로 살펴보았다. 그러다 한 앵무새가 가엾이 여기는 마음을 품고서 숲의 짐승들을 불길에서 구하려고 온 힘을 다하지만 불을 끄지 못하는 것을 보았다.

석제환인이 앵무새에게 말하였다.

'이 숲은 넓이가 수천만 리이다. 네가 날개를 적셔서 뿌리는 물은 고작 몇 방울에 지나지 않으니, 어떻게 이 큰불을 끌 수 있겠는가?'

앵무새가 대답하였다.

'제 마음은 크고 넓습니다. 게으름 떨지 않고 부지런히 힘쓰면 반드시 불을 끌 수 있습니다. 만약 이 몸이 다하도록 불을 끄지 못하면 다시 다음 생의 몸을 받아서라도 맹세코 저 불을 끄고야 말 것입니다.'

석제환인이 앵무새의 마음에 감동하여 큰비를 내리자, 불이 곧 꺼졌다.

비구들이여, 그때 그 앵무새가 바로 지금의 나이고, 숲속의 새와 짐승들은 지금 이 마을 사람들이다. 나는 그때에도 불을 꺼서 그들을 편안하게 하였고, 지금도 불을 꺼서 이들을 편안하게 한 것이다."

"또 어떤 인연으로 이들이 수다원의 도를 얻게 된 것입니까?"

부처님께서 말씀하셨다.

"이 마을 사람들은 과거 가섭 부처님 시절에 오계五戒를 받아 지켰던 사람들이다. 그 인연으로 지금 진리를 보고 수다원의 도를 얻게 된 것이니라."

14.
효행으로 천신과 왕을 감동하게 한 바라나국 장자

다음과 같이 나는 들었다.

언젠가 부처님께서 사위국에 계시면서 비구들에게 말씀하셨다.

"자기 집에 범천왕이 머물게 하고 싶은 사람이 있다면 부모에게 효도하라. 범천이 곧 그 집에 머물 것이다. 제석천을 자기 집에 머물게 하고 싶거든 부모에게 효도하라. 제석천이 곧 그 집에 머물 것이다. 모든 천신을 자기 집에 머물게 하고 싶거든 부모에게 공양하라. 모든 천신이 그 집에 머물 것이다. 화상和尙을 자기 집에 머물게 하고 싶거든 부모에게 공양하라. 화상이 그 집에 머물 것이다. 아사리阿闍梨를 자기 집에 머물게 하고 싶거든 부모를 공양하라. 아사리가 곧 그 집에 머물 것이다. 만약 여러 성현과 부처님께 공양하고 싶거든 부모에게 공양하라. 여러 성현과 부처님이 곧 그 집에 머물 것이다."

비구들이 말하였다.

"여래 세존처럼 부모님을 공경하시는 분은 세상에 다시없을 것입니다."

부처님께서 말씀하셨다.

"내가 부모님을 세상에 다시없을 만큼 공경하는 것은 오늘만의 일이 아니다. 과거 전생에도 나는 세상에 다시없을 만큼 부모님을 공경하였느니라."

비구들이 여쭈었다.

"과거 전생에는 어떤 일이 있었습니까?"

부처님께서 말씀하셨다.

"아득한 옛날 바라나국에 어떤 가난한 사람에게 외아들이 있었다. 그 외아들은 자식이 많고 집도 가난하였다. 그때 마침 흉년이 들자 그 외아들은 부모를 산 채로 땅에 묻어 버리고 그 양식으로 자식들을 먹여 살렸다.

그의 부모가 보이지 않자 이웃 사람이 물었다.

'당신 부모님은 어디 계십니까?'

그가 대답하였다.

'우리 부모는 나이가 많고 늙어 얼마 못 가서 죽을 분들입니다. 부모가 먹을 양식으로 아이들을 먹여 키우려고 내가 땅에 묻어 버렸습니다.'

이웃집 사람은 그 말을 듣고 이치에 맞다고 여겼다. 이 이야기는 점점 퍼져 온 바라나국 사람들이 노인을 산 채로 매장하는 풍습을 법으로 삼게 되었다.

당시에 또 어떤 장자가 있었는데 그에게도 역시 외아들이 있었다. 하지만 그의 아들은 이 말을 듣고 도리가 아니라고 여겼다. 그래서 '어떤 방법을 써야 이 나쁜 법을 없앨 수 있을까?' 하고 늘 생각하였다. 그러다 드디어 아버지에게 말씀드렸다.

'아버지, 지금 멀리 떠나 경론經論을 공부하십시오.'

아버지는 아들의 권유대로 곧 떠났지만 얼마 공부하지도 않고 곧바로 집으로 돌아왔다. 아버지 연세가 점점 더해가자 아들은 땅을 파고 좋은 방을 만들어서 아버지를 그곳에 모시고 좋은 음식을 드렸다. 그리고 생각하였다.

'나와 함께 이 나쁜 법을 없앨 사람이 누가 있을까?'

그때 천신이 나타나 그에게 말하였다.

'내가 이제 너와 함께하리라.'

천신은 글을 써서 왕에게 네 가지를 물었다.

'이 질문에 제대로 답하면 너를 보호하겠지만, 제대로 답하지 못하면 이레 뒤에 너의 머리를 부수어 일곱 조각을 내겠다. 네 가지를 묻겠다. 첫째, 무엇이 으뜸가는 재물인가? 둘째, 무엇이 가장 즐거운 것인가? 셋째, 무엇이 최고로 맛이 좋은가? 넷째, 무엇이 가장 오래 사는가? 질문을 적은 이 종이를 왕궁의 문 위에 붙이라.'

왕은 그 종이를 받고 온 나라에 영을 내려 물었다.

'누가 이 질문에 답하겠는가? 제대로 답하는 사람이 있으면 무엇이건 원하는 대로 해주리라.'

장자의 아들이 그 글을 가져와 그 뜻을 풀이하였다.

'믿음이 으뜸가는 재물이고, 바른 법이 최고의 즐거움이며, 진실한 말이 최고의 맛이고, 지혜의 목숨이 제일 길다.'

이렇게 그 뜻을 풀이한 뒤 다시 왕궁의 문 위에 붙였다. 천신이 이것을 보고 매우 기뻐하였고, 왕 또한 매우 기뻐하였다. 왕이 장자의 아들에게 물었다.

'누가 이런 답을 너에게 가르쳐 주었는가?'

장자의 아들이 대답하였다.

'아버지가 제게 가르쳐 주셨습니다.'

'네 아버지는 지금 어디 계시는가?'

'부디 왕께서는 저에게 벌을 내리지 마소서. 저의 아버지는 많이 늙으셨습니다. 노인을 집에 모시는 것은 국법을 어기는 것이기에 땅을 파서 몰래 모셔 두었습니다.

대왕이여, 제 말을 들어 보소서. 부모님의 은혜는 하늘과 땅처럼 무겁습니다. 열 달을 뱃속에 품었다가, 낳아서는 마른 자리 진자리 가려 눕히고 젖을 먹이며 길러서 사람 노릇 하고 살도록 가르쳐 주셨으니, 제가 이렇게 자란 것이 다 부모님 덕분입니다. 해와 달을 볼 수 있고 일을 하며 살아갈 수 있는 것도 다 부모님의 힘입니다. 가령 왼쪽 어깨에 아버지를 앉히고 오른쪽 어깨에 어머니를 앉히고서 100년 동안 여행을 다니며 갖가지를 공양한다고 해도 부모님의 은혜는 갚지 못할 것입니다.'

그때 왕이 물었다.

'네가 원하는 것이 무엇이냐?'

장자의 아들이 대답하였다.

'아무것도 바라지 않습니다. 오직 대왕께서 이 나쁜 풍습을 없애 주소서.'

왕은 그의 말을 옳다 하고 온 나라에 법령을 선포하였다.

'만약 부모에게 불효하는 자가 있다면 그 죄를 엄중히 다스리겠다.'

비구들이여, 알고 싶은가? 그때 그 장자의 아들이 바로 지금의 나이다. 나는 그때에도 한 나라를 위해 나쁜 법을 없애고 효도하고 순종하는 법을 성취하였으며, 그 인연으로 부처가 되었다. 그러므로 오늘도 역시 효도하고 순종하는 법을 찬탄하는 것이니라."

15.
눈이 먼 부모를 봉양하고 두 나라를 화목하게 한 향기로운 코끼리

옛날에 부처님께서 사위국에 계실 때였다.

부처님께서 비구들에게 말씀하셨다.

"반드시 보시해야 할 사람에 여덟 종류가 있으니, 조금도 의심하지 말라. 그 여덟은 아버지, 어머니, 부처님, 부처님의 제자, 먼 길을 온 사람, 먼 길을 떠나는 사람, 아픈 사람, 환자를 간호하는 사람이다."

비구들이 부처님께 아뢰었다.

"세존께서는 참으로 놀랍고 훌륭하십니다. 항상 부모를 찬탄하고 공경하십니다."

부처님께서 말씀하셨다.

"나는 오늘만 이러는 것이 아니다. 과거 전생부터 항상 부모를 존중하고 공경하였느니라."

비구들이 여쭈었다.

"어떻게 존중하고 찬탄하셨습니까?"

부처님께서 말씀하셨다.

"아득히 먼 옛날에 두 국왕이 있었다. 하나는 가시국迦尸國의 왕이요, 또 하나는 비제혜국比提醯國의 왕이었다. 비제혜왕은 향기가 풍기는 큰 코끼리를 가지고 있어서 그 코끼리의 힘으로 가시왕의 군대를 무찔렀다. 그러자 가시왕은 생각하였다.

'어떻게 하면 나도 저런 향기가 풍기는 코끼리를 얻어 비제혜왕의 군대를 무찌를 수 있을까?'

그때 어떤 사람이 왕에게 말하였다.

'제가 산에서 향기를 풍기는 하얀 코끼리 한 마리를 보았습니다.'

왕이 그 말을 듣고 곧 사람들을 모집하였다.

'누구든 저 향기가 풍기는 코끼리를 잡아 오는 사람에게 많은 상을 내리리라.'

어떤 사람이 그 모집에 응하여 많은 군사를 모아 그 코끼리를 잡으러 갔다. 코끼리는 생각하였다.

'내가 멀리 도망간다면 눈멀고 늙은 부모님은 어쩌란 말인가? 차라리 순순히 왕에게 가는 것이 낫겠다.'

사람들은 그 향기 나는 코끼리를 데리고 왕에게로 갔다. 왕은 매우 기뻐하여 코끼리를 위해 좋은 집을 짓고 털로 짠 담요를 바닥에 깔아 주고는 기녀들과 함께 거문고와 비파를 타면서 즐거워하였다. 그러나 코끼리는 음식을 주어도 먹으려 하지 않았다. 그러자 코끼리를 지키던 사람이 왕에게 찾아가 아뢰었다.

'코끼리가 아무것도 먹으려 하지 않습니다.'

왕이 직접 코끼리에게 찾아가 물었다. 아주 오랜 옛날에는 축생들이 사람의 말을 이해할 수 있었다.

'너는 왜 아무것도 먹지 않는가?'

코끼리가 대답하였다.

'제게는 눈멀고 늙은 부모님이 계십니다. 이제 그분들에게 물과 풀을 가져다줄 자가 아무도 없습니다. 부모님이 아무것도 먹지 못하고 계시는데 어떻게 저만 먹겠습니까?'

코끼리는 이어 말하였다.

'제가 달아나려 했다면 왕의 저 많은 군사도 저를 막지 못하였을 것입니다. 다만 눈멀고 늙은 부모님 때문에 순순히 따라서 왕에게 온 것입니다. 왕께서 만약 제가 돌아가도록 허락해 주신다면 부모님이 목숨을 마칠 때까지 봉양하고 제 발로 다시 돌아오겠습니다.'

왕이 그 말을 듣고 크게 감동하였다.

'우리는 사람 중의 코끼리요, 이 코끼리는 코끼리 중의 사람이로구나.'

앞서 가시국 사람들은 부모를 미워하고 천대하면서 공경하는 마음이 없었다. 그러다 이 코끼리로 말미암아 왕이 곧 나라에 영을 내렸다.

'부모를 봉양하고 공경하지 않으면 큰 벌을 주리라.'

그리고는 곧 코끼리를 풀어 주어 돌아가 부모를 봉양하게 하였다. 그리고 시간이 흘러 부모가 죽자 코끼리는 약속대로 왕에게 돌아왔다.

왕은 향기가 풍기는 하얀 코끼리를 얻고 매우 기뻐하였다. 왕은 곧 코끼리를 아름답게 꾸미고 저 비제혜국을 치려고 하였다.

그러자 코끼리가 왕에게 말하였다.

'싸우지 마십시오. 전쟁은 서로에게 상처만 남깁니다.'

왕은 말하였다.

'저들은 나를 속이고 업신여겼다.'

'저를 그 나라로 보내 주십시오. 제가 가서 저 원수들이 감히 왕을 속이거나 업신여기지 못하게 하겠습니다.'

'네가 가면 돌아오지 못할 수도 있다.'

코끼리가 대답하였다.

'아무도 저를 돌아오지 못하도록 막지 못할 것입니다.'

코끼리는 곧 그 나라로 갔다.

비제혜왕은 향기가 풍기는 하얀 코끼리가 왔다는 소식을 듣고 너무나 기뻐 성을 나와서 직접 맞이하였다.

왕이 코끼리를 보자 말하였다.

'우리나라에서 살아라.'

코끼리가 말하였다.

'이곳에서 살 수는 없습니다. 저는 자라서부터 약속을 어긴 적이 없습니다. 저는 가시국의 왕에게 돌아가겠다고 이미 약속하였습니다. 당신들 두 나라 왕이 서로 원한을 풀고 각기 자기 나라에 만족하고 살면 어찌 좋은 일이 아니겠습니까?'

그리고 게송으로 말하였다.

싸움에서 이기면 원수가 늘어나고
지면 근심과 괴로움이 더하나니
이기고 지는 것 다투지 않으면
그 즐거움이 최고의 즐거움

코끼리는 이렇게 게송으로 말하고 나서 곧 가시국으로 돌아갔다. 그 뒤로 두 나라는 서로 화목하게 지냈다.

비구들이여, 그때 그 가시국왕이 바로 지금 코살라국의 파사닉왕波斯匿王이요, 비제혜왕은 마가다국의 아사세왕阿闍世王이니라. 그리고 그 향기가 풍기는 하얀 코끼리가 바로 지금의 나이니라.

내가 그때 부모에게 효도하였기 때문에 많은 중생 역시 부모에게 효도하게 되었으며, 그때도 두 나라를 화목하게 하고 지금도 그렇게 하였느니라."

16.
형에게 충고한 아우

옛날에 세존께서 비구들에게 말씀하셨다.

"비구들이여, 알아야 한다. 옛날 바라나국에서 나쁜 풍습이 유행한 적이 있었다. 그 풍습은 아버지 나이가 60이 되면 깔개를 주고 문을 지키게 하는 것이었다.

그때 어떤 형제가 있었는데, 형이 아우에게 말하였다.

'너는 아버지에게 깔개를 드리고 문을 지키게 하여라.'

그 집에는 깔개가 단 하나뿐이었다. 아우는 깔개의 반을 잘라 아버지에게 드리면서 말씀드렸다.

'이것은 형이 아버지에게 드리는 것입니다. 제가 드리는 것이 아닙니다. 형이 아버지에게 문을 지키라고 합니다.'

형이 아우에게 말하였다.

'왜 깔개를 전부 드리지 않고 반을 잘라 드렸느냐?'

아우가 대답하였다.

'마침 깔개가 하나뿐입니다. 반을 잘라 드리지 않으면 다음

에는 또 어디서 깔개를 구하겠습니까?'

'또 누구 줄 사람이 있느냐?'

'형님에게 드릴 깔개를 어찌 남겨두지 않을 수 있겠습니까?'

'왜 내게 주려고 하는가?'

'형님도 늙을 것이니, 형님 아들도 형님을 문지기로 만들지 않겠습니까?'

형이 이 말을 듣고 깜짝 놀라면서 말하였다.

'나도 이렇게 된단 말인가?'

아우가 대답하였다.

'누가 형님을 대신하겠습니까?'

그리고 이어 형에게 타일렀다.

'이런 나쁜 풍습은 함께 없애버려야 마땅합니다.'

형제는 함께 왕을 보좌하는 재상에게 찾아가 이런 실정을 재상에게 설명하였다. 그러자 재상이 말하였다.

'정말 그렇다. 우리 모두 늙기 마련이나.'

왕을 보좌하던 재상이 왕에게 말씀드리자, 왕도 그 말이 옳다 하였다. 이에 나라에 영을 내려 부모님을 효도로 봉양하게 하고, 예전의 나쁜 풍속은 금지하여 다시는 허락하지 않았다."

17.
시기심으로 아들을 죽인 범마달왕의 부인

부처님께서 왕사성에 계시면서 제바달다에게 말씀하셨다.

"나는 언제나 너를 깊이 사랑한다. 나는 몸으로도 말로도 마음으로도 너를 조금도 미워하지 않는다. 서로에게 잘못이 있다면 지금 함께 참회하자."

그러나 제바달다는 욕을 하고 떠났다.

비구들이 아뢰었다.

"부처님께서는 그를 그처럼 사랑하시는데, 제바달다는 왜 도리어 욕을 합니까?"

부처님께서 말씀하셨다.

"오늘만 그런 것이 아니다. 옛날 바라나국에 범마달梵摩達이라는 왕이 있었다. 그의 부인 이름은 불선의不善意였다. 그들에게는 총명하고 인자한 법호法護라는 아들이 있었다. 범마달왕은 아들을 스승에게 보내어 공부하게 하였다.

그러던 어느 날 범마달왕이 여러 궁녀를 데리고 동산으로 나가서 즐겁게 놀다가 먹다 남은 술을 그 부인에게 보냈다. 그러자 부인이 화를 내며 이렇게 말하였다.

'내 차라리 법호의 목을 찔러 그 피를 마실지언정 이 술은 마시지 않겠다.'

왕은 이 말을 듣고 화를 내며 말하였다.

'공부하는 법호를 불러 오라.'

법호가 오자 왕은 그의 목을 찌르려 하였다.

법호가 아버지에게 말했다.

'저는 아무 죄도 없습니다. 저는 왕의 외아들인데, 왜 저를 죽이려 하십니까?'

왕이 말하였다.

'내가 너를 죽이려는 것이 아니다. 네 어미의 뜻일 뿐이다. 네 어미에게 말하고 용서를 빌어 마음을 풀게 하라. 그러면 너를 죽이지 않을 것이다.'

아들은 곧 어머니에게 용서를 빌며 말하였다.

'아들이라고는 저 하나뿐입니다. 게다가 아무 죄도 없는데 왜 저를 죽이려 하십니까?'

그러나 어머니는 아들의 애원을 받아들이지 않고 아들의 목을 찔러 그 피를 나눠 마시게 하였다."

부처님께서 이어 말씀하셨다.

"비구들이여, 그때 그 부왕이 바로 지금의 저 구가리拘迦離요, 그 어머니는 지금의 제바달다이며, 그 아들은 바로 나이다. 나는 그때 조금도 나쁜 마음이 없었다. 하지만 그는 나의 애원을 받아들이지 않았고 지금도 그렇다.

나는 그때 죽임을 당하면서도 조금도 성내거나 원망하는 마음이 없었다. 하물며 지금 이런 일로 화를 내면서 그를 미워하는 마음을 품겠는가?"

18.
모합을 받은 타표 비구

옛날에 타표駝驃라는 비구가 있었다. 그는 매우 힘이 센 장사였다. 타표는 출가하고 부지런히 공부하여 아라한이 되어 위엄과 덕을 두루 갖추었다. 또 항상 절의 일을 맡아 보며 다섯 손가락에서 광명을 뿜어내었고, 스님들에게 갖가지 깔개를 마련해 주었다. 그래서 부처님께서 사원을 제일 잘 경영하는 비구라며 칭찬하셨다.

그러던 어느 날이었다. 미다彌多라는 비구가 있었다. 그는 자신의 복덕이 적어 모임에 참석할 때마다 볼품없는 음식을 먹게 되었다. 그런데 그가 도리어 화를 내면서 말하였다.

'저 타표가 절 일을 맡아 보는 한 좋은 음식 먹기는 글렀다. 무슨 방법을 써야겠다.'

미다에게는 비구니가 된 누이가 있었다. 그는 누이에게 가서 서로 의논하고 세 번이나 타표를 모함하였다. 타표는 그것이 싫어 곧 허공으로 올라가 열여덟 가지 신통 변화를 보이고 불꽃 삼매에 들어갔다. 그리하여 허공에서 유해마저 남기지 않고 불꽃처럼 사라졌다.

그러자 부처님께서 말씀하셨다.

"비방과 탐욕과 질투는 성현까지도 죽게 하거늘, 하물며 범부이겠느냐? 그러므로 지혜로운 사람은 비방을 삼가고 말을 함부로 해서는 안 된다."

그때 비구들이 부처님께 여쭈었다.

"타표 비구는 어떤 인연으로 비방을 받게 된 것이며, 어떤 인연으로 큰 힘을 가지게 된 것이며, 또 어떤 인연으로 아라한이 된 것입니까?"

부처님께서 말씀하셨다.

"사람의 수명이 2만 세이던 아득한 옛날에 가섭迦葉이라는 부처님이 계셨다. 그때 그 부처님의 가르침을 따르던 사람들 가운데 한 젊은 비구가 있었는데, 그는 얼굴이 단정하고 매우 아름다웠다.

어느 날 그 젊은 비구가 걸식하고 돌아가는데, 한 젊은 여자가 그에게 반해 그 비구를 바라보며 눈을 떼지 못했다. 그때 비구들의 식사를 감독하던 비구가 있었다. 그가 지금의 타표이다. 그는 그 여자가 젊은 비구를 따라다니며 잠시도 눈을 떼지 못하는 것을 보고 곧 비방하였다.

'이 여자는 틀림없이 저 비구와 정을 통한 사이다.'

그 인연으로 그는 세 갈래 나쁜 세계에 떨어져 한량없는 고통을 받았고, 오늘까지도 그 남은 재앙이 다하지 않아 비방을 받은 것이다. 그리고 타표 비구는 과거 가섭 부처님 시절에 집을 떠나 도를 배웠기 때문에 지금 아라한이 된 것이다. 또 과거에 절 일을 맡고 있을 때 쌀과 국수를 실은 나귀를 진창에서 끌어낸 적이 있다. 그 인연으로 그가 큰 힘을 가진 장사가 된 것이다."

19.
억울한 누명을 쓴 이월

옛날 계빈국에 이월離越이라는 아라한이 산에서 좌선을 하며 지내고 있었다. 어느 날 어떤 사람이 소를 잃고 그 발자취를 따라 그곳까지 오게 되었다. 그때 마침 이월은 풀을 삶아서 옷을 염색하고 있었다. 염색하자 옷은 저절로 쇠가죽처럼 변하고, 붉은 염료는 피처럼 변하고, 삶고 남은 염료의 풀은 소의 고깃덩어리처럼 변하고, 염료를 담았던 발우는 쇠머리처럼 변했다.

소 주인은 이것을 보고 곧 그를 결박해 왕에게 끌고 갔다. 왕은 그를 감옥에 가두고, 12년 동안 감옥의 간수가 되어 말을 먹이면서 말똥을 치우게 하였다.

그때 이월에게는 아라한이 된 500명의 제자가 있었다. 그 제자들이 스승을 찾아보았지만 어디 계신지를 알지 못하였다. 그의 업연業緣이 다하려고 할 무렵, 한 제자가 자신의 스승이 계빈국 감옥에 갇혀 있는 것을 보게 되었다. 그는 곧 왕에게 찾아가 아뢰었다.

"저의 스승 이월께서 왕의 감옥에 있습니다. 부디 이치에 맞게 판결해 주십시오."

왕은 곧 감옥으로 사람을 보내 조사하게 하였다. 왕의 신하가 감옥에 가 보니, 얼굴이 초췌하고 수염과 머리가 긴 어떤 사람이 감옥의 간수 노릇을 하며 말을 먹이고 말똥이나 치우고 있었다. 그는 돌아와 왕에게 아뢰었다.

"감옥에 사문이나 도사는 전혀 없습니다. 옥졸 노릇을 하는 비구가 한 명 있을 뿐입니다."

제자가 다시 왕에게 아뢰었다.

"부디 영을 내려 감옥에 있는 비구들을 모두 석방해 주소서."

왕은 즉시 영을 내려 감옥에 있는 도인을 모두 석방하게 하였다. 그러자 존자 이월은 감옥 안에서 수염과 머리가 저절로 떨어지고 가사가 몸에 입혀졌다. 그리고 하늘로 솟아올라 열여덟 가지 신통 변화를 나타내었다.

왕은 그것을 보고 예전에 없던 일이라 찬탄하면서 온몸을 땅에 던져 이월 존자에게 아뢰었다.

"부디 저의 참회를 받아 주소서."

이월은 곧 하늘에서 내려와 왕의 참회를 받아 주었다.

왕이 그에게 물었다.

"어떤 업의 인연으로 감옥에서 여러 해 고통 받은 것입니까?"

이월 존자가 대답하였다.

"저도 과거 전생에 소를 잃어버린 적이 있습니다. 저는 소의 발자취를 좇다가 어떤 산을 지나가게 되었고, 그 산에서 벽지불이 혼자 앉아 참선하는 것을 보게 되었습니다. 저는 그를 범인이라 생각하고 밤낮없이 온종일 비방하였습니다. 저는 그 인연으로 세 갈래 나쁜 세계에 떨어져 한량없는 고통을 받았습니다. 그러고도 남은 재앙이 다하지 않아 아라한이 되고도 오히려 비방을 받은 것입니다."

20.
파사닉왕의 못생긴 딸 뇌제

옛날에 파사닉왕에게 뇌제賴提라는 딸이 있었다. 그 딸에게는 열여덟 가지 추한 꼴이 있어 도무지 사람 같지가 않았다. 그래서 그를 보면 다들 놀라고 두려워하였다.

그때 파사닉왕이 나라에 영을 내려 사람을 구하였다.

"양민의 아들 가운데 가난하고 고독하게 살아가는 자가 있으면 데리고 오라."

그때 시장 주변에서 어떤 장자의 아들이 홀로 외로이 구걸하면서 살아가고 있었다. 사람들이 그를 보고 왕에게 데려갔다. 왕은 그 사람을 데리고 후원으로 들어가 약속하면서 분부하였다.

"내게 딸이 있는데 하도 못생겨서 남에게 보일 수가 없다. 지금 그대의 아내로 주고 싶은데 어떻게 생각하는가?"

장자의 아들이 왕에게 아뢰었다.

"왕의 분부라면 가령 개를 준다고 해도 사양하지 못할 것입니다. 하물며 공주인데 어떻게 싫다 하겠습니까?"

왕은 곧 그에게 딸을 주어 아내로 삼게 하였다. 그리고 궁궐을 지어 주면서 장자의 아들에게 당부하였다.

"나의 딸은 얼굴이 못생겼으니 절대로 남에게 보이지 말라. 나갈 때는 문을 밖에서 걸어 잠그고 들어오면 문을 안에서 걸어 잠그는 것을 항상 지켜야 할 법으로 삼아라."

그러던 어느 날이었다. 그는 여러 장자의 아들들과 친한 벗이 되어 잔치를 열고 어울려 놀게 되었다. 그런데 매번 모일 때마다 다른 장자의 아들들은 자신의 부인과 함께 참석하는데, 이 왕의 딸만은 나오지 않았다. 그러자 여러 사람이 "다음 모임부터는 모두 자신의 부인을 데리고 옵시다. 만약 데려오지 않으면 벌로 많은 재물을 내놓게 합시다." 하고 서로 약속하였다. 하지만 다음 모임에도 이 가난한 장자의 아들은 예전처럼 자신의 부인을 데려오지 않았다. 사람들은 곧 그에게 더 무거운 벌을 주었다. 가난한 장자의 아들은 그 벌을 공손히 받아들였다. 그러자 사람들이 다시 약속하였다.

"내일 다시 모일 때 부인을 데리고 오지 않으면 더 무거운 벌을 주리라."

그는 두 번 세 번 거듭 벌을 받았지만, 그 모임에 부인을 데리고 오지 않았다. 그런 뒤에 그가 집에 돌아가 부인에게 말하였다.

"나는 당신 때문에 여러 번 벌을 받았소."

부인이 물었다.

"왜요?"

"모여서 노는 날에는 다들 부인을 데리고 모임에 참석하라는 여러 사람의 요구가 있었소. 하지만 나는 당신을 다른 사람들에게 보이지 말라는 왕의 분부를 받았소. 그래서 여러 차례 벌을 받은 것이오."

이 말을 들은 부인은 너무도 부끄럽고 또 못내 슬펐다. 그래서 밤낮으로 부처님을 생각하였다. 다음날 다시 연회가 있고 남편은 또 혼자 나갔다. 부인은 방안에서 더욱 슬퍼하며 간절히 발원하였다.

"부처님께서 이 세상에 나와 많은 이익을 주시는데, 죄 많은 저만 홀로 그 은혜를 입지 못하는군요."

그러자 부처님께서 그의 마음에 감동하여 땅에서 솟아올랐다. 그가 처음 부처님의 머리카락을 보고 존경하며 기뻐하는 순간 그의 머리카락은 곧 아름다운 머릿결로 변하였다. 다음으로 부처님의 이마를 보고, 또 차례차례 눈썹·눈·귀·코·몸·입을 보았는데 그때마다 솟구치는 기쁨이 더욱 깊어졌고, 그의 몸도 따라서 변해 못생기고 추했던 구석이 완전히 없어져 하늘나라 여인 같은 모습이 되었다.

그 무렵 여러 장자의 아들들이 몰래 서로 의논하였다.

"왕의 딸이 우리 모임에 나오지 않는 것은 분명 보통 사람보다 미인이거나, 혹은 아주 못생겼기 때문일 것이다. 그래서 모임에 나오지 않는 것이다. 우리가 이제 저 남편에게 술을 먹여 정신을 잃게 하고 그의 열쇠를 가지고 가서 문을 열고 들어가 그 부인이 어떤 사람인지 한번 보자."

그들은 곧 그에게 술을 먹여 취하게 한 다음 그가 가지고 있던 열쇠를 풀어 여럿이 함께 그의 집으로 가서 문을 열고 살펴보았다. 그들은 왕의 딸이 너무도 아름다운 것을 확인하고는 곧바로 문을 닫고 본래 있던 곳으로 돌아왔다. 그때도 그 남편은 여전히 술이 깨지 않은 상태였다. 장자 친구들은 열쇠를 다시 그의 허리에 채워두었다. 얼마 후 남편은 정신을 차리고 집으로 돌아가 문을 열었다. 그리고 너무도 단정하고 아름다운 모습을 한 자신의 부인을 보게 되었다. 장자의 아들이 이상히 여겨 물었다.

"당신은 어떤 천신의 딸인데 제 방에 계십니까?"

부인이 말하였다.

"당신의 아내 뇌제입니다."

남편이 이상히 여겨 다시 물었다.

"어떻게 갑자기 이런 모습이 되었소?"

부인이 대답하였다.

"당신이 저 때문에 여러 번 곤욕을 치렀다는 말을 듣고 저는 몹시 부끄러웠습니다. 그래서 슬퍼하며 부처님을 간절히 생각했답니다. 그러자 부처님이 땅에서 솟았습니다. 제가 그것을 보고 기뻐하였더니 제 몸이 이렇게 아름답게 변하였습니다."

가난한 장자의 아들은 매우 기뻐하며 곧 왕에게 달려가 아뢰었다.

"공주님이 저절로 아름답게 변하였습니다. 이제 왕께서 만

나보십시오."

왕은 그 말을 듣고 매우 기뻐하며 곧 딸을 불러 만나보았다. 왕은 딸의 변한 모습을 보고 못내 기쁘면서도 너무 이상해 딸을 데리고 부처님을 찾아갔다. 그리고 부처님께 여쭈었다.

"세존이시여, 저의 딸은 무슨 인연으로 깊은 궁중에 태어났고, 또 몸이 추하여 사람들이 보고는 다들 놀라고 괴상히 여긴 것입니까? 또 무슨 인연으로 지금 갑자기 아름답게 변한 것입니까?"

부처님께서 왕에게 말씀하셨다.

"아득한 과거에 벽지불이 있었습니다. 그가 날마다 걸식하다가 한 장자의 집 문 앞에 이르게 되었습니다. 그때 장자의 딸이 밥을 가지고 나와 벽지불에게 보시하였는데, 그 딸이 벽지불의 못생긴 모습을 보고 이렇게 말했습니다.

'이 사람은 참 못생겼네. 피부가 물고기 껍질 같고 머리카락은 말총 같구나.'

그때 그 장자의 딸이 바로 지금 왕의 딸입니다. 당신의 딸은 벽지불에게 밥을 보시한 인연으로 궁중에 태어났지만, 벽지불을 비방하였기 때문에 못생긴 얼굴로 태어난 것입니다. 그리고 부끄러워하며 간절한 마음을 내었기 때문에 나를 보게 된 것이고, 나를 보고 기뻐하였기 때문에 몸이 아름답게 변한 것입니다."

그때 그 자리에 모인 대중들이 부처님 말씀을 듣고는 공손히 예배하고 기뻐하며 받들어 행하였다.

21.
파사닉왕의 딸 선광

옛날에 파사닉왕에게 선광善光이라는 딸이 있었다. 그는 총명하고 단정하여 부모님이 사랑하고 온 궁중에서 모두 존경하였다.

그의 아버지가 딸에게 말하였다.

"궁중의 모든 이들이 너를 사랑하고 존경하는 것은 다 내 덕이다."

딸이 대답하였다.

"제가 지은 업의 힘이지 아버지 덕이 아닙니다."

파사닉왕이 똑같이 세 번을 말했지만, 딸 역시 똑같이 대답하였다.

그러자 아버지 파사닉왕이 화가 나서 말하였다.

"과연 너에게 업의 힘이 있는지 없는지를 시험해 보아야겠다."

파사닉왕은 가까운 신하에게 명령하였다.

"이 성에서 가장 가난한 거지 한 사람을 데리고 오라."

신하들은 왕의 명령을 받고 곧바로 가장 가난한 거지를 한 사람 찾아 왕에게 데려왔다. 왕은 곧 자신의 딸 선광을 거지에게 아내로 주면서 딸에게 말하였다.

"내 덕이 아니라 모든 것이 너의 업의 힘인지는 지금부터 일어나는 일을 보면 확인할 수 있겠지."

그러나 딸은 여전히 물러서지 않고 말하였다.

"모든 것이 제가 지은 업의 힘으로 이루어지는 것입니다."

딸은 곧 그 거지와 함께 왕궁을 떠났다.

그가 남편에게 물었다.

"당신은 부모님이 계십니까?"

거지가 대답하였다.

"우리 아버지는 예전에 이 사위성에서 첫째가는 장자였습니다. 부모님이 돌아가시면서 살던 집도 완전히 사라지고 의지할 곳이 없어 이렇게 가난한 거지가 된 것입니다."

"당신은 옛날의 그 집터를 지금 알아볼 수 있습니까?"

"그 터야 알지만, 담장도 건물도 다 허물어져 빈 땅만 남아 있습니다."

선광은 곧 남편과 함께 옛날 집이 있던 곳으로 찾아가 주변을 천천히 둘러보았다. 그러자 선광이 가는 곳마다 땅이 저절로 꺼지고, 땅속에 감춰두었던 보물창고가 저절로 드러났다. 선광은 그 보물로 사람을 고용해 집을 지었다. 그러자 채 한 달도 못 돼 궁궐 같은 집과 방이 모두 완성되고 궁인宮人과 기녀들이 그 집에 가득 찼으며 종과 하인들은 그 숫자를 헤아릴 수도 없었다.

파사닉왕은 어느 날 문득 딸이 생각났다.

"내 딸 선광은 어떻게 살고 있을까?"

어떤 사람이 대답하였다.

"궁궐 같은 집에다 돈과 재물이 왕보다 못하지 않습니다."

그러자 왕이 말하였다.

"자기가 지은 선악에 따라 스스로 과보를 받는다더니, 부처님 말씀이 참으로 진실하구나."

공주가 바로 그날 남편을 보내 아버지 파사닉왕을 초청하였다. 왕이 초청을 수락하고 딸의 집으로 가 살펴보니, 바닥에는 털로 짠 담요가 깔리고 건물과 방이 웅장하고 아름다운 것이 왕궁보다 더 훌륭하였다. 왕은 그것을 보고 처음 보는 일이라며 찬탄하였다.

파사닉왕의 딸은 자신이 한 말이 모두 진실이란 것을 알고 이렇게 말하였다.

"제가 이런 업을 지었기 때문에 스스로 이런 과보를 받는 것입니다."

파사닉왕이 부처님께 찾아가 여쭈었다.

"저의 딸이 전생에 무슨 복된 업을 지었기에 왕가에 태어나 몸에 빛이 나게 된 것입니까?"

부처님께서 파사닉왕에게 대답하셨다.

"과거 91겁 전에 비바시毘婆尸라는 부처님이 계셨습니다. 그때 반두盤頭라는 왕이 있었고, 그 왕에게 첫째 부인이 있었습니다. 비바시 부처님이 열반에 드신 뒤 반두왕은 그 부처님 사리로 칠보탑七寶塔을 세웠고, 왕의 첫째 부인은 왕관을 장식했던 먼지떨이 같은 장식을 떼어 비바시 부처님 동상의 정수리에 달고, 왕관을 장식했던 여의주를 떼어 이마에 달아서 그 광명이 세상을 비추게 하였습니다. 그리고 첫째 부인은 발원하였습니다.

'다음 생에는 제 몸이 찬란한 황금색으로 빛나게 하시고, 부귀한 집안에 태어나 존귀하고 영화롭게 살게 하시며, 세 갈래 나쁜 세계와 여덟 가지 재난이 있는 곳에는 떨어지지 않게 하소서.'

왕이여, 그때 왕의 첫째 부인이 바로 지금 저 선광입니다.

그는 가섭 부처님 시절에 가섭 여래와 네 등급의 큰 성문들께 맛있는 음식을 공양한 적이 있습니다. 그때 그의 남편이 막으며 만류하자 남편에게 부탁하였습니다.

'저를 만류하지 마십시오. 제가 이제 당신께 부탁드립니다. 저분들이 충분히 잡수게 해주십시오.'

아내는 다시 남편의 허락을 받고 공양을 마저 올렸습니다.

왕이여, 그때 그 남편이 바로 오늘의 저 남편이고, 그 아내가 오늘의 저 아내입니다. 남편은 그때 아내의 공양을 만류하였기 때문에 항상 가난하게 산 것이고, 다시 아내의 공양을 허락하였기 때문에 아내의 덕으로 지금 큰 부귀를 얻은 것입니다. 남편은 저 아내가 없게 되면 다시 가난해질 것입니다. 이처럼 선업과 악업이 따라다니는 것이니 인과응보는 한 번도 어긋난 적이 없습니다."

왕은 부처님의 말씀을 듣고 짓는 업의 힘을 깊이 통달하게 되었다. 그리하여 스스로 잘난 체하지 않고 깊은 믿음과 깨달음을 일으켜 기뻐하였다. 그리고 부처님 곁을 떠났다.

22. 나라에서 쫓겨난 왕자 형제

옛날에 어떤 왕자 형제가 나라에서 쫓겨나게 되었다. 그들은 어느 넓은 벌판에 이르러 양식이 모두 떨어졌다. 아우는 자신의 아내를 죽이고 그 살을 베어 형과 형수에게 잡수도록 드렸다. 형은 그 살을 받았지만 먹지는 않고 모두 감추어 두었다. 그리고 자기 다리의 살을 베어 부부가 나눠 먹었다.

아우는 자기 아내의 살이 다 떨어지자 형수를 죽이려 하였다. 그러자 형이 죽이지 말라 하고, 앞서 감춰두었던 살을 꺼내 아우에게 먹으라며 돌려주었다. 그들은 드디어 그 광야를 지나 신선들이 사는 곳에 이르게 되었고, 그곳에서 꽃과 열매를 따서 함께 먹으면서 살았다.

그 뒤 아우는 병으로 죽고 형 부부만 남게 되었다. 그러던 어느 날 왕자는 형벌을 받아 손발이 잘린 한 사람을 보게 되었다. 왕자는 자비심을 일으켜 꽃과 열매를 따서 그 사람을 먹여 살렸다. 왕자는 본래 성욕이 적은 사람이었다. 그가 꽃과 열매를 따러 나간 사이에 뒤에 남아 있던 그의 아내가 그만 형벌로 손발이 잘린 그 사람과 정을 통하게 되었다. 아내는 그 사람과 정이 깊어지자 자신의 남편이 미워졌다.

그러던 어느 날이었다. 남편을 따라 꽃과 열매를 따러 나갔다가 강가에 이르게 되었다. 아내가 남편에게 말하였다.

"저 나무 꼭대기에 있는 열매를 따세요."

남편이 말하였다.

"저 나무 아래는 깊은 강이라 떨어질지도 모르오."

아내가 말하였다.

"밧줄로 허리를 묶으세요. 제가 밧줄을 당기고 있겠습니다."

남편이 강가 언덕으로 다가가자 아내는 자신의 남편을 밀어 강에 빠트려버렸다. 남편은 자애롭고 착한 업의 힘 덕분에 물살에 휩쓸려 떠내려가면서도 빠져 죽지는 않았다.

마침 그 무렵 강 하류에 있던 나라의 왕이 죽어 그 나라 관상가가 왕이 될 만한 사람을 찾아서 온 나라를 돌아다니고 있었다. 관상가는 멀리 강 위에 황금빛 구름 일산이 떠 있는 것을 보고 점을 쳤다.

"황금빛 구름 일산 아래에 분명 신인神人이 있을 것이다."

관상가는 사람을 강으로 보내 그를 맞이하고 왕으로 세웠다.

왕의 옛 아내는 형벌로 손발이 잘린 그 사람을 업고 여기저기 돌아다니며 구걸하다가 이 왕자의 나라에까지 오게 되었다. 사정을 알 리 없는 그 나라 사람들은 모두 그 여자를 칭찬하였다.

"어떤 한 착한 아내가 손발이 잘린 남편을 업고 다니면서 공손히 받들고 순종하며 따른다."

이 소문은 왕에게까지 전해졌다. 왕이 그 소문을 듣고 곧 사람을 보내 그들을 불렀다. 그가 왕 앞에 왔다.

왕이 그 여자에게 물었다.

"손발이 잘린 이 사람이 정말 그대의 남편인가?"

그가 대답하였다.

"사실입니다."

"나를 알아보겠는가?"

"모르겠습니다."

왕이 자신의 이름을 대며 물었다.

"너는 정말 나를 모르겠는가?"

옛 아내는 왕을 쳐다보고는 부끄러워하며 어쩔 줄을 몰랐다. 왕은 그에게 벌을 주지 않고 도리어 자비심으로 사람을 보내 편안히 살 수 있도록 도와주었다.

부처님께서 이어 말씀하셨다.

"알고 싶은가? 그때 그 왕이 바로 지금의 나이고, 그 아내는 나무발우를 뱃속에 두르고 나의 아기를 가졌다며 모함했던 전차旃遮라는 바라문의 딸이다. 그리고 손발이 잘렸던 자는 지금의 제바달다이니라."

23.
부처님께 공양한 수달 장자의 아내

옛날에 부처님이 세상에 계실 때 이야기이다.

수달 장자는 말년에 가난하게 살았다. 그 많던 재물이 모두 바닥나 남의 집 일꾼 노릇을 하고 하루 세 되의 쌀을 얻어 그것으로 밥을 지었다. 어느 날 밥이 다 지어질 무렵 마침 아나율 존자가 찾아와 밥을 빌었다. 수달의 아내는 곧 발우를 받아 밥을 가득 채워 아나율 존자에게 주었다.

이어서 수보리·마하가섭·대목건련·사리불 존자 등이 차례로 찾아와 밥을 빌었다. 수달 장자의 아내는 그들의 발우를 받아 역시나 밥을 가득 채워 주었다. 그리고 마지막에 부처님께서 직접 찾아와 밥을 빌었다. 장자의 아내는 또 발우를 받아 밥을 가득 채워 바쳤다. 그리고 얼마 후 수달 장자가 밖에서 돌아와 아내에게 밥상을 차리라고 하였다. 그러자 아내가 대답하였다.

"만약 아나율 존자가 찾아오신다면 당신은 음식을 자신이 먹겠습니까? 존자께 드리겠습니까?"

남편이 대답하였다.

"내가 굶더라도 존자께 드리겠소."

"또 가섭·대목건련·수보리·사리불 존자와 부처님께서 오신다면 당신은 어떻게 하겠습니까?"

"내가 굶더라도 음식을 모두 그분들께 드리겠소."

아내가 말하였다.

"아침부터 여러 성현께서 찾아와 밥을 청하기에 있는 밥을 모두 드렸습니다."

남편이 아내에게 말하였다.

"우리 죄가 다하였으니, 이제는 복덕이 생길 것이오."

부부는 곧 창고를 열어보았다. 그러자 곡식과 비단과 음식이 그 안에 가득 하였고, 쓰고 나면 다시 생겼다.

24.
악생왕에게 괴롭힘 당한 사라나 비구

옛날에 우전왕優塡王에게 사라나娑羅那라는 아들이 있었다. 그는 불법을 좋아하여 집을 나와 도를 배웠다. 그러던 어느 날 두타頭陀의 고행을 닦으면서 숲속 나무 아래 앉아 정신을 집중하고 좌선할 때였다. 그때 악생왕惡生王이 여러 미녀를 데리고 여기저기 유람을 다니다가 그 숲에 이르게 되었다. 악생왕은 잠시 수레를 세우고 쉬다가 잠이 들었다. 미녀들은 왕이 잠들자 곧 저희끼리 놀다가 한 나무 아래에서 정신을 집중해 좌선하고 있는 비구를 보게 되었다. 미녀들은 그에게 다가서 예배하고 문안을 여쭈었다.

그때 그 비구는 미녀들을 위해 법을 설하여 주었다.

얼마 후 잠에서 깨어난 왕이 미녀들을 찾았다. 그러다 여러 미녀가, 나무 아래에서 얼굴이 단정하고 나이가 한창인 젊은 비구에게 법문을 듣고 있는 것을 멀리서 보게 되었다. 왕은 비구에게 다가가 물었다.

"너는 아라한이 되었는가?"

그가 대답하였다.

"되지 못했습니다."

"아나함이 되었는가?"

"되지 못했습니다."

"사다함이 되었는가?"

"되지 못했습니다."

"수다원이 되었는가?"

"되지 못했습니다."

"부정관不淨觀을 통달했는가?"

"통달하지 못했습니다."

왕이 잔뜩 화를 내면서 말하였다.

"너는 아무것도 얻은 것이 없으니 생사를 해탈하지 못한 범부이다. 그런 네가 어찌 미녀들과 한자리에 앉아 있단 말인가?"

왕은 곧 그를 붙잡아 매질하였다. 그는 온몸이 상처투성이가 되었다. 그러자 미녀들이 말하였다.

"이 비구는 잘못이 없습니다."

그러자 왕은 더욱 화를 내며 그를 때렸다. 미녀들이 모두 울면서 괴로워하자, 왕은 머리끝까지 화가 치밀었다.

그때 비구가 가만히 생각하였다.

'과거 모든 부처님은 모욕을 참으셨기 때문에 위없는 도를 얻었다. 또 과거에 모욕을 참았던 선인은 귀·코·손·발이 잘

리면서도 그 모욕을 참아냈다. 그런데 나는 지금 몸은 그래도 멀쩡하다. 어찌 이 정도를 참지 못하겠는가?'

이렇게 생각하고 잠자코 참으면서 매를 맞았다. 다 맞고 나자 온몸이 쑤시고 아파 그 고통을 견딜 수 없었다.

그는 다시 생각하였다.

'만약 내가 속가에 그대로 있었다면 한 나라의 왕자로서 왕위를 이어받아 군사의 세력이 저 왕 못지않았을 것이다. 지금 이렇게 출가하여 홀몸으로 지내다 보니 억울한 매질까지 당하는구나.'

비구는 깊이 고뇌한 끝에 도道를 버리고 집으로 돌아가려고 마음먹었다. 비구는 자신의 스승 가전연迦旃延에게 찾아가 하직 인사를 드렸다.

스승이 말하였다.

"너는 지금 매를 맞아 몸이 매우 아플 것이다. 여기서 쉬었다가 내일 떠나도록 하라."

그래서 사라나는 스승의 분부대로 그곳에서 묵게 되었다. 그날 밤 존자 가전연이 사라나에게 다음과 같은 꿈을 꾸게 하였다.

꿈에 사라나가 도를 버리고 집으로 돌아갔는데, 그 부왕이 이미 돌아가신 뒤라 그가 곧바로 왕위를 이어받았다. 사라나는 네 종류 군사를 크게 모집하고 악생왕을 정벌하러 나섰다. 사라나는 그 나라 국경에 이르러 진을 치고 싸우다가 그에게 패하였다. 군사들은 흩어져 달아났고 그는 잡혀 포로가 되었다.

그를 잡은 악생왕은 칼잡이를 시켜 죽이려 하였다. 그때 사라나가 두려움에 벌벌 떨면서 생각하였다.

'우리 스승님을 뵐 수만 있다면 죽어도 한이 없겠다.'

그때 스승 가전연이 그의 마음속 생각을 알고는 지팡이를 짚고 발우를 들고 걸식을 나선 모습으로 그의 앞에 나타나 말하였다.

"제자야, 나는 항상 너를 위해 여러 가지로 설법하였다. 싸워서 이기기를 바라지만 결국 아무것도 얻는 게 없다고. 그런데 너는 내 교훈을 듣지 않았다. 이제 어찌해야 좋을까?"

그가 대답하였다.

"만약 스승님께서 이 제자의 목숨을 구해 주신다면 다시는 감히 거역하지 않겠습니다."

그러자 가전연이 사라나를 위해 악생왕이 보낸 칼잡이에게 말하였다.

"부디 잠시만 멈춰주십시오. 제가 왕에게 제자의 목숨을 구해달라고 사정해 보겠습니다."

이렇게 말하고 스승은 곧 왕에게로 갔다. 스승이 떠나자 왕이 보낸 칼잡이는 기다리지 않고 결국 사라나를 죽이려고 하였다. 칼잡이가 칼을 내리치려는 순간 공포에 떨던 사라나는 자기도 모르게 고함을 쳤고, 그 소리에 놀라 잠에서 깨어났다.

사라나는 곧 스승에게 달려가 꿈에서 보았던 일들을 낱낱이 아뢰었다. 그러자 스승 가전연이 말했다.

"전쟁에 승자는 없다.

왜냐하면, 전쟁은 남을 죽여야 승리하는 잔인한 방법이기 때문이다. 승리하면 현재야 어리석은 마음에 속이 시원하겠지만 다음 생에는 세 갈래 나쁜 세계에 떨어져 한량없는 고통을 받게 된다. 만약 패배하여 남에게 죽임을 당하면 자기 몸을 잃을 뿐 아니라 그 재앙이 백성에게까지 미친다. 그들이 무거운 죄를 짓게 하여 지옥에 떨어뜨리고, 서로를 잔혹하게 죽이면서 원한은 멈추지 않을 것이다. 그리하여 다섯 세계를 돌고 돌면서 마침내 끝날 날이 없을 것이다. 이것을 곰곰이 생각해 보면 지금 매를 맞아 아픈 것쯤은 고통이라 할 것도 없다.

만약 네가 지금 나고 죽는 두려움과 매를 맞은 그 고통을 벗어나고 싶다면 부디 그 몸을 잘 관찰하고 원한을 쉬어라. 왜냐하면, 이 몸이란 온갖 고통의 근본이기 때문이다. 이 몸은 굶주림과 목마름과 추위와 더위에 시달리고, 태어나 늙고 병들어 죽으며, 모기·등에·독사·포악한 짐승 등에게 피해를 보기 때문이다. 이렇게 고통을 주는 원수가 한량없이 많지만 너는 그들에게 앙갚음할 수가 없다. 그러면서 왜 악생왕에게만 꼭 앙갚음하려고 하는가? 원수를 없애고 싶다면 먼저 번뇌를 없애라. 번뇌라는 원수는 한량없는 몸을 해치기 때문이다. 이 세상의 원수는 아무리 원한이 깊다 하더라도 이 한 몸을 해칠 뿐이다. 하지만 번뇌라는 원수는 훌륭한 법의 몸을 해친다. 이 세상의 원수는 아무리 가혹하다 하더라도 온갖 오물이 흘러내리는 이 냄새나고 더러운 몸을 해칠 뿐이다.

이렇게 관찰해 보면 원한으로 서로를 해치는 일이 생기는 근본은 바로 번뇌가 그 뿌리이다. 너는 지금 번뇌라는 도적은 정벌하지 않고, 왜 악생왕만 정벌하려고 하는가?"

스승 가전연은 이렇게 그를 위해 갖가지로 설법하였다.

이 말을 들은 사라나는 마음이 열리고 뜻이 풀려 수다원을 얻었다. 사라나는 위대한 법을 깊이 즐기면서 곱절이나 더 노력하였고, 도를 행한 지 오래지 않아 아라한이 되었다.

25.
남근이 다시 생긴 내시

옛날 건타위국乾陀衛國의 한 백정이 500마리 송아지를 끌고 가서 모두 불알을 떼려고 하였다. 그때 어떤 내시가 돈으로 그 소들을 사서 무리 지어 풀어 주었다. 그 인연으로 내시는 다음 생이 아닌 현생의 몸에서 곧 남근男根이 생겼다. 그는 왕가로 돌아가 사람을 보내 왕에게 아뢰었다.

"지금 아무개가 밖에 있습니다."

왕이 말하였다.

"그는 우리 집 내시이다. 여태 마음대로 드나들면서 통보한 적이 없었는데, 오늘은 왜 그러지?"

왕이 곧 그를 불러 까닭을 물었다. 그러자 그가 왕에게 아뢰었다.

"얼마 전에 백정이 불알을 떼려고 500마리 송아지를 끌고 가는 것을 보고 신이 그 송아지들을 사서 풀어 주었습니다. 그랬더니 남근이 생겨 몸이 완전해졌습니다. 그래서 감히 내실에 마음대로 들어가지 못하는 것입니다."

왕은 그 말을 듣고 기뻐하고 놀라워하면서 부처님 법을 깊이 믿고 공경하게 되었다. 식물에서 꽃이 먼저 피듯 현생에서 먼저 받는 과보도 이와 같은데, 열매처럼 나중에 받을 과보야 어찌 생각으로 헤아릴 수 있겠는가?

26.
도리를 다툰 두 내시

옛날에 파사닉왕이 누워 자다가 두 내시가 서로 도리를 다투며 하는 말을 들었다. 한 내시가 말하였다.

"나는 왕을 의지해 살아가고 있다."

이렇게 말하자, 다른 내시가 맞받았다.

"나는 의지하는 것이 없다. 나는 스스로 지은 업의 힘으로 살아간다."

왕은 이 말을 듣고 왕을 의지해 살아간다는 자에게 정이 갔다. 그래서 그에게 상을 주려고 곧 당직을 보내 부인에게 말하였다.

"내가 지금 한 사람을 보낼 것이니 그에게 돈과 옷과 보석 목걸이를 두둑이 챙겨주시오."

그리고 왕을 의지해 살아간다는 내시를 불러 자기가 먹다 남은 술을 주면서 부인에게 갖다 주라고 보냈다. 그가 그 술을 가지고 문을 나서자 코에서 피가 흘러 걸을 수가 없었다. 그때 마침 스스로 지은 업의 힘으로 살아간다는 내시를 만났다. 코피가 흐르던 내시는 곧 그 술을 건네며 부인에게 갖다 드리게 하였다.

부인은 그를 보자 왕의 말이 생각났다. 그래서 돈과 옷과 보석 목걸이를 잔뜩 그에게 주었다. 그가 왕에게 돌아오자, 왕이 그를 보고 이상히 여겨 왕을 의지해 살아간다고 말한 내시를 불렀다.

"내가 너를 보냈는데 왜 가지 않았는가?"

그가 대답하였다.

"제가 막 문을 나서자마자 갑자기 코피가 쏟아져 결국 임무를 완수할 수 없게 되었습니다. 그래서 곧 저 내시에게 부탁해 왕께서 남기신 술을 부인께 갖다 드리라고 하였습니다."

그러자 왕이 탄식하면서 말하였다.

"나는 이제야 부처님이 '스스로 업을 지어 스스로 그 과보를 받는다. 이것은 어쩔 수 없는 이치다.'라고 하신 말씀이 진실임을 알겠다."

이 사례로 살펴보면 선악의 과보는 행한 업이 불러오는 것이지, 하늘이나 왕이 주는 것이 아니다.

잡보장경

제3권

온갖 보배가 가득한 경

27.
함께 출가한 형제 비구

아득한 옛날에 형제 두 사람이 마음으로 불법을 좋아해 출가하여 도를 배웠다. 그 형은 부지런히 노력하여 온갖 좋은 법을 쌓으면서 인적이 드문 외진 곳에서 수행하는 아련야행阿練若行을 닦았다. 그래서 오래지 않아 아라한의 도를 얻었다.

그리고 아우는 총명하고 학문이 박식하여 경율론 삼장三藏을 모두 암송하였다. 그 뒤에 그 나라 재상이 그를 집안의 스승으로 모시고 많은 돈과 재물을 주면서 승방과 탑사塔寺를 짓게 하였다. 그러자 삼장을 통달한 법사인 아우는 그 재물을 받아 사람을 데리고 땅을 골라 탑사를 지었다. 그 절은 단엄하고 집들은 빛나고 아름다웠으며 그 설계와 솜씨가 모두 절묘하였다. 이를 본 재상은 삼장을 통달한 비구를 더욱 믿고 공경하며 무엇 하나 모자람이 없이 공급하였다.

삼장을 통달한 비구는 재상이 흡족해하는 것을 보고 이렇게 생각하였다.

'이제 절이 다 완성되었으니 스님들을 이 절에 편안히 모셔야겠다. 그리고 우리 형님을 초청하도록 재상에게 말해야겠다.'

아우 비구는 이렇게 생각하고 재상에게 말하였다.

"제게 형님이 한 분 계십니다. 그는 집을 버리고 출가하여 정성을 다해 노력하고 인적이 드문 아련야에서 수행하고 계십니다. 시주께서 그를 초청해 이 절에 머무르게 하십시오."

재상은 대답하였다.

"스승님의 부탁이라면 평범한 비구라 해도 감히 부탁을 거역하지 못할 것입니다. 하물며 스승님의 형이고 인적이 드문 아련야에서 수행하신 분이겠습니까."

그는 곧 사람을 보내 간절히 청하였다. 그 비구가 오자 재상은 그가 부지런히 수행하는 모습을 보고 곱절이나 더 공양하였다.

그 뒤에 재상은 천만 냥 가치가 있는 매우 훌륭한 비단 한 필을 아련야에서 수행한 비구에게 주었다. 하지만 아련야에서 수행한 비구는 받으려 하지 않았다. 그러다 간곡히 청하고 또 억지로 떠맡긴 뒤에야 그것을 받았다. 아련야에서 수행한 비구는 '내 아우는 사원의 일을 경영하는 사람이니 분명 재물이 필요할 것이다.'라고 생각하고, 곧 그 비단을 아우에게 주었다.

그 뒤에 재상은 거친 천을 삼장을 통달한 비구에게 주었다. 삼장을 통달한 비구는 그것을 받고 매우 원망하였다. 그 뒤에 재상은 다시 천만 냥의 가치가 있는 훌륭한 비단 한 필을 아련야에서 수행한 그의 형에게 주었다. 형은 그것을 받아 또 아우에게 주었다. 아우는 그것을 보고 더욱 질투하여 그 천을 가지고 재상이 가장 사랑하는 딸에게 찾아가 말하였다.

"당신 아버지가 예전에는 나를 아주 후하게 대접하였습니다. 그런데 지금 저 비구가 이곳에 머문 뒤로는, 어떻게 당신 아버지를 홀렸는지 모르지만 나에게 몹시 야박하게 굽니다. 이제 이 비단을 줄 것이니, 당신은 이것을 가지고 재상 앞에 가서 이것을 마름질하여 옷을 만드십시오. 그러다가 만약 그게 뭐냐고 묻거든 '아버님이 사랑하고 존경하는, 아련야에서 수행한 비구가 저를 잡더니 이것을 제게 주었습니다.'라고 대답하십시오. 그러면 아버지는 분명 화를 내며 다시는 저 비구와 말도 하지 않을 것입니다."

재상의 딸이 삼장을 통달한 비구에게 말하였다.

"지금 우리 아버지는 눈동자를 아끼듯, 밤에도 빛이 나는 밝은 구슬을 아끼듯 저 비구를 후하게 대접하며 공경하고 있습니다. 그런데 어떻게 갑자기 비방하고 헐뜯겠습니까?"

삼장을 통달한 비구가 다시 말하였다.

"만일 당신이 그렇게 하지 않는다면 나는 당신과 영원히 절교할 것이오."

재상의 딸이 또 말하였다.

"왜 갑자기 그러십니까? 스승님 말씀대로 하지요."

재상의 딸은 인정상 어쩔 수 없어 그 비단을 받았다. 그리고 아버지 앞에 가서 그것을 마름질하여 옷을 만들었다. 그러나 재상은 비단을 보자마자 자신이 준 것임을 알아차렸다. 재상은 생각하였다.

'아련야에서 수행한 그 비구는 몹시 나쁜 사람이구나. 내게 얻은 비단을 스스로 사용하지 않고 도리어 이런 어린 계집애나 유혹하는 데 쓰다니.'

그래서 그 뒤에 아련야에서 수행한 비구가 찾아왔지만, 그는 다시는 나가서 맞이하지도 않고 얼굴빛도 달리하였다. 그때 그 비구는 재상이 그렇게 하는 것을 보고 속으로 생각하였다.

'누군가 나를 비방하여 저 사람을 저렇게 만든 것이 분명하다.'

그는 곧 공중에 올라가 열여덟 가지 신통변화를 나타내었다. 재상은 그것을 보고 존경심과 복종하는 마음을 깊이 품게 되었다. 재상은 곧 아내와 함께 그의 발에 예배하며 참회하였다. 이 일로 그들의 공경하는 마음이 평소보다 배나 짙어졌다. 재상은 곧 삼장을 통달한 비구와 자신의 딸을 모두 나라 밖으로 쫓아버렸다.

부처님께서 말씀하셨다.

"그때 그 삼장을 통달했던 비구가 바로 나다. 나는 아련야에서 수행한 그 비구를 비방하였기 때문에 한량없는 겁 동안 큰 고통을 받았고, 지금에 와서도 나의 아이를 가졌다고 거짓말한 저 손타리孫他利의 비방을 받은 것이다. 그때 그 재상의 딸은 성현을 비방하였기 때문에 현재에도 쫓겨나 곤궁한 거지로 살아가고 있다. 그러므로 세상 사람들은 모든 일에 있어서 밝게 살펴야 하고, 함부로 비방하여 형벌을 부르는 일이 없도록 해야 한다.”

28.
사리불과 목련을 비방한 구가리

옛날에 존자 사리불과 목련이 여러 마을을 돌아다니다가 어떤 옹기장이 집에 이르러 큰비를 만났다. 그들은 곧 비를 피해 옹기 가마에서 묵기로 하였다. 그리고 그 가마에서 한 여인을 만나게 되었다. 소를 기르던 그 여인은 사리불과 목련보다 먼저 그 가마에 들어와 후미진 깊숙한 곳에 자리 잡고 있었다.

성문聲聞도 선정에 들지 않았을 때는 범부와 다르지 않기 때문에 으슥한 곳에 있던 그 여인을 보지도 알아차리지도 못한 것이다. 몰래 훔쳐보던 그 여인은 사리불과 목련의 아름다운 용모를 보고 마음이 혹하여 그만 사정하고 말았다. 존자 사리불과 목련이 이를 알아차리고 그 옹기 가마에서 나왔다.

구가리仇伽離는 사람의 상을 잘 보기 때문에 사람의 얼굴빛만 보고도 음란한 짓을 했는가 하지 않았는가를 판별하였다. 구가리가 보니, 소를 기르는 여인이 뒤따라 가마에서 나오는데 그의 얼굴빛이 음란한 짓을 한 사람의 얼굴이었다. 구가리는 그 여자 스스로 혹해서 사정했다는 것을 몰랐다. 그래서 곧 사리불과 목련을 비방하며 비구들에게 말하였다.

"존자 사리불과 목련이 소를 기르는 여인과 음란한 짓을 했다."

그리고 비구들에게 자신이 목격한 것을 장황하게 설명하였다. 그때 비구들은 그에게 세 번이나 충고하였다.

"존자 사리불과 목련을 비방하지 마십시오."

그러자 구가리는 화를 내고 질투하며 오히려 배나 더 분노하였다.

그때 바가婆伽라는 한 장자가 있었다. 존자 사리불과 목련은 그에게 부처님 법의 핵심을 설명해 주었다. 그는 아나함을 얻었고, 목숨을 마치고는 범천에 태어나 이름을 바가범婆伽梵이라 하였다.

그때 구가리가 존자 사리불과 목련을 비방한다는 것을, 그 바가범이 먼 하늘나라에서 알았다. 바가범이 곧 하늘에서 내려와 구가리의 방으로 갔다. 구가리가 물었다.

"너는 누구냐?"

"나는 바가범이다."

"무슨 일로 왔는가?"

"나는 네가 존자 사리불과 목련을 비방하는 말을 천신의 귀로 들었다. 너는 존자들이 그런 짓을 했다고 말하지 말라."

이렇게 세 번 충고하였다. 그러고도 또 충고하기를 그치지 않았다. 하지만 구가리는 도리어 이렇게 말하였다.

"너 바가범이여, 네가 아나함을 얻었다고 말했는가? 아나함이란 돌아오지 않는다(不還)는 뜻이다. 그런데 너는 왜 내 곁에 왔는가? 만약 네가 정말 아나함이라면 부처님의 말도 거짓이다."

바가범이 말하였다.

"돌아오지 않는다는 것은, 욕계欲界로 돌아와 태어나지 않는다는 것이다."

그때 구가리의 머리끝에서 발끝까지 갑자기 종기가 생겼는데 그 크기가 콩알만 하였다. 구가리가 부처님께 찾아가 여쭈었다.

"어찌하여 사리불과 목련은 소를 기르는 여자와 음란한 짓을 했을까요?"

부처님께서 다시 나무라셨다.

"너는 사리불과 목련을 비방하지 말라."

그는 부처님의 이 말을 듣고 더욱 화를 내었다. 그러자 그 악성 종기가 자꾸 커져 버찌만 하게 되었다. 그가 재차 이 일을 부처님께 거론하자, 부처님께서 다시 나무라셨다.

"그 일을 거론하지 말라."

그러자 그 종기가 점점 커져 주먹만하게 되었다. 하지만 구가리는 그만두지 않고 세 번째로 거론하였다. 그러자 그 종기가 박만큼 커지면서 온몸이 불덩이처럼 열기가 끓어올랐다. 구가리가 차가운 연못으로 뛰어들자 얼음처럼 차갑던 물이 뜨겁게 끓으면서 종기가 모두 터졌다. 구가리는 그 자리에서 죽어 큰 아비지옥에 떨어졌다.

그때 비구들이 부처님께 아뢰었다.

"세존이시여, 어떤 인연으로 사리불과 목련존자께서 그런 비방을 받은 것입니까?"

부처님께서 말씀하셨다.

"아득한 옛날 사리불과 목련이 아직 범부였을 때의 일이다. 그들은 어떤 벽지불이 옹기장이 집의 가마에서 나오고, 소를 기르는 여자가 뒤따라 나오는 것을 보고 이렇게 비방하였다.

'저 비구는 틀림없이 저 여자와 정을 통하였다.'

그들은 그 인연으로 말미암아 세 갈래 나쁜 세계에 떨어져 한량없는 고통을 받았다. 그리고 지금 비록 성현이 되었지만, 예전 인연이 다하지 않아 다시 비방을 받은 것이다.

알아야 한다. 성문들은 중생에게 큰 선지식이 되지 못한다. 왜 그런가? 만약 그때 사리불이나 목련이 저 구가리에게 조그만 신통이라도 보여주었다면 구가리는 분명 지옥에 떨어질 죄를 짓지 않았을 것이다. 신통을 보여주지 않았기 때문에 저 구가리가 이런 짓을 해 지옥에 떨어지게 된 것이다."

부처님께서 말씀하셨다.

"이런 사람이 보살이다. 구류손鳩留孫 부처님 시절에 정광定光이라는 선인이 있었다. 그는 500명의 선인과 함께 숲속 오두막에 살고 있었다. 그때 어떤 부인이 우연히 그곳을 지나다가 비를 만났다. 비바람에 추위가 엄습하자 부인은 마땅히 비를 피할 곳이 없어 정광 선인의 오두막에서 하룻밤 묵어가게 되었다. 이튿날 부인이 그 오두막을 떠나는 모습을 여러 선인이 보고 곧 비방하였다.

'저 정광 선인은 틀림없이 저 여자와 부정한 짓을 했다.'

그때 정광이 비구들의 마음을 알았다. 정광은 선인들이 그 비방으로 말미암아 지옥에 떨어지면 어쩌나 걱정스러웠다. 그래서 곧 하늘로 다라多羅 나무 높이만큼 치솟아 선인들에게 열여덟 가지 신통변화를 보여주었다. 선인들은 그것을 보고 이렇게 말하였다.

'몸이 손가락 네 마디만큼만 땅에서 떠도 음욕이 없는 사람이다. 하물며 정광은 하늘로 올라가 큰 신통 변화를 보여주었으니 음란한 짓을 했을 리가 없다. 우리가 왜 저렇게 청정한 사람을 비방했을까?'

그때 그 500명의 선인은 온몸을 땅에 던지고 절을 하며 참회하였다. 그 인연으로 말미암아 무거운 죄를 면하게 되었다.

알아야 한다. 보살은 큰 방편이 있으니, 그들이 진실로 중생들의 선지식이다."

부처님께서 이어 말씀하셨다.

"그때 그 정광 선인이 바로 지금의 저 미륵이요, 500명의 선인은 지금의 저 장로 등 500명의 비구이니라."

29.
용왕의 게송

부처님께서 왕사성에 계실 때였다.

제바달다가 부처님을 찾아가 추악한 욕설을 퍼붓자, 아난이 그 말을 듣고 크게 화를 냈다. 아난이 제바달다를 쫓아내면서 말하였다.

"다시 또 찾아오면 그때는 내가 너를 가만두지 않겠다."

비구들이 그것을 보고 부처님께 아뢰었다.

"좀처럼 드문 일입니다, 세존이시여. 부처님은 늘 제바달다를 사랑하고 가엾이 여기는 마음을 가지시는데, 저 제바달다는 한결같이 부처님께 나쁜 마음을 품습니다. 그래서 아난이 화가 나서 그를 곧장 쫓아버렸습니다."

부처님께서 말씀하셨다.

"오늘만이 아니다. 과거 전생에도 그랬느니라.

옛날 가시국에 용왕龍王 형제가 있었다. 첫째의 이름은 대달大達이요, 둘째의 이름은 우파대달優婆大達이었다. 그들은 항상 비를 내려 그 나라의 초목을 자라게 하고 오곡을 성숙하게 하였다. 그래서 축생들이 그 물을 마시고 모두 살찌고 힘을 얻었으며 소와 양도 많이 번식하게 되었다.

그때 그 나라 왕이 많은 소와 양을 잡아 용이 있는 곳으로 찾아가 용에게 제사를 지냈다. 그러자 용이 곧 몸을 나타내어 왕에게 말하였다.

'우리는 그것을 먹지 않는다. 무엇 때문에 산 생명을 죽여 우리에게 제사를 지내는가?'

용이 여러 차례 말했으나 왕은 고치려 들지 않았다. 결국 두 형제는 함께 그곳을 피해 둔도비屯度脾라는 작은 용이 사는 곳으로 갔다. 그러자 둔도비에 살던 용이 밤낮으로 화를 내며 추악한 욕설을 퍼부었다.

대달이 그에게 말하였다.

'너는 화내지 말라. 우리는 얼마 후 돌아갈 것이다.'

우파대달은 잔뜩 화를 내며 그에게 말하였다.

'너는 늘 두꺼비나 잡아먹는 작은 용에 불과하다. 만약 내가 기운을 토해 너희 권속을 불어버리면 너희 권속은 모두 사라지게 될 것이다.'

형 대달이 아우 우파대달에게 말하였다.

'화내지 말라. 우리는 이제 본래 있던 곳으로 돌아가자. 가시국의 왕은 우리를 간절히 사모한다.'

가시국의 왕은 이렇게 말하였다.

'만약 저 두 용왕께서 돌아오신다면 나는 그들의 요구에 따라

우유와 타락으로 제사를 올리고, 다시는 살생하지 않으리라.'

용왕은 그 말을 듣고 본래 있던 곳으로 돌아갔다.

그때 대달이 게송으로 말하였다.

모두 화합하여 지극한 마음으로 들어라.
가장 착하고 청정한 마음의 법을
보살께서 전생에 겪으셨던 일을
지금 부처님께서 출현해 게송으로 설하셨다.

하늘 가운데 하늘이요 바르게 깨달으신 분
여래께서 이 세상에 계실 때
비구들이 나쁜 말로 서로를 헐뜯자
너무도 자비로우신 분, 그 말을 듣고
비구들을 모아 놓고 이렇게 말씀하셨다.

너희 비구들은 나를 의지해 출가했으니
법이 아닌 일은 하지 말아야 한다.
그런데도 너희들은 추악한 말로
서로 비방하여 스스로 해치는구나.

너희들은 듣지 못하였는가, 지혜로 보리를 구하고
자비와 인욕과 힘든 고행을 닦으라고 한 말을.
너희들이 불법佛法을 의지하고 싶다면

서로 화합하고 공경하는 여섯 덕목을 받들어 실천하라.

지혜로운 사람이 부처의 도를 잘 듣고 배우는 까닭은
중생을 이롭게 하고 편안하게 하기 위함이요
널리 일체중생을 괴롭히지 않기 위함이니
수행하다가 나쁜 소리 들리면 반드시 멀리해야 하느니라.

출가한 사람이 분쟁을 일으키는 것은
차가운 얼음물에서 불길이 치솟는 것과 같나니
만약 출가한 이들의 법을 따르고자 한다면
반드시 분노의 다툼을 멈추고 화합해야 하느니라.

나는 전생에 용왕이었는데
두 형제가 한곳에 살았으니
첫째 형의 이름은 대달이요
둘째 아우의 이름은 우파대달이었다.

두 용은 살생하지 않고 깨끗한 계율 지키면서
큰 위엄과 덕을 갖추고 용의 모습 싫어해
좋은 곳에서 사람으로 태어나기를 항상 원하였다.

그래서 사문을 보거나 바라문을 보거나
청정한 계율 지키거나 많이 아는 이를 보면

사람의 모습으로 변해 공양하고 항상 가까이하며
매월 8일과 14일과 15일에는
여덟 가지 계율 지키며 마음을 단속하였다.

그러다 살던 곳을 떠나 다른 곳으로 갔더니
그곳에 살던 둔도비라는 용이
우리 두 용의 큰 위엄과 덕을 보고는
자신의 못남을 알아 질투하고 화내면서
언제나 추악한 말로 욕설을 퍼부었다.

종기 난 턱에 부스럼 핀 입으로 거친 숨을 내뱉고
성내는 마음 가득해 퉁퉁 부은 몸으로
이렇게 나쁜 말로 비방하며 말하였네,
홀리는 환상과 달콤한 거짓말로 피해를 준다고.

이런 비열한 나쁜 용의 욕설을 듣고
아우 우파대달이 몹시 화가 나서
그의 형 대달에게 이렇게 간청하였다.

이런 나쁜 말까지 들으며 모욕을 당해야 합니까?
항상 얕은 물에서 살며 두꺼비나 잡아먹는
저런 천한 놈이 감히 우리를 욕하다니요.

물에 있으면 물짐승을 괴롭히고
땅에 있으면 사람들을 괴롭힐 놈
저 욕설은 참으려 해도 참을 수가 없으니
이제 저놈의 권속들을 죽여 버리고
모든 것 부숴 버리고 고향으로 돌아갑시다.

큰 힘을 가진 형 용왕이 아우의 말을 듣고
지혜로운 자들이 찬탄하는 아름다운 게송을 설하였다.

하룻밤이나마 그 집에 머물면서
적은 공양이라도 얻고 편히 잤다면
그에게 나쁜 생각일랑 하지를 말라.
은혜 알고 은혜 갚는 것을 성인은 칭찬한다.

나무 아래 작은 그늘에서 쉬었더라도
그 가지 잎사귀와 꽃과 열매 훼손하지 말라.
고마운 이에게 만약 나쁜 짓을 한다면
그에게는 끝내 행복이란 없으리라.

밥 한 덩이의 은혜라도 악으로 갚으면
이런 사람은 은혜를 모르고 악을 행하는 사람
좋은 열매 열리지 않고 열리더라도 없어진다.

저 숲은 화재를 입어 그루터기까지 타더라도
나중에 다시 나무가 자라 예전 모습이 되지만
은혜를 모르는 사람에게는 선이 생기지 않나니
악한 사람은 온갖 음식을 공양 받고도
끝내 은혜는 생각지 않고 원한으로 갚는다.

선인과 코끼리가 서로를 의지해 살다가
새끼를 낳고 어미 죽자 선인이 길렀지만
그 새끼 자라나선 그 선인을 죽이고
그의 집과 숲까지 짓밟아 부수는 것처럼
악인이 은혜를 배반하는 것도 그러하니라.

잠시도 가만있질 못하는 조급한 마음
소용돌이 속 맴도는 나무토막과 같으며
친구를 만들지 않고 보답할 줄 모르는 것
새하얀 천에 흙탕물을 들이는 것과 같다.

원한을 갚고 싶다면 선으로 갚아라.
악으로 헐뜯고 해쳐서는 안 되니
지혜로운 이는 원한을 모두 사랑으로 갚았느니라.
하늘과 땅과 산과 바다를 짊어지더라도
은혜를 배반한 죄보다 차라리 가벼우니라.

일체중생에 대한 평등과 사랑
그것이 으뜸가는 최고의 즐거움
강나루를 편안히 건너는 것처럼
사랑과 평등 두 즐거움도 그러하니라.

친한 벗을 해치지 않는 것도 즐거움이요
교만을 없애는 것 또한 즐거움이다.

안에 덕행 없으면서 겉으로 교만하고
사실 지혜도 없으면서 교만을 일으키고
심한 다툼 좋아하고 나쁜 벗 가까이하면
명예는 줄어들고 나쁜 소문 퍼지리라.

외로운 어린이와 노인 및 병든 자들
갑자기 부귀 잃고 쇠잔해진 자들
재물 없어 빈궁하고 국왕을 잃은 자들
홀몸으로 고생하며 의지할 곳 없는 자들
이런 갖가지 곤란과 재앙에 빠진 자들을
가엾게 여기지 않으면 인仁이라 할 수 없다.

간 곳이 다른 나라에다 권속도 없어
온갖 욕설 듣더라도 인욕을 낙으로 삼으면
온갖 악행을 방지하여 싸움이 쉬리니

차라리 남의 나라에서 무시당할지언정
자기 나라에서 사람들의 업신여김 받지 말라.

남의 나라에서 지내더라도 존경을 받아
모두가 가까이하고 성내 다투지 않는다면
그곳이 곧 우리나라요 그들이 곧 친척이다.

세상 부귀의 즐거움은 아주 사소한 것
쇠하고 멸하는 고통이 너무도 많나니
중생들이 모두 떠나는 일 생기더라도
잡으려 애태우지 말고 침묵을 즐거움으로 삼아라.

원수의 힘은 세고 내 힘은 약하고
친한 벗 너무 적고 믿을 곳 없더라도
이런 이치 스스로 살펴 침묵을 즐거움으로 삼아라.

아끼고 탐하는 법답지 않은 사람들이 사는 곳
믿지 않고 부끄럼 없고 말을 듣지도 않나니
그런 나쁜 곳에서는 침묵을 즐거움으로 삼아라.

노여움이 너무 많고 잔악하게 해치며
중생을 심하게 괴롭히며 좋아하는 자
그런 사람 곁에서는 침묵을 즐거움으로 삼아라.

믿지 않고 멋대로 굴고 뽐내기 좋아하고
거역하고 거짓말 하고 사람을 홀려 속이는 자
그런 사람에게는 침묵을 즐거움으로 삼아라.

계율 깨고 흉악한 짓 하며 참을 줄 모르고
항상 나쁜 법 따르고 믿는 행이 없는 자
그런 사람에게는 침묵을 즐거움으로 삼아라.

거짓말 하고 부끄럼 없고 이간질하기 좋아하고
삿된 소견에다 거친 말 하고 거창한 말로 꾸미고
오만하게 뽐내면서 늘 자기 생각만 하고
너무 인색하게 굴면서 질투심을 품은 자
그런 사람에게는 침묵을 즐거움으로 삼아라.

타향이라 그들이 나를 알지 못하고
나 역시 그들의 종족과 성품과 행실을 모른다면
스스로 잘난 체하며 뽐내지 말라.

다른 나라로 가 머무를 때
옷과 음식과 의지할 만한 이가 많지 않고
나를 헐뜯으며 욕하더라도 모두 참아야 한다.

타향살이 하면서 옷과 음식을 구하거나

업무를 보거나 즐기려 할 때도
역시 마찬가지로 모욕을 참아야 한다.

타향살이 하면서 옷과 음식을 구할 때는
심지어 천한 사람이 다가와 업신여기더라도
지혜로운 사람이면 참고 받아들여야 한다.

타향살이 하면서 나쁜 벗을 만났을 때
어리석은 소인은 천한 이들과 어울리지만
지혜로운 사람은 재 속의 불처럼 자신을 숨긴다.

타오르는 불길에 사나운 바람이 불면
불꽃이 숲에 붙어 모두 태우는 것처럼
분노는 불꽃처럼 자신과 남을 태우니
이것을 극악의 훼손과 해침이라 한다.

지혜로운 사람은 성냄과 탐욕을 버리나니
사랑과 평등을 닦으면 성냄은 차차 없어진다.

함께 산 적도 없으면서 갑자기 친해져
악인을 가까이하면 어리석은 사람이니
그의 허물 살피지 않고 이내 무시하는 것
지혜로운 사람은 이런 짓 하지 않는다.

어리석진 않으나 지혜가 적은 자는 드러나지 않나니
새라도 날개가 부러지면 날지 못하는 것처럼
지혜로운 자 어리석음 없더라도 마찬가지다.

어리석음이 많아 지혜가 없는 자에 가까우면
지혜에 힘이 있다는 것을 깨달을 수 없다.
그러므로 저 어질고 밝은이들은
두루 알고 많이 듣는 것을 항상 즐긴다.

지혜로운 자는 이익을 얻어도 교만하지 않고
이익을 잃더라도 비굴하거나 불평하지 않으며
항상 아는 이치를 사실 그대로 말한다.

그러므로 그가 하는 말은 악을 막아 주고
즐거움과 이익을 주려고 자세히 설명하나니
반드시 이해시키려고 이런 말들을 하는 것이다.

지혜로운 사람은 사건이 생겨도 급하게 판단하지 않고
생각하고 헤아려서 그 진실을 따지며
그 이치를 분명히 깨달은 다음에 대처하니
이것을 자기도 이롭고 남도 이롭게 하는 것이라 한다.

지혜로운 사람은 자신의 목숨 하나 살리자고

악업을 짓거나 이치답지 않은 짓은 끝내 하지 않나니
괴로움이나 즐거움 때문에 바른 법을 어기지 않고
자기를 위해 바른 행을 버리는 짓 끝내 하지 않는다.

지혜로운 사람은 인색하지 않고 질투와 성냄이 없으며
지독하게 굴지도 않고 어리석음도 없으며
위험이 닥쳐도 두려워하지 않으며
이익을 위해 남을 모함하는 짓 끝내 하지 않으며
사나운 위세로 약한 자들을 겁주지 않으며
비열하게 굴지도 않고 중도中道를 바르게 지키나니
이런 여러 가지가 지혜로운 사람이 보이는 모습이다.

사납게 굴면 혐오하고 나약하면 남이 업신여기니
그 양쪽 극단을 버리고 중도를 지키며 행동하라.

때로는 벙어리처럼 침묵하고
때로는 왕자처럼 명령하고
때로는 눈처럼 차갑고
때로는 불꽃처럼 열정을 드러내라.

때로는 수미산처럼 우람한 모습 보이고
때로는 쓰러진 풀처럼 겸손해야 하며
때로는 왕처럼 용감한 모습 보이고

때로는 해탈한 것처럼 고요해져라.

때로는 굶주림과 목마른 고통을 참고
때로는 괴롭고 즐거운 세상사를 참아내며
때로는 재물과 보물을 더러운 똥처럼 보면서
온갖 분노를 자유자재로 다루어라.

때로는 마음껏 풍류를 즐기고
때로는 사슴처럼 두려워하며
때로는 호랑이처럼 위엄 있고 사나워라.

적당한 때인지 아닌지 힘이 있는지 없는지 관찰하고
부귀와 그 쇠하고 멸함을 잘 관찰하라.

참을 수 없는 것을 참는 것이 진짜 인욕이요
참을 수 있는 것을 참는 것은 보통의 인욕이니
약한 이에게도 반드시 참아야 하고
부귀하고 강하더라도 겸손하게 참아라.

참을 수 없는 것을 참는 걸 인욕이라 하니
나를 원망하는 이를 원망하지 말라.
성내는 사람 틈에서도 항상 마음을 깨끗이 하고
그가 나에게 악한 짓 하더라도 나는 그러지 말자.

나보다 강한 자에게 참는 것은 두려워서 참음이요
나와 비슷한 자에게 참는 것은 싸우기 싫어 참음이요
나보다 못한 이에게 참는 것은 인내심이 넘쳐 참음이다.

어리석은 자는 욕설과 비방을 참지 못한다
마치 두 개의 돌이 눈에 들어간 것처럼.
지혜로운 사람은 심한 욕설과 비방도 능히 감당한다
마치 코끼리에게 꽃잎이 떨어지는 것처럼.

욕설을 퍼붓고 심하게 비방해도
지혜로운 자는 지혜의 눈이 있어 참을 수 있다
마치 큰 바위에 아무리 빗방울이 쏟아져도
바위는 부서지지 않고 사라지지도 않는 것처럼
좋은 말이건 나쁜 말이건 괴로운 일이건 즐거운 일이건
지혜로운 사람은 바위처럼 참아낸다.

사실인 일로 인해 욕을 먹었다면
그의 말은 참말이니 성낼 것이 없고
거짓인 일로 인해 욕을 먹었다면
그는 자신을 속이고 미치광이처럼 떠드는 것이니
지혜로운 사람은 깨닫고 화내지 않는다.

재물이나 온갖 이익이 목적이라면

괴로움과 즐거움, 욕설과 비방을 참고 받아들여야겠지만
재물이나 이익이 목적이 아니라면
비록 수많은 보배를 얻을 수 있다 해도
그런 나쁜 사람으로부터 빨리 떠나라.

나뭇가지가 잘려도 뿌리는 뽑기 어려운 것처럼
그 사람 마음 이미 떠났다면 친하기 어렵나니
다른 도를 믿는 이들을 멀리 피해 떠나라,
가까운 벗이 될 만한 사람 세상에 가득하니.

처음에는 공경하다 나중에 거만하게 굴면서 업신여기고
공경하지도 않고 칭찬하지도 않는다면
흰 고니가 가볍게 날아올라 떠나듯
지혜로운 사람은 어리석은 이를 멀리하여 빨리 떠나라.

싸우기 좋아하고 아첨하는 마음 품으며
남의 허물 들추기 좋아하고 이간질하며
거짓말 하고 욕하고 거창하게 부풀리고
중생들을 우습게보고 헐뜯고 욕보이며
거기다 아픈 말로 남의 마음 찌르면서
몸과 말과 뜻의 업을 단속하지 않는다면
지혜로운 사람은 그를 떠나 멀리 다른 곳으로 가라.

질투하는 나쁜 사람은 착한 마음이 없어
남이 이익이나 즐거움이나 명예 얻는 걸 보면
마음에서 뜨거운 고뇌 일으켜 몹시 괴로워한다.
그는 말은 좋고 부드러우나 마음은 나쁜 사람
지혜로운 사람 그를 떠나 멀리 다른 곳으로 가라.

나쁜 욕심을 좋아하고 이익과 공양을 탐하며
아첨하여 기필코 가지면서 부끄러움도 모르고
마음이 청정하지 않고 겉모습도 마찬가지인 사람
지혜로운 사람 그를 떠나 멀리 다른 곳으로 가라.

공경하고 삼가는 마음이 없고
교만하고 그 마음에 배운 법도 없으면
스스로 지혜로운 자라 여겨도 실은 어리석은 사람
지혜로운 사람은 그를 떠나 멀리 다른 곳으로 가라.

어떤 이에게 음식과 침구를 얻고
갖가지 옷을 얻어 살길이 열렸다면
마땅히 그를 옹호하고 그 은혜를 기억하라,
인자한 어머니가 외아들을 생각하듯이.

애욕이 모든 괴로움을 자라게 하나니
먼저 애욕을 끊고 성냄을 떠나야 하며

이 모든 게 사람을 나쁜 세계로 데려가니
스스로 뽐내는 교만한 마음도 버려야 한다.

부귀한 벗이건 빈천한 벗이건
그런 벗들을 속히 멀리 떠나라.
한 집안을 위한다면 한 사람을 버리고
한 마을을 위한다면 한 집을 버리고
한 나라를 위한다면 한 마을을 버리고
자신을 위한다면 온 천하를 버리고
바른 법을 위한다면 자신마저 버려라.

손가락 하나를 위한다면 재산을 버리고
목숨을 위한다면 팔다리를 버리고
바른 법을 위한다면 모든 것을 버려라.

바른 법은 비를 막아 주는 우산과 같아
법을 수행하는 이들을 법이 옹호해 주며
법을 실천한 힘으로 나쁜 세계가 사라진다.
봄날 왕성한 열기에 시원한 그늘을 얻은 것처럼
법을 수행하는 이도 그와 같아서
지혜로운 여러 성현과 함께 나아가느니라.

재물과 이익을 많이 얻어도 기뻐하지 않고

귀한 보배를 잃어버려도 근심하지 않으며
항상 고생하면서 구걸하지 않는다면
그 사람이 바로 굳건한 대장부이다.

남에게 재물을 보시하고는 못내 기뻐하고
세상의 온갖 악은 빨리 버리고 떠나며
바다보다 깊게 자신의 입지 굳히면
그 사람이 바로 씩씩한 대장부이다.

이치를 밝게 알아 온갖 일에 능숙하고
사람됨이 부드러워 남과 함께 즐거워하면
사람들이 훌륭한 대장부라고 찬탄하리라.
그때 우파대달이 이렇게 말하였다.

저는 이제 형님을 더욱 믿고 공경합니다.
가령 지독한 재앙을 만나 고통을 당하더라도
어떤 나쁜 짓도 끝내 하지 않으리다.
죽건 살건 재물을 얻건 잃건
절대로 악한 짓을 하지 않고
기필코 형님을 받들어 섬기겠습니다.

계율을 지키다가 죽을지언정
계율을 범하면서 살지 않으리.

무엇 때문에 소중한 한 생애를
게으름 떨며 나쁜 짓 하겠습니까?

사는 동안 게으름 떨면 안 됩니다.
저는 여러 생에 나쁜 짓을 하고
나쁜 벗을 만나 잘못된 법 따르다가
착한 벗 만난 덕분에 끊게 되었습니다.

부처님께서는 전생 일을 아는 지혜에 들어
전생에 설했던 게송을 여러 비구에게 말씀하셨다.

그때의 대달이 나요
우파대달은 아난이며
마땅히 알라, 그때의 둔도비가
바로 저 제바달다니라.

비구들이여, 마땅히 알고 이것을 배우라.
이것이 법을 총합한 말씀이라 하나니
널리 알리고 삼가 실천하며 공경해야 하느니라.
이에 모든 비구가 가르침대로 수행하였다.

30.
부처님을 해치려 한 제바달다

부처님께서 왕사성에 계시면서 제바달다에게 말씀하셨다.

"너는 여래에게 나쁜 마음을 내지 말라. 스스로 손해 보는 짓을 하는 것이니, 불안한 일이 생기고 스스로 그 고통을 받을 것이다."

비구들이 말하였다.

"좀처럼 드문 일입니다. 세존이시여, 제바달다는 부처님께 항상 나쁜 마음을 가지는데, 부처님께서는 언제나 자비심으로 가엾이 여기며 부드러운 말로 대화하십니다."

부처님께서 말씀하셨다.

"그것은 오늘만이 아니다. 아득한 옛날 가시국의 바라나성에 첨복瞻蔔이라는 큰 용왕이 있었다. 그 용왕은 항상 때맞춰 비를 내려 곡식이 익게 하고, 14일과 15일에는 사람 모습으로 변해 5계戒를 받아 지키면서 보시하고 법을 들었다. 그런데 남인도의 어떤 주술사가 와서 화살을 세우고 주문을 외워 첨복 용왕을 잡아갔다. 그때 어떤 천신이 가시국의 왕에게 말하였다.

'어떤 주술사가 첨복 용왕을 잡아갔습니다.'

가시국의 왕은 곧 군대를 출동시켜 그를 쫓아갔다. 그러자 그 바라문이 다시 주문을 외워 왕의 군사들이 모두 꼼짝도 못하게 만들었다. 왕은 많은 재물을 그에게 대가로 주고 용왕을 찾아왔다.

그 바라문은 재차 또 찾아와 주술로 용왕을 잡아가려고 하였다. 그러자 용왕의 여러 권속이 구름을 일으키고 비를 내리고 우레와 번개로 벼락을 치면서 그 바라문을 죽이려 하였다. 그러나 용왕은 자비심으로 용의 무리에게 말하였다.

'그의 목숨을 해치지 말라.'

그래서 잘 타일러 그를 돌려보냈다. 하지만 그는 세 번째 다시 찾아왔다. 그러자 용들이 또 그를 죽이려 하였다. 그러나 용왕은 말리면서 죽이지 못하게 하고 곧 그를 풀어 주어 돌아가게 하였다.

비구들이여, 그때 그 용왕이 바로 지금의 나이고, 그때 그 주술사는 저 제바달다니라. 나는 용일 때도 자비로운 마음으로 여러 번 그를 살려주었는데 하물며 오늘에 있어서 어찌 사랑하지 않겠는가?"

31.
몸 하나에 머리가 둘인 공명조라는 새

부처님께서 왕사성에 계실 때였다.

비구들이 부처님께 여쭈었다.

"세존이시여, 저 제바달다는 부처님의 사촌 아우인데 왜 항상 부처님을 원망하고 해치려 합니까?"

부처님께서 말씀하셨다.

"그것은 오늘만이 아니다. 옛날 설산에 공명共命이라는 새가 있었다. 그 새는 몸은 하나인데 머리가 둘이었다. 한 머리는 항상 맛있는 과일을 먹어 그 몸을 편안하게 하려 하였다. 하지만 다른 한 머리가 질투심에 불타 이렇게 생각하였다.

'저놈은 항상 맛있는 과일을 먹는데 왜 나는 먹지 못할까?'

질투심에 불탄 머리는 곧 독이 있는 과일을 집어 먹어 두 개의 머리 모두 죽게 하였다.

비구들이여, 알고 싶은가? 그때 맛있는 과일을 먹었던 머리가 바로 나이고, 그때 독이 있는 과일을 먹었던 머리가 바로 저 제바달다니라. 그는 옛날에 나와 한 몸이었을 때도 나쁜 마음을 내더니, 지금 내 사촌 아우가 되어서도 저러는구나."

32.

흰 거위 왕

부처님께서 왕사성에 계실 때였다.

그때 제바달다가 산을 밀어 부처님을 눌러 죽이려 하고, 호재護財라는 코끼리를 풀어 부처님을 밟아 죽이려 하였기에 그의 악명이 세상에 널리 퍼졌다.

제바달다는 여러 사람 앞에서는 부처님께 참회하며 부처님 발을 붙잡고 울었지만, 사람들이 없을 때는 비구들에게 추악한 말로 부처님을 욕하였다. 그래서 사람들은 말하였다.

"제바달다는 부처님께 참회하고 마음이 아주 유순하다. 까닭 없이 악명이 세상에 퍼진 것이다."

비구들이 부처님께 아뢰었다.

"좀처럼 드문 일입니다. 세존이시여, 제바달다는 아첨과 거짓에 아주 능숙합니다. 많은 사람 앞에서는 부처님께 공손하다가 남들이 보지 않는 곳에서는 나쁜 마음으로 부처님을 욕합니다."

부처님께서 말씀하셨다.

"그것은 오늘만이 아니다. 아득한 옛날 어떤 연못에 많은 물새가 살고 있었다. 그때 어떤 황새가 그 못에 살고 있었는데, 그 황새는 한쪽 다리를 들고 천천히 걸었다. 그러자 새들이 모두 말하였다.

'이 새는 행실이 착하고 위의가 행실에 맞으며 물에 사는 짐승들을 괴롭히지 않는다.'

그때 흰 거위가 게송으로 말하였다.

한쪽 다리를 들고서 천천히 걸으며
음성도 아주 나긋나긋 부드럽구나.
세상을 속이고 유혹하지만
아첨과 속임수란 걸 누가 모를까?

황새가 말하였다.

'왜 그런 말을 하는가? 이리 와서 함께 친하게 지내자.'

흰 거위가 대답하였다.

'나는 너의 아첨과 속임수를 안다.'

그리하여 끝내 친하게 지내지 않았다.

너희들은 알고 싶은가? 그때 그 거위 왕은 바로 지금의 나이고, 황새는 바로 지금의 저 제바달다니라."

33.
큰 거북이

부처님께서 왕사성에 계실 때였다.

그때 항상 나쁜 마음을 먹던 제바달다가 부처님을 해치려고 활을 잘 쏘는 바라문들을 고용하였다. 바라문들은 활을 들고 부처님께 찾아가 활을 당겼다. 그런데 쏘는 화살마다 분홍 연꽃·하얀 연꽃·붉은 연꽃·푸른 연꽃으로 변하였다.

500명의 바라문은 이 신통한 변화를 보고 다들 크게 두려워하였다. 그들은 곧 활을 내려놓고 부처님께 예배하며 참회하였다. 그리고 한쪽에 앉자 부처님께서 그들을 위하여 법을 설하였다. 법을 듣고 그들은 모두 수다원의 도를 얻었다. 그들이 다시 부처님께 아뢰었다.

"부디 저희가 집을 떠나 도를 배울 수 있도록 허락하소서."

부처님께서 말씀하셨다.

"잘 왔구나, 비구들이여."

그러자 그들의 수염과 머리가 저절로 떨어지고 가사가 몸에 입혀졌다. 부처님께서 그들을 위해 거듭 설법하셨고, 그들은 모두 아라한의 도를 얻었다. 비구들이 부처님께 아뢰었다.

"부처님의 신비한 힘은 세상에 좀처럼 드뭅니다. 제바달다는 항상 부처님을 해치려고 하는데 부처님께서는 항상 큰 자비심을 내십니다."

부처님께서 말씀하셨다.

"그것은 오늘만이 아니다. 아득한 옛날 바라나국에 불식은不識恩이라는 상단의 우두머리가 있었다. 그가 500명의 상인과 함께 바다로 나가 보물을 채집하여 돌아오다가 물굽이가 소용돌이치는 곳에 이르렀다. 그곳에는 물에서 사는 나찰羅刹이 있었고, 그가 배를 붙잡아 앞으로 나아갈 수가 없었다.

여러 상인이 매우 놀라고 두려워 함께 소리쳤다.

'천신이여, 지신이여, 해님이건 달님이건 모든 신이시여, 저희를 가엾이 여기는 분이 계시다면 어느 분이건 저희를 재앙에서 건져 주소서.'

그때 등 너비가 1리나 되는 큰 거북이 한 마리가 그들을 가엾이 여겨 배 있는 곳으로 다가와 사람들을 등에 업고 곧 바다를 건넜다. 해안에 도착하여 거북이가 잠깐 잠이 들자 상단의 우두머리 불식은이 큰 돌로 거북이의 머리를 때려서 죽이려고 하였다. 그러자 여러 상인이 말하였다.

'우리는 거북이 덕분에 재난에서 벗어나 목숨을 구했습니다. 이 거북이를 죽이는 것은 옳지 못하고 또 은혜를 모르는 짓입니다.'

불식은이 말하였다.

'우리에게 당장 급한 문제는 굶주림이다. 누가 그의 은혜를 따지는가?'

불식은과 상인들은 곧바로 거북이를 죽여 그 고기를 먹었다. 그러자 그 날 밤중에 큰 코끼리 떼가 그들을 밟아 죽였다.

비구들이여, 그때 그 큰 거북이가 바로 지금의 나이고, 그때 그 불식은이 바로 지금의 저 제바달다이며, 그때 그 500명의 상인이 바로 나를 죽이러 왔다가 출가하여 도를 얻은 500명의 바라문이다.

나는 과거에도 그들을 재난에서 구해 주었고, 지금 다시 그들에게서 생사의 재앙을 제거해 준 것이다."

34.
재상 사나를 모함한 재상 악의

부처님께서 왕사성에 계실 때 제바달다가 여러 가지 계획을 세워 부처님을 해치려 하였다. 하지만 그의 뜻대로 되지 않았다.

그때 남인도에서 어떤 바라문이 왔는데, 그는 주술呪術을 잘 알고 독약을 잘 만들었다. 제바달다는 그 바라문에게서 독약을 구해 부처님 머리 위에 뿌렸다. 하지만 바람이 불어 그 독약이 도로 자기 머리 위에 떨어졌다. 제바달다는 곧바로 기절하였고 땅에 쓰러져 죽어갔다. 그리고 어떤 의사도 그를 고치지 못하였다.

그러자 아난이 부처님께 말씀드렸다.

"세존이시여, 제바달다가 독에 중독되어 죽어가고 있습니다."

부처님께서 그를 가엾이 여겨 진실로 말씀하셨다.

"나는 전생에 보살이었을 때에도 그랬고, 부처가 된 뒤에도 저 제바달다에게 항상 자비심을 가지고 조금도 나쁜 마음이 없었다. 제바달다의 독은 저절로 사라질 것이다.”

이렇게 말씀하시자, 그 독기가 곧 사라졌다.

비구들이 부처님께 아뢰었다.

“좀처럼 드문 일입니다. 세존이시여, 제바달다는 부처님께 항상 나쁜 마음을 먹는데 부처님께서는 무슨 까닭에 오히려 그를 살려 주십니까?”

부처님께서 말씀하셨다.

“그가 나에게 나쁜 마음을 먹은 것은 오늘만이 아니다. 그는 과거 전생에도 그랬느니라.”

비구들이 다시 여쭈었다.

“제바달다가 과거 전생에는 부처님께 나쁜 마음을 먹고 어떤 짓을 했습니까?”

부처님께서 말씀하셨다.

“아득한 과거 가시국에 바라나라는 성이 있었다. 거기에 두 재상이 있었는데, 한 사람의 이름은 사나斯那요 한 사람의 이름은 악의惡意였다. 사나는 항상 법을 따라 행하였지만, 악의는 항상 나쁜 짓을 하고 모함하기를 좋아하였다.

어느 날 재상 악의가 왕에게 말하였다.

‘사나가 반역하려 합니다.’

왕은 곧 사나를 체포하여 옥에 가두었다. 그러자 여러 하늘의 착한 신들이 허공에서 소리를 내어 말하였다.

‘그분은 어진 사람이다. 진실로 아무 죄가 없는데 어찌 구속

하는가?'

그때 여러 용도 그렇게 말하고, 신하와 백성들도 그렇게 말하였다. 그러자 왕이 곧 그를 풀어 주었다.

그러자 악의는 다시 왕의 창고에 있던 물건을 훔쳐 사나의 집에 가져다 두었다. 하지만 그때는 왕도 악의를 믿지 않고 이렇게 말하였다.

'네가 그를 미워하고 질투하여 이런 짓을 꾸민 것이다.'

그리고 왕이 신하에게 말하였다.

'이 악의를 체포하여 사나에게 넘겨라. 그리고 그에게 악의의 죄를 다스리게 하라.'

사나는 악의에게 왕께 참회하라고 타일렀다. 그러나 악의는 스스로 죄가 있음을 알고 곧 비제혜왕毘提醯王에게로 달아났다. 악의는 보배상자를 하나 만들어 그 안에 독을 잔뜩 품은 독사 두 마리를 넣었다. 그리고 비제혜왕에게 시켰다.

'사신을 파견하여 이 상자를 가시국의 왕과 재상 사나에게 보내십시오. 그 국왕과 사나 두 사람이 함께 이 상자를 열어보게 하고 다른 사람은 보지 못하게 하십시오.'

가시국의 왕은 아주 멋지게 장식된 그 보배상자를 보고 크게 기뻐하였다. 가시국의 왕은 곧 사나를 불러 함께 열어보려고 하였다. 그러자 사나가 말하였다.

'먼 곳에서 온 물건은 왕께서 직접 살펴보아서는 안 됩니다. 먼 곳에서 온 과일과 음식은 왕께서 곧바로 잡수시면 안 됩니다. 왜냐하면, 그 나라에 나쁜 사람이 있기 때문입니다. 혹시

나쁜 물건을 보냈다면 그것을 살펴보다가 다치실 수도 있습니다.'

그러나 왕이 말하였다.

'나는 꼭 보고 싶다.'

재상 사나가 세 번이나 간절히 간언하였지만, 왕은 그 말을 듣지 않았다. 그러자 사나가 다시 왕에게 말하였다.

'신의 말을 듣지 않으시겠다면 왕께서 직접 그 상자를 열어 보십시오. 신은 보지 않겠습니다.'

왕은 그 상자를 열자마자 두 눈이 멀어 아무것도 보지 못하게 되었다. 사나는 근심하고 괴로워하다 거의 죽을 만큼 수척해졌다. 사나는 사방으로 사람을 보내 여러 나라를 돌아다니면서 좋은 약을 구해 오게 하였다. 그러다 곧 좋은 약을 얻어 왕의 눈을 치료하자, 왕의 눈이 예전처럼 회복되었다.

비구들이여, 그때 그 왕이 바로 지금의 사리불이요, 그때 그 재상 사나는 바로 나이며, 그때 그 재상 악의가 바로 제바달다니라."

35.
야생 닭들의 왕

부처님께서 왕사성에 계실 때였다.

어느 날 제바달다가 부처님께 찾아와 이렇게 말하였다.

"여래께서는 이제 뒤로 물러나 조용한 곳에서 한가하게 지내십시오. 이 대중을 저에게 맡겨 주소서."

그러자 부처님께서 말씀하셨다.

"군침이나 삼키는 어리석은 사람아, 나는 이 대중을 사리불이나 목건련에게도 맡기지 않는데, 어떻게 너에게 맡기겠는가?"

그러자 제바달다가 화를 내면서 욕을 하고 떠나갔다.

비구들이 아뢰었다.

"세존이시여, 제바달다는 갖가지 방법으로 부처님을 괴롭히려 하고, 또 많은 방법으로 부처님을 속이려 합니다."

부처님께서 말씀하셨다.

"그것은 오늘만이 아니다. 아득한 과거 설산 기슭에 야생 닭들의 왕이 있었다. 그는 많은 닭을 거느렸고, 또 많은 닭이 그를 따랐다. 그의 닭 볏은 시뻘건 색이고 그의 몸은 새하얀 색깔이었다.

그가 여러 닭에게 말하였다.

'너희들은 도시와 마을을 멀리 떠나 사람들에게 잡아먹히지 않도록 하라. 도시와 마을에는 우리가 원망하고 미워할 만한 것들이 많으니, 부디 스스로 잘 삼가고 보호하라.'

그때 마을에 고양이 한 마리가 있었다. 그는 산에 닭들이 있다는 소문을 듣고 곧 그곳으로 달려갔다. 그리고 나무 아래에서 머리를 숙이고 천천히 다가가면서 야생 닭들의 왕에게 말하였다.

'내가 당신의 아내가 되겠으니 당신은 나의 남편이 되어주시오. 당신은 아름답고 사랑스럽습니다. 머리의 볏은 붉고 몸은 온통 하얗습니다. 우리가 서로 받들어 섬기면 안온하고 즐거울 것입니다.'

그러자 야생 닭들의 왕이 곧 게송으로 말하였다.

고양이는 노란 눈의 어리석고 작은 물건
사사건건 해치려 들고 잡아먹으려 하지.
이런 아내와 함께 살면서
편안하게 장수하는 자 보지 못했다.

비구들이여, 그때 그 닭이 바로 나요, 고양이는 바로 저 제바달다니라. 그는 과거에도 나를 꾀어 속이려 하였고, 오늘도 나를 꾀어 속이려 하는 것이다."

36.
행운을 가져다주는 새

부처님께서 왕사성에 계실 때였다.

그때 제바달다가 이렇게 생각하였다.

'부처에게는 푸른 옷을 입은 500명의 귀신이 있어 항상 호위하고 있다. 또 부처는 수십만의 금강역사보다 강한 열 가지 힘을 가지고 있다. 나는 지금 그를 해치는 것은 불가능하니 차라리 돌아가 그를 받들어 섬기자. 그러다 요긴한 기회를 틈타 해치면 그를 죽일 수 있을 것이다.'

제바달다는 곧 비구 · 비구니 · 우바새 · 우바이 등 사부대중 앞에서 부처님께 참회하면서 이렇게 생각하였다.

'만약 나의 참회를 받아준다면 계획대로 틈을 노릴 수 있을 것이요, 나의 참회를 받아주지 않는다면 분명 이로 인해 부처에 관한 나쁜 소문이 퍼질 것이다.'

그는 곧 부처님께 아뢰었다.

"세존이시여, 저의 참회를 받아 주소서. 저는 인적이 드문 한적한 곳에서 지내며 스스로 이 마음을 닦겠습니다.”

부처님께서 말씀하셨다.

“나의 법에는 아첨과 속임이 없다. 아첨하고 속이는 자에게는 나의 법이 있을 수 없다.”

저 외도들의 여섯 스승이 모두 말하였다.

“제바달다가 진심으로 부처에게 참회하였는데, 부처가 그 참회를 받아 주지 않았다.”

하지만 비구들은 부처님께 아뢰었다.

“제바달다가 아첨을 떨며 부처님을 속이는 것입니다.”

그러자 부처님께서 말씀하셨다.

“그것은 오늘만이 아니다. 아득히 먼 옛날 바라나국에 범마달梵摩達이라는 왕이 있었다. 그는 법으로 정하여 살생을 금하였다. 그때 어떤 사냥꾼이 선인仙人들이 입는 가사를 걸치고 온갖 사슴과 새들을 죽였지만, 그 사실을 아는 사람이 없었다.

그때 행운을 가져다주는 새가 사람들에게 말하였다.

‘저 사람은 몹시 나쁜 사람입니다. 비록 선인의 옷을 입었지만, 사실은 사냥꾼으로서 항상 살생을 합니다. 하지만 사람들은 모르고 있습니다.’

사람들은 모두 행운을 가져다주는 새를 믿었고, 사실을 확인해 보니 진실로 그 새의 말과 같았다.

비구들이여, 그때 그 길리조가 바로 지금의 나이고, 선인들의 가사로 짐승들을 속였던 사냥꾼은 바로 제바달다이며, 왕은 바로 지금의 사리불이니라.”

37.
늙은 선인과 젊은 선인

부처님께서 왕사성에 계실 때였다.

그때 아사세왕이 날마다 500개의 가마솥에 밥을 지어 제바달다에게 보냈다. 제바달다는 많은 이익을 얻었다.

비구들이 부처님께 아뢰었다.

"아사세왕이 날마다 500개의 가마솥에 밥을 지어 제바달다에게 보낸다고 합니다."

그러자 부처님께서 말씀하셨다.

"비구들이여, 제바달다가 많은 이익을 얻는 것을 부러워하지 말라."

그리고 곧 게송으로 말씀하셨다.

파초는 열매를 맺으면 말라 죽고
갈대와 대나무 역시 마찬가지
버새는 새끼를 배면 죽고

노새 역시 마찬가지
어리석은 자는 이익을 탐하다 망해
지혜로운 자들의 비웃음거리가 되느니라.

이 게송을 읊으시고 비구들에게 말씀하셨다.

"제바달다는 오늘만 이양을 좇다 망하고 나를 비방한 것이 아니다. 과거 전생에도 역시 그랬느니라."

비구들이 여쭈었다.

"과거 전생에는 어떤 일이 있었습니까?"

부처님께서 말씀하셨다.

"과거 바라나국의 선산仙山에 두 선인이 있었다. 둘 가운데 나이가 많은 늙은 선인은 신통을 얻고 젊은 선인은 신통을 얻지 못하였다. 당시 늙은 선인은 신통의 힘으로 수미산 북쪽의 울단월鬱單越로 가서 잘 여문 멥쌀을 가져와 둘이서 함께 나눠 먹었다. 또 수미산 남쪽의 염부제로 가서 염부제의 열매를 가져와 둘이서 함께 나눠 먹고, 하늘나라 도리천으로 올라가 그 하늘나라의 수타須陀라는 음식을 가져와 둘이서 함께 나눠 먹었다.

젊은 선인은 그것을 보고 부러운 마음이 생겨 늙은 선인에게 말하였다.

'부디 다섯 가지 신통을 닦는 법을 저에게도 가르쳐 주십시오.'

늙은 선인이 말하였다.

'만약 좋은 마음을 가진다면 다섯 가지 신통이 반드시 이익이 되겠지만, 만약 좋은 마음이 없다면 다섯 가지 신통은 도리어 해가 된다.'

그래도 젊은 선인은 간절히 부탁하였다.

'제발 저에게 가르쳐 주십시오.'

그러자 늙은 선인이 곧 다섯 가지 신통을 가르쳐 주었다. 젊은 선인은 얼마 후 다섯 가지 신통을 얻게 되었다. 젊은 선인은 다섯 가지 신통을 얻게 되자 사람들 앞에서 갖가지 신통을 보여주었다. 그리하여 그 이후에는 큰 명성과 이익을 얻었다. 그러다 늙은 선인에게 질투심이 생겨 가는 곳마다 비방하게 되었다. 그러자 그의 신통력이 사라지고 말았다.

사람들은 그의 말을 듣고 이렇게 말하였다.

'저 늙은 선인은 나이도 많고 덕이 있으신데, 저 젊은 선인이 제멋대로 비방한다.'

사람들은 다들 화를 내며 성문을 막고 그를 들어오지 못하게 하였다. 그는 곧 이익을 모두 잃고 말았다.

비구들이여, 알고 싶은가? 그때 그 늙은 선인이 바로 지금의 나요, 그 젊은 선인은 저 제바달다니라."

38.
상단의 두 우두머리

부처님께서 왕사성에 계실 때였다.

그때 비구들 가운데 부처님 말씀을 따르는 이들은 모두 열반과 천상과 인간의 길을 얻었지만, 제바달다의 말을 따르는 이들은 모두 지옥에 떨어져 큰 고통을 받았다.

부처님께서 말씀하셨다.

"나의 가르침을 따르는 이들이 큰 이익을 얻고, 제비달다의 말을 따르는 이들이 큰 괴로움을 겪은 것은 오늘만이 아니다. 옛날에도 그랬다. 아득한 옛날에 두 상인이 500명의 상인을 데리고 광야에 이르렀다. 그때 야차 귀신이 좋은 옷을 입고 머리에 꽃다발을 쓴 소년의 모습으로 나타나 거문고를 타면서 상인들에게 말하였다.

'많이 피곤하지 않으십니까? 그런 물풀은 싣고 가서 어디다 쓰겠습니까? 가까운 곳에 좋은 물풀이 있습니다. 저를 따라오십시오. 그 길을 알려드리겠습니다.'

상단의 한 우두머리는 그 나찰의 말을 따라 '우리는 이제 싣고 가던 이 물풀을 버리자.' 하고는 곧 가벼운 걸음으로 앞서 나아갔다. 그러나 상단의 다른 한 우두머리가 이렇게 말하였다.

'우리는 지금 그 물풀을 보지 못했다. 경솔하게 함부로 버리지 말자.'

결국 물풀을 버리고 앞서간 사람들은 목이 말라 모두 죽었다. 하지만 그것을 버리지 않은 사람들은 목적지에 무사히 도착하였다.

비구들이여, 그때 그 물풀을 버리지 않은 사람이 바로 지금의 나요, 물풀을 버렸던 사람은 저 제바달다이니라."

39.
일곱 천신이 차례로 법을 묻다

옛날에 부처님께서 세상에 계실 때였다.

어느 날 밤중에 홀연히 일곱 천신이 차례로 부처님께 찾아왔다. 가장 먼저 찾아온 천신은 용모가 단정하고 광명이 1리를 비추었으며 열 명의 천녀를 권속으로 삼았다. 그가 부처님께 찾아와 지극한 마음으로 땅에 엎드려 예배한 뒤에 한쪽으로 물러나 섰다.

부처님께서 그 천신에게 말씀하셨다.

"당신은 복을 닦은 덕분에 하늘나라 사람의 몸을 받았습니다. 다섯 가지 욕망을 맘껏 즐기며 쾌락하고 안락하게 살고 있습니까?"

천신이 아뢰었다.

"세존이시여, 저는 비록 하늘나라에 태어나기는 했지만, 마음은 항상 근심스럽고 괴롭습니다. 왜냐하면, 저는 전생에 수행할 때에 비록 부모와 스승과 사문과 바라문에게 충성하고 효도하며 마음으로 공경하였지만, 그분들에게 정성을 다해 공손히 예배하면서 마중하고 배웅하지는 못했습니다. 그런 업의 인연으로 과보가 실로 적어 다른 천신보다 못하며, 못하기 때문에 스스로 꾸짖으며 수행하지만 만족스럽질 않습니다."

또 용모와 몸의 광명과 그 권속이 앞의 천신보다 열 배나 훌륭한 다른 천신이 부처님께 찾아와 땅에 엎드려 발아래 예배하고 한 쪽에 물러나 섰다.

부처님께서 그에게 말씀하셨다.

"당신은 하늘나라에 태어나 쾌락하고 안락하게 살고 있습니까?"

두 번째로 찾아온 천신이 아뢰었다.

"세존이시여, 저는 비록 하늘나라에 태어나기는 했지만, 저 역시 항상 근심하고 괴로워합니다. 왜냐하면, 저는 전생에 수행할 때에 부모와 스승과 사문과 바라문에게 충성하고 효도하는 마음을 내어 공경하였고, 또 예배하였습니다. 그러나 앉을 자리와 따뜻한 침구를 보시하지는 못했습니다. 그런 업의 인연으로 지금 과보를 얻었으나 다른 천신보다 못하며, 못하기 때문에 스스로 꾸짖으며 인행因行을 닦아보지만 만족스럽질 않습니다."

다시 용모와 광명과 권속들이 앞의 천신보다 열 배나 훌륭한 다른 천신이 부처님께 찾아와 땅에 엎드려 발아래 예배하고 한 쪽에 물러나 섰다.

부처님께서 그에게 말씀하셨다.

"당신은 하늘나라에 태어나 쾌락하고 안락하게 살고 있습니까?"

세 번째로 찾아온 천신이 아뢰었다.

"저는 비록 하늘나라에 태어나 궁전에서 살지만, 저 역시 항상 근심하고 번민합니다. 왜냐하면, 저는 전생에 부모와 스승과 사문과 바라문에게 충성하고 효도하고 공경하고 예배하였으며, 자리와 침구도 보시하였습니다. 하지만 그분들에게 맛있는 음식을 많이 베풀어 보시하지는 못하였습니다. 그 업의 인연으로 지금 과보를 얻었지만 다른 천신보다 못하며, 못하기 때문에 마음으로 후회하고 꾸짖으면서 인행을 닦아보지만 완전하질 못합니다. 그래서 근심스럽고 괴롭습니다."

다시 용모와 광명과 그 권속들이 앞의 하늘보다 열 배나 훌륭한 다른 천신이 부처님께 찾아와 땅에 엎드려 발아래 예배하고 한 쪽에 물러나 섰다.

부처님께서 그에게 말씀하셨다.

"당신은 하늘나라 사람의 몸을 받아 쾌락하고 안락하게 살고 있습니까?"

네 번째로 찾아온 천신이 아뢰었다.

"저는 비록 하늘나라에 태어나기는 했지만, 마음이 항상 근심스럽고 괴롭습니다. 왜냐하면, 저는 비록 전생에 부모와 스승과 사문과 바라문에게 충성하고 효도하고 공경하고 예배하였으며, 침구를 보시하였고 음식도 보시하였습니다. 하지만 법을 듣지는 못하였습니다. 그 인연으로 지금 과보를 받았지만 다른 천신보다 못하며, 못하기 때문에 항상 스스로 꾸짖으면서 인행을 닦아보지만 만족스럽질 않습니다. 그래서 근심하고 번민합니다."

다시 용모와 광명과 권속들이 앞의 하늘보다 열 배나 훌륭한 다른 천신이 부처님께 찾아와 땅에 엎드려 발아래 예배하고 한 쪽에 물러나 섰다.

부처님께서 그에게 말씀하셨다.

"당신은 하늘나라 사람의 몸을 받아 쾌락하고 안락하게 살고 있습니까?"

다섯 번째로 찾아온 천신이 아뢰었다.

"저는 비록 하늘나라에 태어났지만, 마음이 항상 근심스럽고 괴롭습니다. 왜냐하면, 저는 전생에 부모와 스승과 사문과 바라문에게 충성하고 효도하고 공경하고 예배하였으며 침구를 보시하였고, 또 음식을 보시하고 법도 들었습니다. 하지만 그 뜻을 이해하지는 못하였습니다. 그 뜻을 이해하지 못하였기 때문에 지금 과보를 받았으나 다른 천신보다 못하며, 못하기 때문에 마음으로 항상 후회하고 꾸짖으면서 인행을 닦아보지만 만족스럽질 않습니다. 그래서 근심하고 번민합니다."

다시 용모와 광명과 그 권속들이 앞의 하늘보다 열 배나 훌륭한 다른 천신이 부처님께 찾아와 땅에 엎드려 발아래 예배하고 한 쪽에 물러나 섰다.

부처님께서 그에게 말씀하셨다.

"당신은 하늘나라 사람의 몸을 받아 쾌락하고 안락하게 살고 있습니까?"

여섯 번째로 찾아온 천신이 아뢰었다.

"저는 비록 하늘나라에 태어났지만, 마음이 항상 근심스럽고 괴롭습니다. 왜냐하면, 저는 전생에 수행할 때 비록 부모와 스승과 사문과 바라문에게 충성하고 효도하고 공경하고, 또 예배하고 침구를 보시하고 음식을 보시하고 법을 듣고 그 뜻도 이해하였습니다. 하지만 그 말씀대로 수행하지는 못하였습니다. 그 업의 인연으로 지금 과보를 받았으나 다른 천신보다 못하며, 못하기 때문에 스스로 깊이 후회하고 꾸짖으면서 인행을 닦아보지만 만족스럽질 않습니다. 그래서 근심하고 번민합니다."

다시 용모와 광명과 그 권속들이 앞의 하늘보다 열 배나 훌륭한 다른 천신이 부처님께 찾아와 땅에 엎드려 발아래 예배하고 한 쪽에 물러나 섰다.

부처님께서 그에게 말씀하셨다.

"당신은 하늘나라 사람의 몸을 받아 쾌락하고 안락하게 살고 있습니까?"

일곱 번째로 찾아온 천신이 아뢰었다.

"저는 지금 하늘나라 궁전에 태어나 다섯 가지 욕망을 맘껏 즐기고 있습니다. 필요한 것이 있으면 생각하자마자 눈앞에 나타나기에 진실로 쾌락하고 어떤 근심과 번민도 없습니다. 왜냐하면, 저는 전생에 인행을 닦을 때 부모와 스승과 사문과 바라문에게 충성하고 효도하고 공경하였고, 또 정성껏 예배하였고 침구와 음식을 보시하였고 법을 들었으며 그 뜻을 이해하였고, 그 말씀대로 수행하였습니다. 그 인연으로 하늘나라에 태어나는 과보를 받아 용모가 단정하고 광명이 아름답고 권속이 많은 것이 다른 어떤 천신보다 뛰어나게 되었습니다.

이런 수행으로 결과의 원인을 충족하게 되었고, 결과의 원인이 충족되었기 때문에 가장 뛰어난 과보를 얻었으며, 가장 뛰어난 과보이기 때문에 어떤 천신도 저만 못하고, 저만 한 자가 없으므로 마음이 쾌락합니다."

잡보장경

제4권

온갖 보배가 가득한 경

40.

가난한 사람이 보릿가루를 보시하고 받은 과보

옛날에 남의 집 품을 팔아 먹고살던 한 가난한 사람이 있었다. 그가 품을 팔아 보릿가루 여섯 되를 얻어 그것을 가지고 아내와 자식을 먹이려고 집으로 돌아가던 길이었다. 그러다 도중에 한 도인이 지팡이를 짚고서 발우를 들고 걸식하러 다니는 것을 보게 되었다.

그는 곧 이렇게 생각하였다.

'저 사문은 용모가 단정하고 위의가 차분한 것이 매우 공경할 만하구나. 저런 분에게 한 끼를 보시하는 것도 좋지 않을까?'

그때 도인은 그의 생각을 알고 그 가난한 사람을 뒤쫓았다. 어느 물가에 이르러 가난한 사람이 도인에게 말하였다.

"제게 지금 보릿가루가 있습니다. 당신께 보시하고 싶은데 혹시 잡수시겠습니까?"

도인이 대답하였다.

"그렇게 합시다."

가난한 사람은 물가에 자신의 옷을 펴고 도인을 앉으시게 하였다. 그리고 한 되의 보릿가루에 물을 섞어 한 덩이를 만들고 도인에게 드렸다. 그러면서 발원하였다.

'만약 이 도인이 계율을 청정히 지켜 도를 얻은 분이라면 제가 현생에서 한 작은 나라의 왕이 되게 하소서.'

도인은 보릿가루를 받고 가난한 사람에게 말하였다.

"어찌 그리 작은가? 어찌 그리 작은가?"

가난한 사람은 이 도인이 평소 많이 먹는 사람이라 생각하였다. 그래서 다시 한 되를 물에 섞어 한 덩이를 만들고, 도인에게 드리면서 발원하였다.

'만약 이 도인이 계율을 청정히 지켜 도를 얻은 분이라면 제가 현생에서 두 개의 작은 나라 왕이 되게 하소서.'

그러자 도인이 또 말하였다.

"어찌 그리 작은가? 어찌 그리 작은가?"

가난한 사람은 생각하였다.

'이 도인은 식사량이 아주 많은 분이구나. 그만큼 보릿가루를 드렸는데도 적다고 불평하는구나. 그러나 내가 이미 자청한 일이니 드려야겠다.'

가난한 사람은 다시 두 되를 물에 섞어서 한 덩이를 만들어 도인에게 드리면서 또 발원하였다.

'만약 이 도인이 계율을 청정히 지켜 도를 얻은 분이라면 제가 현생에서 네 개의 작은 나라 왕이 되게 하소서.'

그러자 도인이 다시 말하였다.

"어찌 그리 작은가? 어찌 그리 작은가?"

그래서 가난한 사람은 남은 두 되마저 덩이를 만들어 도인에게 드리면서 또 발원하였다.

'지금 이 사문이 계율을 청정히 지키는 분이라면 제가 바라나국의 왕이 되어 네 개의 작은 나라를 거느리게 하고, 진실한 도를 보게 하소서.'

도인은 그 보릿가루 덩이를 받고도 여전히 작다고 불평하였다. 가난한 사람이 도인에게 말하였다.

"우선 드십시오. 만약 그것으로 부족하시다면 제 옷을 벗어 음식과 바꾸어서라도 음식을 공양하겠습니다."

도인은 곧 보릿가루 덩이를 먹었다. 그러나 한 되만 먹고 나머지는 주인에게 돌려주었다. 가난한 사람이 물었다.

"존자께서는 조금 전 보릿가루가 너무 적다고 불평하시더니 지금은 왜 다 잡수지 않습니까?"

도인이 대답하였다.

"그대는 처음 내게 보릿가루 한 덩이를 줄 때 한 작은 나라의 왕이 되기를 원하였소. 그래서 내가 당신 마음의 소원이 너무 작다고 말한 것이오. 두 번째 보릿가루 덩이를 줄 때는 두 개의 작은 나라 왕이 되기를 원하였소. 그래서 또 그대의 소원이 너무 작다고 말한 것이오. 세 번째 보릿가루 덩이를 줄 때는 네 개의 작은 나라 왕이 되기를 원하였소. 그래서 내가 또 당신 마음의 소원이 작다고 말한 것이오. 그리고 네 번째 보릿가루 덩이를 줄 때는 바라나국의 왕이 되어 네 개의 작은 나라를 거느리기를 소원하고 '제가 진리를 보는 도의 과위를 얻게 하소서.'라고 하였소. 그래서 내가 당신의 소원이 너무 작다고 한 것이지, 음식이 부족해서 적다고 불평한 것이 아니오."

그때 가난한 사람은 의심스러웠다.

'나를 현생에서 다섯 나라의 왕이 되게 하는 것은 결코 작은 일이 아니다. 아마 헛소리겠지.'

그러다가 다시 생각하였다.

'내 속마음을 아시는 것을 보면 분명 성인이시다. 이런 큰 복밭이 나를 속일 리 없다.'

도인이 그의 생각을 알고 곧 발우를 허공에 던지더니 그 뒤를 따라 날아올랐다. 그리고는 몸을 크게 변화시켜 허공을 가득 채웠다가 다시 몸을 변화시켜 고운 먼지처럼 작게 만들었다. 또 하나의 몸으로 한량없는 몸이 되기도 하고 한량없는 몸을 합하여 하나의 몸이 되기도 하였다. 또 몸 위로 물을 뿜고 몸 아래로 불을 뿜었으며, 물을 땅처럼 밟기도 하고 땅을 물처럼 밟기도 하였다. 이렇게 열여덟 가지 신통 변화를 보이고는 가난한 사람에게 말하였다.

"즐겨 큰 원을 세우고 조금도 의심하지 말라."

이렇게 말하고는 곧 몸을 숨기고 사라졌다. 그 가난한 사람은 곧바로 바라나성으로 향하였다. 그러다 도중에 한 재상을 만났다.

재상은 그를 보고는 그의 형상을 자세히 살피며 말하였다.

"당신은 아무개의 아들이 아닌가?"

"그렇습니다."

"어쩌다 그런 남루한 꼴이 되었는가?"

"어려서 부모님을 잃고 온 집안이 망해 버렸습니다. 게다가 돌보아 주는 사람까지 없었기 때문에 곤궁하여 이처럼 남루하게 되었습니다."

재상은 곧 바라나국의 왕에게 아뢰었다.

"왕의 친구이신 아무개의 아들이 지금 문밖에 있습니다. 그런데 매우 곤궁하고 초췌한 모습입니다."

왕은 곧 분부하여 그를 앞으로 데려오게 하였다. 그리고 자세한 사정을 물어 그가 친구의 아들임을 확인하였다.

왕이 곧 말하였다.

"내 가까이에서 지내거라. 절대 멀리 떠나지 말라."

그리고 이레 뒤에 왕이 병으로 죽고 말았다.

신하들은 서로 의논하였다.

"왕에게는 뒤를 이을 자식이 없고, 이 빈궁한 아들뿐이다. 저 사람은 왕께서 친자식처럼 여긴 자이다. 우리가 함께 바라나국의 왕으로 추대하자."

그는 바라나국의 왕이 되어 네 나라를 거느리게 되었는데, 그 후에 포학한 정치를 하였다. 그러자 예전에 만났던 그 도인이 왕의 궁전 앞의 허공에서 가부좌를 틀고 앉아 말하였다.

"너는 옛날에 진리를 보게 해달라고 발원하였다. 그런데 지금은 어찌하여 온갖 나쁜 짓을 저지르며 과거의 발원과 어긋난 삶을 사는가?"

그는 다시 왕을 위하여 갖가지 법을 연설하였다. 왕은 그 법을 듣고 앞서 저지른 나쁜 짓을 뉘우쳤다. 그리고 허물을 고치고 부끄러워하면서 정성을 다해 오로지 도를 행하여 수다원須陁洹을 얻었다.

41.
가난한 여인이 두 냥을 보시하고 받은 과보

옛날에 숲이 우거져 대낮에도 캄캄한 주암산晝闇山에는 여러 성현과 숨어 사는 스님들이 많았다. 여러 나라에서 그 산의 명성을 듣고 공양하는 이가 많았다. 어느 날 한 장자가 여러 권속과 함께 그 산에 공양물을 보내게 되었다.

그때 걸식으로 살아가던 한 가난한 여인이 이것을 보고 생각하였다.

'지금 여러 장자가 산으로 공양을 보내는 것을 보니 법회를 열려는 것이 분명하다. 나도 가서 구걸해야겠다.'

가난한 여인은 곧 산으로 향하였다. 산에 도착하니, 앞서 그 장자가 갖가지 음식을 차려 여러 스님께 공양을 올리고 있었다. 이를 보고 혼자 가만히 생각하였다.

'저 사람은 전생에 복을 닦아 오늘날 부귀해졌는데, 지금 다시 저렇게 공덕을 지으니 앞으로는 더 훌륭해지겠지. 나는 전생에 복을 짓지 않아 금생에 가난하게 사는 것이다. 만약 지금

복을 짓지 않는다면 미래에는 더욱 가난할 것이다.'

이렇게 생각하고는 눈물을 흘리면서 우울해하다가 또 생각하였다.

'내가 예전에 똥 속에서 돈 두 냥을 주운 적이 있다. 그 돈을 항상 보물처럼 아끼면서 구걸이 뜻대로 되지 않을 때 이 돈으로 음식을 사 목숨을 부지할 생각이었다. 이제 이 돈을 스님들께 보시하자. 하루 이틀쯤 음식을 얻지 못하더라도 죽지는 않을 테니까.'

가난한 여인은 스님들의 공양이 끝나는 것을 엿보았다가 손에 쥔 돈 두 냥을 보시하였다. 그 산에서 살던 스님들은 보시하는 사람이 있으면 유나維那가 대중 스님들 앞에 서서 축원하는 것을 법으로 삼았다. 그런데 가난한 여인이 두 냥을 보시하자 승단의 우두머리인 상좌上座가 유나의 축원을 허락하지 않고 자기가 직접 축원하였다. 그러자 여러 하좌下坐들이 매우 못마땅해 하며 이렇게 생각하였다.

'저 여자 거지의 돈 두 냥을 얻고 상좌가 직접 축원하다니, 너무 경솔하신 것 아닌가? 평소 돈을 보시 받았을 때는 왜 그러지 않으셨지?'

상좌는 곧 자기 음식의 반을 덜어 그 가난한 여인에게 주었다. 사람들은 상좌가 그 여인에게 음식을 많이 주는 것을 보고, 그들도 그 여인에게 음식을 많이 주었다. 그 여인은 음식을 수북이 얻고 매우 기뻐하면서 말하였다.

"나는 조금 전에 보시하고 지금 바로 그 보상을 받았다."

그는 그 음식을 가지고 다시 산에서 내려갔다. 그러다 한 나무 아래에 누워 잠이 들게 되었다. 마침 그때가 왕의 큰 부인이 죽은 지 이레째 되던 날이었다. 왕은 사자를 파견하여 온 나라를 돌아다니면서 왕의 부인이 될 만한 복덕을 갖춘 여인을 찾고 있었다.

관상쟁이가 점을 치고 말하였다.

"저 황금빛 구름 아래에 분명 현인이 있을 것입니다."

왕의 사자와 관상쟁이는 함께 그 나무 아래로 가 보았다. 그리고 한 여인을 발견하였는데 얼굴빛이 윤택하고 복덕의 상을 가졌으며, 나무가 가지를 드리워 그늘을 드리우고, 해가 움직이는데도 그 그림자가 옮겨가질 않았다.

관상쟁이는 말하였다.

"이 여자의 복덕은 부인이 될 만합니다."

왕의 사자는 그 여자를 향탕香湯에 목욕시키고, 그에게 부인의 의복을 주었는데 크지도 않고 작지도 않고 몸에 꼭 맞았다. 왕의 사자는 1천 대의 수레와 1만 명의 기병으로 좌우를 호위하며 그 여자를 데리고 왕궁에 이르렀다. 왕은 그를 보고 매우 기뻐하고 공경하며 존중하였다.

이렇게 며칠을 지내다가 여자는 가만히 생각하였다.

'내가 이런 부와 복을 얻은 것은 그 두 냥의 돈을 보시했기 때문이다. 지금 저 스님들이 내게 크고 무거운 은혜를 베푸신 것이다.'

그 여자는 왕에게 아뢰었다.

"저는 전에 몹시 가난했는데 왕께서 저를 뽑아주시어 사람답게 살게 되었습니다. 제게 저 스님들의 은혜에 보답하도록 허락하소서."

왕은 말하였다.

"당신 마음대로 하시오."

부인은 즉시 음식과 보물을 수레에 싣고 숲이 우거져 대낮에도 캄캄한 그 산으로 가서 스님들에게 음식을 올리고 보물을 보시하였다. 그러나 상좌는 일어나지도 않고 유나 스님을 보내 축원하면서, 자기는 축원하지 않았다.

왕의 부인이 말하였다.

"제가 옛날에 돈 두 냥을 보시하였을 때는 저를 위해 축원하시더니, 지금은 수레에 보배를 실어왔는데도 왜 저를 위해 축원하지 않으십니까?"

또 젊은 비구들도 다들 상좌를 못마땅해 하며 말하였다.

"전에 가난한 여인이 돈 두 냥을 보시할 때는 그를 위해 축원하시더니, 지금은 왕의 부인이 수레에 보물을 싣고 왔는데도 축원하지 않으시는구나. 늙어 망령이 드셨는가?"

그때 상좌가 왕의 부인을 위하여 바른 법을 연설하셨다.

"부인이여, 마음속으로 '전에 돈 두 냥을 보시했을 때는 축원하더니, 지금은 수레에 보물을 실어왔는데도 축원하지 않는다.' 하고 생각하며 제게 불평하셨지요. 우리 불법에서는 보물을 귀하게 여기지 않고 오직 착한 마음을 귀하게 여길 뿐입니다. 부인께서 전에 돈 두 냥을 보시할 때는 착한 마음이 가득

하였는데, 지금 보물을 보시하면서는 내가 이만큼 보시한다며 뽐내고 있습니다. 그래서 제가 지금 당신을 위해 축원하지 않는 것입니다. 또 젊은 도인들도 내게 불평하지 마시오. 여러분은 집을 떠난 뜻을 깊이 알아야 하오."

여러 젊은 도인들은 각자 부끄러워하고 모두 수다원의 도를 얻었다. 왕의 부인도 법을 듣고는 부끄러워하고 기뻐하면서 역시 수다원의 도를 얻었다.

왕의 부인은 법을 듣고 나서 예배하고 떠났다.

42.
음식을 보시하고 과보를 얻은 건타위국 화가 계나

옛날 건타위국乾陀衛國에 계나罽那라는 한 화가가 있었다. 그가 3년 동안 객지에서 품팔이하여 30냥의 금을 벌어 집으로 돌아가던 길이었다. 그는 어떤 사람이 승속과 귀천을 가리지 않고 재시財施와 법시法施를 베푸는 대법회인 반차우슬般遮于瑟을 여는 것을 보고 유나維那에게 물었다.

"하루 동안 재회齋會를 열려면 비용이 얼마나 듭니까?"

유나가 대답하였다.

"30냥의 금을 쓰면 하루 동안 재회를 열 수 있습니다."

그는 가만히 생각하였다.

'나는 전생에 복된 업을 짓지 않았다. 그래서 지금 이런 과보를 받아 품팔이로 살아가는 것이다. 이제 복을 심을 밭을 만났는데 어찌 복을 심지 않겠는가?'

그는 곧 유나에게 말하였다.

"이 제자를 위해 종을 울려 스님들을 모아 주시기 바랍니다.

제가 재회를 베풀고 싶습니다."

그는 재회를 베풀고 나서 뛸 듯이 기뻐하며 집으로 돌아갔다.

집에 도착하자 그 부인이 물었다.

"3년 동안 품팔이한 돈은 어디 있습니까?"

남편이 대답하였다.

"내가 얻은 재물은 지금 모두 튼튼한 창고 안에 넣어 두었소."

"그 튼튼한 창고는 지금 어디 있습니까?"

"바로 저 스님들 속에 있소."

부인은 꾸짖으며 곧 친정 식구들을 모아 그 남편을 묶고 법관에게 끌고 가서 이렇게 말하였다.

"우리 모자는 가난으로 쓰라린 고통을 겪으며 옷도 밥도 없이 살아가고 있습니다. 그런데 우리 남편은 얻은 재물을 다른 데 쓰고 집에는 가져오지 않습니다. 그 이유를 문책하여 주십시오."

그러자 법관이 남편에게 물었다.

"왜 그렇게 하였는가?"

그가 대답하였다.

"이 몸은 번갯불과 같아서 오래 비추지 못하고, 또 아침 이슬과 같아서 잠깐 사이에 사라집니다. 그래서 두려워 스스로 깊이 생각해 보니, 제가 전생에 복된 업을 짓지 않아 지금 이렇게 곤궁한 처지에 놓이고 의식衣食이 궁핍한 것이었습니다.

그러다 저 불가라성弗迦羅城에서 승속과 귀천을 가리지 않고 재시와 법시를 크게 베푸는 반차회般遮會가 열린 것을 보았는데, 참석하신 대중 스님들이 매우 청정하였습니다. 그래서 마음에 기쁨이 샘솟고, 공경하고 믿는 마음이 우러나 유나에게 물었습니다.

'얼마면 하루 음식을 공양할 수 있습니까?'

유나는 대답하였습니다.

'30냥이면 하루 동안 공양을 올릴 수 있습니다.'

그래서 저는 3년 동안 번 돈을 곧 유나에게 주어 하루 동안 스님들께 공양을 올리게 하였습니다."

법관은 그 말을 듣고 매우 기뻐하였다. 법관은 그를 가엾이 여겨 자기 옷과 영락을 벗어 주고, 또 말과 수레 등을 모두 계나에게 주고, 다시 한 마을을 떼어 상으로 그에게 봉해 주었다. 식물에서 꽃이 먼저 피듯 현생에서 먼저 받은 과보가 이 정도인데, 열매처럼 나중에 받을 과보야 어찌 생각으로 헤아릴 수 있겠는가?

43.
자신을 팔아 재회를 열고 과보를 얻은 계이라 부부

옛날에 계이라罽吏羅라는 사람이 있었다. 그들 부부는 매우 가난하여 품팔이로 겨우 먹고살았다. 그는 다른 장자들이 모두 절에 가서 큰 보시회布施會를 베푸는 것을 보게 되었다. 그는 집에 돌아와 아내와 함께 자면서 아내의 팔을 베고 누워 가만히 생각하였다.

'나는 전생에 복을 짓지 않았기 때문에 이렇게 가난하게 사는 것이다. 그런데 저 장자들은 전생에도 복을 짓고 지금도 복을 짓는다. 나는 지금도 복을 짓지 않고 있다. 그러니 다음 세상에서는 더욱 괴로울 것이다.'

이렇게 생각하자 우울해지면서 눈물이 흘렀다. 그 눈물이 아내의 팔에 떨어졌다. 아내가 물었다.

"왜 눈물을 흘리십니까?"

그가 대답하였다.

"다른 사람들을 보니 복을 지어 항상 즐겁게 사는데, 나는 가난하여 복을 지을 수 없구려. 그래서 눈물이 나는구려."

"눈물을 흘린다고 나아질 것이 뭐가 있겠습니까? 제 몸을 팔아서 그 돈으로 복을 지으십시오."

"당신을 팔고 나 혼자 어찌 살란 말이오?"

"만약 혼자 사는 게 두려워 저를 버리지 못하시겠다면 우리 함께 몸을 팔아 공덕을 닦읍시다."

이에 부부는 곧 함께 어떤 부잣집으로 찾아갔다.

"이제 우리 부부가 이 천한 몸을 돈을 받고 팔고 싶습니다."

주인이 물었다.

"얼마나 받으려는가?"

"열 냥을 받고 싶습니다."

"지금 당신들에게 돈을 줄 것이니, 이레 안에 갚지 못하면 당신 부부를 노비로 삼을 것이다."

이렇게 가난한 부부와 부잣집 주인은 말로 계약하였다. 가난한 부부는 돈을 가지고 탑이 있는 절로 찾아가 보시회를 열었다. 부부는 함께 쌀을 찧으면서 서로 격려하였다.

"오늘 우리는 우리 힘으로 복된 업을 짓고 있소. 앞으로 남의집살이를 하게 되면 어찌 우리 뜻대로 할 수 있겠소."

이에 그들은 밤낮으로 부지런히 힘써 보시회에 필요한 물품들을 준비하고 엿새째 되는 날 보시회를 베풀게 되었다. 그런데 마침 그날 그 나라의 왕 역시 보시회를 베풀려고 하였다. 날짜를 두고 다투자 절의 스님들이 모두 말하였다.

"저 가난한 이의 보시를 수락하였기 때문에 결코 변경할 수가 없습니다."

국왕이 이 말을 듣고 말하였다.

"저 보잘것없는 사람이 감히 나와 보시회 날짜를 다툰단 말인가?"

왕은 곧 사람을 보내 계이라에게 말하였다.

"너는 내 날짜를 피하라."

계이라는 대답하였다.

"양보할 수 없습니다."

이렇게 세 번을 되풀이하였으나 돌아온 답변은 처음과 같았다. 왕은 보잘것없는 사람이 그렇게 고집을 부리는 까닭이 궁금해 직접 그 스님들이 머무는 절로 찾아가 보았다. 그리고 계이라에게 물었다.

"너는 왜 다음날로 미루지 않고 나와 날짜를 다투는가?"

계이라가 대답하였다.

"저희에게 자유로운 날은 딱 하루뿐입니다. 이후로는 남의 집살이를 해야 하기에 다시는 보시회를 베풀 수 없습니다."

"왜 할 수 없는가?"

계이라가 말하였다.

"생각해 보니 저희는 전생에 복을 짓지 않아 지금 이렇게 가난으로 고통 받는 것입니다. 그러므로 지금 복을 짓지 않는다면 아마 다음에는 더욱 괴로워질 것입니다. 그래서 생각하던 끝에 돈을 받고 몸을 팔아 그 돈으로 공덕을 지어 이 고통을 끊어야겠다고 마음먹었습니다. 저희는 돈을 준 주인과, 이레 뒤에 돈을 갚지 않으면 그의 노비가 되기로 계약하였습니다. 오늘이 엿새째이니 내일이면 약속한 날짜입니다. 그 때문에 죽음을 불사하고 감히 날짜를 다툰 것입니다."

왕은 이 말을 듣고 가엾은 마음이 들었다. 왕은 처음 보는 일이라고 찬탄하면서 계이라 부부에게 말하였다.

"너희야말로 참으로 가난의 고통을 깨달은 사람이다. 나약한 몸을 굳건한 몸과 바꾸었고, 나약한 재물을 굳건한 재물과 바꾸었으며, 나약한 목숨을 굳건한 목숨과 바꾸었구나."

왕은 계이라 부부가 보시회를 열도록 허락하였다. 그리고 왕은 자신과 부인의 옷과 영락을 벗어 계이라 부부에게 주고, 앞으로도 복을 지을 수 있도록 촌락 열 개를 떼어 주었다.

대개 지극한 마음으로 복덕을 닦으면 그 결과가 반드시 나타난다. 식물에서 꽃이 먼저 피듯 현생에서 얻는 과보도 이와 같은데, 하물며 열매처럼 나중에 나타나는 다음 생의 과보이겠는가? 이로써 살펴볼 때 누구든 괴로움을 벗어나고자 한다면 부지런히 복을 닦아야 하거늘, 어찌 제멋대로 게으름 떨며 방일하겠는가?

44.
물에 빠진 개미를 구하고 수명이 늘어난 사미

옛날에 어떤 아라한 도인이 사미를 한 명 키우고 있었다. 아라한은 그 사미가 이레 뒤에 반드시 죽을 운명이라는 것을 알았다. 아라한은 사미에게 말미를 주어 집으로 돌려보내면서, 이레가 되거든 돌아오라고 분부하였다.

사미는 스승을 하직하고 집으로 돌아가는 도중에 개미들이 물살에 휩쓸려 떠내려가면서 곧 죽게 된 것을 보았다. 사미는 자비심이 생겨 가사를 벗어 거기에 흙을 담아 물길을 막고, 개미들을 집어 높은 곳 마른 땅에 올려놓았다. 그 덕분에 개미들이 모두 살았다.

집으로 돌아간 사미는 이레째 되는 날 스승에게 돌아왔다. 이상하게 여긴 스승은 곧 선정에 들어 하늘나라 사람의 눈으로 그 까닭을 살펴보았다. 그리고 그 사미가 이렇게 될 수 있는 다른 복은 없는데, 개미를 살려준 인연으로 이레 만에 죽지 않고 수명이 늘어난 것임을 알게 되었다.

45.
오래된 탑을 중수하고 수명이 늘어난 건타위국의 왕

옛날에 건타위국에 한 왕이 있었다. 어느 날 어떤 뛰어난 관상쟁이가 왕의 상을 보았는데, 이레 뒤에는 반드시 죽을 관상이었다.

왕은 사냥을 나갔다가 다 허물어진 어떤 오래된 탑을 보고 곧 신하들과 함께 그것을 수리하였다. 그리고 기뻐하면서 궁으로 돌아왔는데, 이레가 지나도 아무 일이 없었다.

관상쟁이는 이레가 지난 것을 보고 이상히 여겨 왕에게 물었다.

"어떤 공덕을 지으셨습니까?"

왕이 대답하였다.

"아무 공덕도 지은 것이 없다. 다만 어떤 부서진 탑이 있기에 진흙으로 수리했을 뿐이다."

탑을 수리한 공덕으로 왕은 이렇게 된 것이다.

46.

절의 벽에 난 구멍을 메꾸고 수명이 늘어난 비구

옛날에 한 비구가 죽을 때가 되었다. 마침 어떤 외도 바라문이 그의 상을 보니, 이레 뒤에는 그 비구가 반드시 죽을 운명이었다. 이레째 되던 날 그 비구가 승방에 들어갔다가 벽에 구멍이 난 것을 보게 되었다. 비구는 곧 진흙을 뭉쳐 구멍을 막았다. 그 복으로 말미암아 그의 수명이 늘어 이레를 넘기게 되었다.

바라문이 비구가 여전히 살아있는 것을 보고 이상히 여겨 물었다.

"당신은 그사이 어떤 복을 지었습니까?"

"저는 아무 복도 지은 것이 없습니다. 다만 어제 승방에 들어갔다가 벽에 구멍이 난 것을 보고 수리하였을 뿐입니다."

바라문이 찬탄하면서 말하였다.

"복을 심기에 가장 깊고 소중한 밭은 승가구나. 능히 죽을 비구도 그 수명을 늘게 하는구나."

47.
부처님을 뵙고 수명을 늘린 장자의 아들

옛날에 부처님께서 세상에 계실 때, 나이가 대여섯쯤 되는 한 장자의 아들이 있었다. 어떤 관상쟁이가 그의 상을 보니, 복덕을 두루 갖추었으나 오직 수명이 짧았다. 장자는 그를 데리고 여섯 명의 외도들의 스승에게 찾아가 수명을 늘려 주기를 바랐다. 그 여섯 스승 누구도 수명을 늘리는 법을 알려주지 못하자, 장자는 화를 내면서 다시 부처님께 찾아갔다.

그리고 부처님께 아뢰었다.

"이 아이의 명이 짧습니다. 부디 세존께서 수명을 늘려 주소서."

부처님께서 말씀하셨다.

"수명을 늘리는 그런 법은 없습니다."

거듭 부처님께 아뢰었다.

"부디 방법을 가르쳐 주십시오."

그러자 부처님께서 장자의 아들에게 말씀하셨다.

“너는 저 성문으로 가서 나오는 사람들을 보거든 예배하고, 들어오는 사람에게도 예배하여라.”

그때 어떤 귀신이 바라문의 몸으로 변하여 성으로 들어가려 하였다. 아이가 그를 향해 예배하자 귀신이 축원하였다.

“너를 장수하게 하리라.”

그 귀신은 바로 그 아이를 죽일 귀신이었다. 그러나 자신이 내뱉은 말을 번복할 수 없는 것이 귀신의 법이었다. 귀신은 이미 장수하게 해주겠다고 허락한 처지라 그 아이를 죽일 수 없었다.

장자의 아들은 이처럼 겸손하게 참으며 모든 이들을 공경하였기 때문에 수명을 늘릴 수 있었다.

48.

3년 품삯으로 재회를 베푼 장자의 아들

옛날에 부처님께서 세상에 계실 때였다.

어떤 장자의 아들이 일찍 부모를 잃고 외롭고 가난한 처지가 되어 여기저기 떠돌면서 품팔이로 살아갔다. 그는 어떤 사람에게서 도리천 세계가 아주 즐겁다는 말을 들었다. 또 다른 사람에게서 부처님과 스님들께 공양하면 반드시 그곳에 태어난다는 말을 들었다. 그래서 그 사람에게 물었다.

"부처님과 스님들께 공양하는 데 비용이 얼마나 듭니까?"

그 사람이 대답하였다.

"금 30냥이면 재회를 열 수 있습니다."

그는 곧 저자로 나가 품을 팔 곳을 찾았다. 저잣거리의 어떤 큰 부자 장자가 그를 고용하겠다고 나섰다.

장자가 물었다.

"너는 지금 어떤 일을 할 수 있는가?"

그는 대답하였다.

"저는 무슨 일이나 다 할 수 있습니다. 3년 동안 일하면 얼마나 벌 수 있습니까?"

"금 30냥은 벌 것이다."

장자는 그가 무슨 일이든 하겠다는 말을 듣고 곧 그를 고용하였다. 그는 사람됨이 단정하고 정직하여 금·은·동·철 등 갖가지 점방에서 보통 때보다 곱절이나 이익을 얻게 하였다. 그는 계약된 기간이 끝나고 장자에게서 품삯을 받았다.

장자가 물었다.

"너는 지금 그 돈으로 무슨 일을 하려는가?"

그가 대답하였다.

"저는 부처님과 스님들께 공양하려 합니다."

장자가 말하였다.

"내가 이제 너를 도와주겠다. 갖가지 그릇과 쌀과 국수를 너에게 줄 것이니, 음식을 만들어 부처님과 스님들을 초청하여라."

그는 곧 승방으로 가서 부처님과 스님들을 초청하였다. 부처님께서는 모든 스님에게 그 초청을 받게 하시고 당신께서는 당신 방에 머무셨다.

스님들은 모두 그 장자 아들의 초청을 수락하였다. 그런데 마침 그날이 명절이라 많은 사람이 다들 갖가지 음식을 보내오는 바람에 스님들은 모두 배가 부른 상태에서 장자의 집으로 가게 되었다.

스님들이 도착하자 장자의 아들이 손수 음식을 돌렸다.

상좌上座가 말했다.

"조금만 주세요."

스님들은 다음 분도 그다음 분도 차례로 모두 조금만 달라고 하였다. 맨 마지막 스님까지 똑같이 말하였다.

그러자 장자의 아들이 울음을 터트리면서 괴로워하였다.

'3년 동안 고생하여 이 음식을 차린 것은 스님들이 잘 잡숴주기를 바랐던 것이다. 이제 스님들이 잡수질 않으시니, 도솔천에 태어나고 싶어도 나는 절대로 그곳에 태어날 수 없겠구나.'

그는 부처님께 찾아가 아뢰었다.

"스님들이 저의 공양을 잡수지 않습니다. 저의 소원은 분명 이루어지지 않을 것입니다."

부처님께서 말씀하셨다.

"조금이라도 먹던가?"

"예, 다들 조금만 잡수십니다."

"먹지 않더라도 너의 소원은 반드시 이루어진다. 하물며 조금씩이라도 먹었는데 어찌 이뤄지지 않겠느냐?"

그는 기뻐하면서 돌아가서 음식을 먹었다. 여러 스님도 식사를 마치고 곧 돌아갔다.

그때 해상무역에서 돌아온 상인 500명이 성에 들어와 먹을 음식을 찾았다. 그러나 마침 세상에 흉년이 들어 음식을 주는 이가 아무도 없었다.

그때 어떤 사람이 그들에게 말하였다.

"저 장자의 아들이 오늘 음식을 보시하는 재회를 열었으니 그곳에는 분명 음식이 있을 것입니다."

장자의 아들은 음식을 찾는 상인들이 있다는 소식을 듣고 기뻐하며 음식을 주었다. 500명의 상인은 모두 충분히 음식을 먹었고 그들을 따라온 사람들도 모두 배불리 먹었다. 음식을 다 먹은 후 제일 아랫자리의 상인이 만 냥의 값어치가 있는 구슬 하나를 풀어 그에게 주고, 가장 윗자리의 상인은 10만 냥의 값어치가 있는 구슬 하나를 풀어 그에게 주었다.

그렇게 500명의 상인이 저마다 구슬 하나씩과 구리로 만든 발우 하나씩을 장자의 아들에게 주었다. 하지만 장자의 아들은 감히 받지 않고, 부처님께 달려가 어떻게 하면 좋을지를 여쭈었다.

그러자 부처님께서 말씀하셨다.

"그것은 꽃이 먼저 피듯이 이 세상에서 먼저 받는 과보이다. 고민하지 말고 그냥 받아라. 다음 생에는 반드시 도리천에 태어날 것이니 두려워할 것 없다."

그리고 그를 고용했던 주인 장자가 아들이 없고 외동딸만 있었는데, 곧 그에게 딸을 아내로 주었다. 이리하여 가업이 드디어 번창해 사위성에서 최고 부자가 되었다. 주인 장자가 죽자 파사닉왕은 그가 총명하고 지혜가 있다는 소문을 듣고 장자의 가업을 모두 그가 잇도록 하였다.

꽃이 먼저 피듯 현생에서 얻은 과보가 이와 같았고, 열매처럼 나중에 얻는 과보는 다음 생에 나타났다.

49.
부처님께 공양하고 현생에서 과보를 얻은 불나

옛날에 부처님께서 세상에 계실 때였다.

바라문 다섯 형제가 있었다. 첫째 이름은 야사耶奢요, 둘째 이름은 무구無垢이며, 셋째 이름은 교범바제憍梵波提요, 넷째 이름은 소타이蘇馱夷였다. 네 형제는 산에 들어가 도를 배워 다섯 가지 신통을 얻었다. 다섯째 막내는 이름이 불나弗那였다. 그는 부처님께서 걸식하시는 것을 보고, 희고 정갈한 밥을 발우에 가득 담아 부처님께 드렸다.

그때 불나는 농사를 업으로 삼고 있었다. 그러던 어느 날 그는 파종을 마치고 집으로 돌아왔다. 그리고 다음 날 밭에 나가 보았더니, 밭에 난 모종이 모두 황금 벼로 변해 있었고 길이가 모두 두어 자나 되었다. 그 벼는 다 베고 나면 처음처럼 다시 자랐다. 그 나라 왕도 소문을 듣고 찾아와 벼를 베어보았지만 역시 다 벨 수 없었다.

그 무렵 산에서 수행하던 형들은 생각하였다.

'우리 아우 불나는 지금 어떻게 살고 있을까? 가난으로 고생하지는 않을까?'

그들은 함께 아우에게 찾아갔다. 그리고 아우의 복이 국왕보다 나은 것을 보고 아우에게 물었다.

"네가 예전에는 가난하였는데 어떻게 갑자기 부자가 되었느냐?"

아우가 대답하였다.

"저는 구담瞿曇께 한 발우의 밥을 드리고 이런 과보를 받았습니다."

네 형은 이 말을 듣고 뛸 듯이 기뻐하였다. 그리고 아우에게 말하였다.

"너는 지금 우리를 위해 환희단歡喜團을 만들어다오. 우리 넷이 각자 하나씩 가지고 구담에게 공양하여 하늘에 태어나기를 발원하리라. 그의 가르침을 듣지 않으면 해탈할 수 없다."

그리하여 그들은 각자 환희단을 하나씩 가지고 부처님께 찾아갔다. 큰 형이 하나를 집어 부처님 발우에 놓자 부처님께서 말씀하셨다.

"만들어진 모든 것은 영원하지 않습니다."

둘째가 환희단을 집어 부처님 발우에 놓자 부처님께서 말씀하셨다.

"그것이 곧 태어나고 죽는 법입니다."

셋째가 또 환희단을 부처님 발우에 놓자 부처님께서 말씀하셨다.

"반복되는 삶과 죽음은 완전히 사라질 수 있습니다."

넷째가 환희단을 부처님 발우에 놓자 부처님께서 말씀하셨다.

"고요히 사라진 그 열반이 최고의 즐거움입니다."

그들은 곧 집으로 돌아가 조용한 곳에서 서로에게 물었다.

"너는 어떤 말씀을 들었는가?"

맏형이 말하였다.

"나는 '만들어진 모든 것은 영원하지 않다.'라는 말씀을 들었다."

둘째가 말하였다.

"저는 '그것이 곧 태어나고 죽는 법이다.'라는 말씀을 들었습니다."

셋째가 말하였다.

"저는 '반복되는 삶과 죽음은 완전히 사라질 수 있다.'라는 말씀을 들었습니다."

넷째가 말하였다.

"저는 '고요히 사라진 그 열반이 최고의 즐거움이다.'라는 말씀을 들었습니다."

네 형제는 각자 그 게송을 깊이 사유하고 아나함의 과위를 얻었다. 그리고 모두 부처님께 찾아와 출가하고 아라한의 도를 얻었다.

50.
대애도와 보석 가공사 이야기

옛날에 부처님께서 세상에 계실 때였다. 부처님의 양모이시자 이모인 대애도大愛道가 부처님을 위해 금실로 옷을 짜서 부처님께 올렸다. 그러자 부처님께서 말씀하셨다.

"그것을 스님들에게 보시하십시오."

대애도가 말하였다.

"저는 부처님을 젖을 먹여 길렀습니다. 내 손으로 옷을 만들어 일부러 찾아와 부처님께 바치는 까닭은 부처님께서 나를 위해 이것을 꼭 받아 주시기를 바라기 때문입니다. 그런데 왜 스님들에게 주라고 하십니까?"

부처님께서 말씀하셨다.

"이모님이 큰 공덕을 얻게 하고 싶어서입니다. 왜냐하면, 대중 스님들은 복을 심기에 좋은 가없이 넓고 큰 밭입니다. 그래서 권하는 것입니다. 만약 제 말대로 하신다면 이미 저에게 공양한 것이나 마찬가지입니다."

그때 대애도는 그 옷을 가지고 대중 스님들에게 찾아가 윗자리에서부터 돌렸다. 하지만 아무도 감히 받는 이가 없었다. 차례가 미륵에게 이르자 미륵은 그것을 받았다.

미륵은 곧 그 옷을 입고 성으로 들어가 걸식하였다. 미륵의 몸에는 32상相이 있고, 피부가 황금색으로 빛났다. 미륵이 성에 들어가자 사람들이 다투어 구경하였지만 아무도 밥을 주는 이가 없었다.

그때 한 보석 가공사가 아무도 미륵에게 밥을 주지 않는 것을 보고, 곧 미륵 앞에 나아가 꿇어앉아 자신의 집으로 초청하였다. 보석 가공사는 미륵을 자신의 집으로 모시고 가서 밥을 드렸다.

미륵이 식사를 마치자, 천주사가 조그만 자리를 미륵 앞에 펴고 앉아 설법을 들으려 하였다. 미륵은 네 가지 변재의 힘이 있었기에 그에게 갖가지 오묘한 법을 설하였다. 천주사는 법문을 계속 듣기를 원하며 조금도 싫증을 내지 않았다.

앞서 어떤 장자가 딸을 시집보내려고 이 사람에게 보배 구슬 하나를 맡기며 가공비로 돈 10만 냥을 준 일이 있었다. 마침 그때 그 장자가 사람을 보내 구슬을 찾으러 왔다. 그러나 천주사는 법문을 듣는 것에 정신이 팔려 구슬을 가공할 겨를이 없었다. 그는 곧 이렇게 대답하였다.

"잠깐만 더 기다리시오."

그러고 얼마 후 다시 그 사람이 찾으러 왔다. 이렇게 세 번이나 오갔지만 그래도 보석은 가공되지 않았다. 그래서 보석을 맡긴 장자가 화가 나서 돈과 구슬을 모두 도로 빼앗아 갔다.

보석 가공사의 아내가 화를 내며 남편에게 말하였다.

"이제는 일거리가 없게 생겼습니다. 잠깐만 보석을 가공하면 10만 냥의 이익을 얻는데, 왜 저 도인의 달콤한 말만 듣고 있습니까?"

남편이 그 말을 듣고 마음속으로 매우 한탄하였다.

그때 미륵이 그가 매우 한탄한다는 것을 알고 그에게 물었다.

"당신은 나를 따라 절에 갈 수 있겠습니까?"

"갈 수 있습니다."

그는 곧 미륵을 따라 스님들이 머무는 곳으로 갔다. 그리고 상좌 비구에게 물었다.

"금 10만 근을 얻은 사람과 기쁜 마음으로 설법을 들은 사람 중에 어느 사람이 낫습니까?"

교진여가 말하였다.

"설령 어떤 사람이 금 10만 근을 얻더라도 계율을 지키는 이에게 한 발우의 밥을 공양하는 것만 못합니다. 하물며 믿는 마음으로 잠깐이나마 법을 듣는 것이겠습니까? 이것은 그것보다 백천만 배나 훌륭합니다."

보석 가공사가 다시 두 번째 상좌에게 똑같이 물었다. 그러자 두 번째 상좌가 대답하였다.

"설령 어떤 사람이 10만 대의 수레에 가득한 금을 얻더라도 계율을 지키는 이에게 한 발우의 밥을 공양하는 것만 못합니다. 하물며 기뻐하는 마음으로 법을 듣는 것이겠습니까?"

다시 세 번째 상좌에게 똑같이 물었다. 세 번째 상좌가 대답하였다.

"설령 어떤 사람이 10만 채의 집을 가득 채울 만큼 금을 얻더라도 계율을 지키는 이에게 한 발우의 밥을 공양하는 것만 못합니다. 하물며 법을 듣는 것이겠습니까?"

또 네 번째 상좌에게 묻자, 네 번째 상좌가 대답하였다.

"설령 10만 나라를 가득 채울 만큼의 금을 얻더라도 계율을 지키는 이에게 한 발우의 밥을 공양하는 것만 못합니다. 하물며 법을 듣는 것이겠습니까? 그 기쁨과 공덕이 백천만 배나 낫습니다."

이렇게 차례로 물어 아나율에게까지 이르렀다. 아나율이 말하였다.

"어떤 사람이 4천하를 가득 채울 만큼의 금을 얻더라도 계율을 지키는 이에게 한 발우의 밥을 공양하는 것보다 못합니다. 하물며 법을 듣는 것이겠습니까?"

미륵이 물었다.

"존자께서 '비구에게 한 발우의 밥을 공양하는 것이 4천하를 가득 채울 만큼의 금을 얻는 것보다 낫다.'라고 하셨는데, 왜 그렇습니까?"

아나율 존자가 대답하였다.

"내가 직접 경험하였습니다. 전생의 일을 기억해 보면 과거 91겁 전에 어떤 장자가 있었습니다. 그에게 두 아들이 있었는데, 첫째는 이름이 리타利吒이고, 둘째는 이름이 아리타阿利吒였습니다. 장자는 항상 그들에게 말하였습니다.

'높은 것은 떨어지고 영원할 듯한 것도 사라진다. 태어남이 있으면 죽음이 있고 모이면 흩어지는 법이다.'

장자는 병으로 목숨을 마치려 할 때 아들에게 분부하였습니다.

'부디 갈라져 살지 말라. 실 한 가닥으로는 코끼리를 묶어둘 수 없지만, 그 연약한 실도 많이 모아 꼬면 코끼리도 끊지 못한다. 그것처럼 형제가 함께 협력하면 많은 실을 꼬아놓은 것과 같으니라.'

장자는 이렇게 아들에게 훈계하고 목숨을 마쳤습니다.

형제는 아버지의 유훈을 따라 같이 살면서 서로 공경하고 화목하였습니다. 그 뒤에 아우가 결혼하게 되었습니다. 그리고 얼마 되지 않아 아우의 아내가 남편이 못마땅해 이렇게 말하였습니다.

'당신은 형의 노예나 마찬가지입니다. 왜냐구요? 돈을 만지는 사람도 손님을 접대하는 사람도 모두 당신 형님입니다. 당신은 그저 옷과 밥이나 얻어먹을 뿐이니, 노예가 아니면 뭐겠습니까?'

아내는 자주 이렇게 말하였습니다.

결국, 아우 부부는 마음에 변화가 생겨 형에게 갈라져 살기를 청하였습니다. 그러자 형이 아우에게 말하였습니다.

'너는 아버지께서 임종 때 하신 말씀을 잊었느냐?'

그러나 아우는 마음을 바꾸지 않고 여러 차례 분가하기를 청하였습니다. 아우의 뜻이 확고하단 걸 확인한 형은 곧 갈라져 살기로 하고 모든 소유를 반으로 나누었습니다.

아우 부부는 젊은 나이에 방탕하게 놀고 낭비가 심하였습니다. 그래서 얼마 지나지 않아 빈궁한 처지가 되었습니다. 아우는 형에게 찾아와 구걸하였습니다. 그러자 형은 그에게 돈 10만 냥을 주었습니다.

하지만 아우는 그 돈을 얻어간 지 오래지 않아 다시 몽땅 써버리고 또 찾아와 돈을 요구했습니다. 아우는 이렇게 여섯 번이나 찾아왔고 그럴 때마다 형은 아우에게 10만 냥을 주었습니다. 그리고 아우가 일곱 번째로 찾아왔습니다. 그때 형이 아우를 꾸짖었습니다.

'너는 아버지께서 임종 때 하신 말씀을 잊고 갈라져 살기를 청하더니, 결국 이렇게 생활을 제대로 꾸려가지 못하고 자꾸 찾아와서 뭘 달라고 하는구나. 이번에도 너에게 10만 냥을 줄 것이다. 오늘 이후로는 네가 생활을 잘 꾸려가지 못해 또 찾아와 부탁해도 다시는 주지 않을 것이다.'

형의 쓰라린 꾸지람을 들은 아우 부부는 그날부터 정신을 차리고 생활하여 점점 부자가 되었습니다. 그리고 세월이 지나 그 형이 재물을 잃고 차츰 가난해져 아우에게 찾아가 구걸하게 되었습니다. 그러나 아우는 형에게 밥도 주지 않으면서 이렇게 말하였습니다.

'형은 항상 부자일 거라고 생각하였는데, 가난할 때도 있습니까? 제가 옛날에 형에게 구걸했다가 몹시 꾸지람을 들었습니다. 그런 형이 지금 왜 저에게 찾아와 부탁하는 것입니까?'

형은 이 말을 듣고 너무나 괴로웠습니다. 형은 생각했습니다.

'한 배에서 태어난 형제도 이런데 하물며 남이겠는가?'

형은 인생살이가 싫어져 결국 집으로 돌아가지 않고 산에 들어가 도를 배웠습니다. 그리고 부지런히 고행하여 벽지불이 되었습니다.

그 아우는 그 후에 다시 점점 가난해졌습니다. 그러다 온 세상에 흉년이 들어 땔감을 팔아 근근이 먹고 살았습니다. 그때 벽지불이 성에 들어가 걸식하였으나 아무것도 얻지 못하고 빈 발우를 들고서 다시 성을 나오고 있었습니다. 그 나무꾼은 벽지불이 빈 발우로 성을 나오는 것을 보고, 곧 나무를 팔아 얻은 거친 보릿가루를 주려고 하였습니다.

나무꾼이 벽지불에게 물었습니다.

'존자여, 이런 거친 음식이라도 드시겠습니까?'

그는 대답하였다.

'좋고 나쁜 것을 가리지 않습니다. 그저 이 몸을 지탱할 수 있으면 됩니다.'

나무꾼은 곧 거친 보릿가루를 드렸습니다. 벽지불은 그 음식을 받아서 먹었습니다. 벽지불은 음식을 다 먹은 뒤에 허공에 날아올라 열여덟 가지 신통 변화를 보이고 다시 본래 있던 자리로 내려왔습니다.

그리고 얼마 후 나무꾼이 나무하러 가다가 길에서 토끼 한 마리를 보고 지팡이로 내려쳤습니다. 그러자 토끼가 죽은 사람으로 변하더니 또 갑자기 벌떡 일어나 나무꾼의 목을 껴안았습니다. 나무꾼이 온갖 방법을 다 써서 떼려고 하였지만 뗄 수가 없었습니다.

옷을 벗어 주는 대가로 사람을 고용해 잡아떼게 하였지만 그래도 떨어지지 않았습니다. 그러다 보니 날이 점점 어두워져 나무꾼은 어쩔 수 없이 시체를 업은 채로 집으로 향했습니다. 집에 도착하자 그 시체는 스스로 풀리면서 땅에 떨어져 순금으로 만든 사람이 되었습니다.

그때 나무꾼이 그 금으로 만든 사람의 머리를 베었는데, 머리가 도로 생겼습니다. 손과 다리를 베자 손과 다리도 역시 다시 생겼습니다. 그렇게 해서 잠깐 사이에 금 머리와 금 손발이 그 집에 가득 차서 큰 무더기로 쌓였습니다.

그러자 이웃 사람이 관청에 신고했습니다.

'저 가난한 사람 집안에 금 무더기가 저절로 생겼습니다.'

왕은 그 말을 듣고 사람을 보내 살펴보게 하였습니다. 그 사람 집에 가서 살펴보니 썩어 문드러진 냄새나는 시체의 손과 머리밖에 없었습니다. 하지만 그 주인이 직접 머리를 들고 찾아가 왕에게 바쳤는데, 바로 순금이었습니다. 왕은 매우 기뻐하면서 '이 사람은 복이 많은 사람이다.' 하고, 곧 큰 마을을 담당하게 하였습니다.

그 사람은 그곳에서 목숨을 마치고 욕계 두 번째 하늘나라에 태어나 제석천이 되었고, 다시 인간세계로 내려와 전륜성왕이 되었습니다. 이렇게 91겁 동안 끊이지 않고 하늘나라와 인간세계에서 왕이 되었고, 이제 최후의 몸으로 석가 종족에서 태어났습니다. 그가 태어나던 날 40리 안에 묻혀 있던 보물창고가 저절로 솟아났습니다. 하지만 그 뒤에 그가 점점 성장하자, 부모님은 그의 형 석마남釋摩男만 편애하였습니다.

그러던 어느 날 아나율의 어머니가 자식들을 시험해 보려고 사람을 보내 '먹을 음식이 없다.'라고 하였습니다. 아나율은 '빈 그릇만 가지고 오십시오.'라고 하였습니다. 그래서 빈 그릇을 주었더니, 그 빈 그릇에 온갖 맛있는 음식이 저절로 채워졌습니다.

비록 4천하를 가득 채울 만큼 많은 금이라 해도 아이를 키우는 젖 값으로만 써도 1겁이 못 가서 바닥납니다. 하물며 91겁 동안 언제나 즐거움을 누릴 수 있겠습니까? 그래서 제가 지금 이렇게 저절로 나타나는 음식을 받게 된 것입니다. 전생에 그 한 발우의 밥을 보시하였기 때문에 지금 이런 과보를 얻은 것입니다.

위로 여러 부처님과 아래로 범천에 이르기까지 계율을 깨끗하게 지키는 자들을 모두 지계자持戒者라 합니다."

그때 보석 가공사는 이 말을 듣고 매우 기뻐하였다.

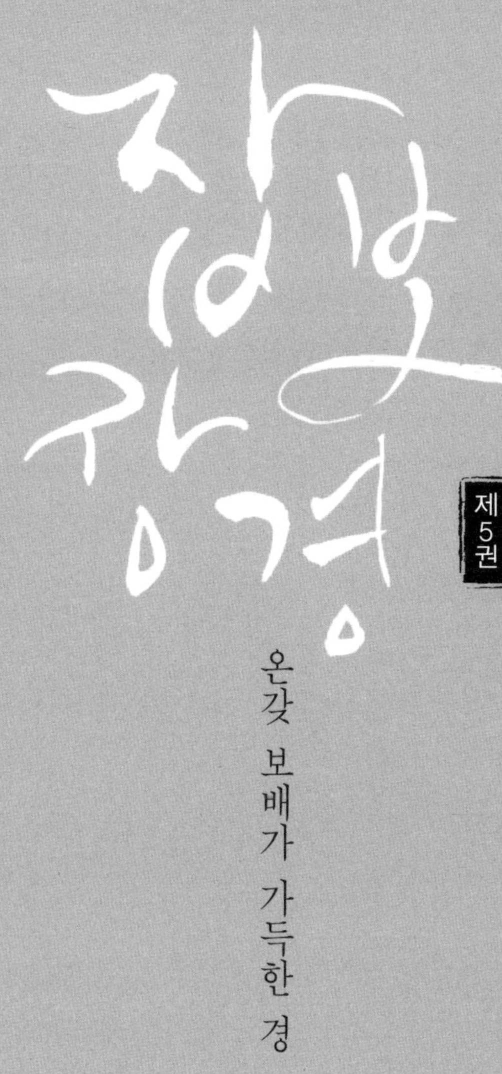

제5권

온갖 보배가 가득한 경

51.
가섭 부처님 탑에 꽃다발을 공양한 천녀

그때 석제환인이 부처님의 설법을 듣고 수다원을 얻었다. 그는 곧 천상으로 돌아가 여러 하늘나라 사람들을 모아 놓고 부처님과 법과 승가를 찬탄하였다. 그 선법당善法堂에 찬란하게 빛나는 꽃다발로 머리를 장식한 어떤 천녀가 여러 하늘나라 사람들과 함께 참석하고 있었다. 하늘나라 사람들은 그 천녀를 보고 좀처럼 보기 드문 여인이라고 생각하였다.

석제환인이 곧 게송으로 천녀에게 물었다.

너는 어떤 복된 업을 지었기에
몸이 순금을 녹인 것 같고
그 빛은 마치 연꽃 같으며
그리고 큰 위엄과 덕이 있는가?

몸에서 묘한 광채가 빛나고

얼굴은 활짝 핀 꽃과 같으며
금빛이 환하게 비치는구나.
어떤 업을 지어 그런 몸 얻었는가?
부디 나를 위해 설명해다오.

그때 천녀가 게송으로 내답하였다.

저는 옛날에 꽃다발을
가섭 부처님 탑에 바치고
지금 이 하늘나라에 태어나
이런 훌륭한 공덕을 얻었습니다.
그래서 이 하늘나라에 살면서
황금빛 몸을 과보로 얻었습니다.

석제환인이 다시 게송으로 찬탄하였다.

참으로 놀랍구나, 공덕의 밭이여
온갖 더러운 잡초 갈아엎었기에
그렇게 작은 씨앗을 뿌리고도
하늘에 나는 훌륭한 과보 얻었구나.

누가 그분께 공양하지 않으랴
저 순금 무더기를 공경하라.

누가 부처님께 공양하지 않으랴
최고로 훌륭한 공덕의 밭인 분.
그 눈매 매우 길고도 넓은 것이
저 푸른 연꽃 같으신 분.

너는 기꺼이 공양을 올렸구나.
위없이 높은 최고의 어른께
그래서 작은 공덕을 짓고도
이처럼 훌륭한 용모를 얻었구나.

그때 천녀가 하늘나라에서 내려와 꽃으로 만든 일산을 들고 부처님께 찾아갔다. 부처님께서는 그 천녀를 위해 설법하셨고, 천녀는 수다원을 얻고서 다시 천상으로 돌아갔다.

비구들이 까닭이 궁금해 곧 부처님께 여쭈었다.

"세존이시여, 저 천녀는 어떤 공덕을 지었기에 저렇게 단정하고 빼어난 하늘나라 사람의 몸을 얻었습니까?"

부처님께서 말씀하셨다.

"그 천녀는 아득한 옛날에 여러 가지 꽃으로 장식한 꽃다발을 가섭 부처님 탑에 공양하였다. 그 인연으로 지금 저런 과보를 받은 것이다."

52. 가섭 부처님 탑에 연꽃을 공양한 천녀

그때 또 다른 한 천녀가 찬란히 빛나는 꽃다발로 머리를 장식하고 여러 하늘나라 사람들과 함께 선법당에 참석하였다. 하늘나라 사람들은 그 천녀를 보고 좀처럼 보기 드문 여인이라고 생각하였다.

석제환인이 곧 게송으로 천녀에게 물었다.

너는 전생에 어떤 복을 지었기에
그 몸이 마치 순금 무더기 같고
그 빛은 저 연꽃 같으며
그리고 큰 위엄과 덕이 있는가?

몸에서 미묘한 빛이 나고
얼굴은 활짝 핀 꽃과 같으며
그 광명 매우 찬란하구나.

어떤 업으로 그런 몸 얻었는가?
부디 나를 위해 설명해다오.

천녀가 곧 게송으로 대답하였다.

저는 전생에 연꽃을
가섭 부처님 탑에 공양하고
오늘 세존을 만나게 되는
이런 훌륭한 공덕을 얻었습니다.
그리고 하늘나라에 태어나 살면서
황금빛 몸을 과보로 얻었습니다.

석제환인이 다시 게송으로 찬탄하였다.

참으로 놀랍구나, 공덕의 밭이여
온갖 더러운 잡초 갈아엎었기에
그렇게 작은 씨앗을 뿌리고도
이렇게 훌륭한 과보를 얻었구나.

누가 공양하기를 즐기지 않으랴
저 순금 무더기를 공경하라.
누가 부처님께 공양하지 않으랴
최고로 훌륭한 복의 밭인 분.

그 눈매 매우 길고도 넓은 것이
저 푸른 연꽃 같으신 분.

너는 전생에 공양을 올렸구나.
위없이 높은 최고의 어른께
그래서 작은 공덕을 짓고도
이처럼 훌륭한 용모를 얻었구나.

그때 천녀가 곧 하늘나라에서 내려와 꽃으로 만든 일산을 들고 부처님께 나아갔다. 천녀는 부처님의 설법을 듣고 법안法眼이 깨끗하게 되어 천상으로 돌아갔다.

비구들이 부처님께 여쭈었다.

"저 여인은 전생에 어떤 업을 지었기에 저런 과보를 받은 것입니까?"

부처님께서 말씀하셨다.

"저 여인은 아득한 옛날에 아름다운 연꽃을 가섭 부처님 탑에 공양하였다. 그래서 저런 훌륭한 과보를 얻고, 지금 또 나를 만나 도의 자취를 보게 된 것이다."

53.
8재계를 지키고 하늘나라에 태어난 천녀

그때 또 여덟 가지 재계를 받아 지키고 하늘나라에 태어난 한 천녀가 있었다. 그는 단정한 몸을 과보로 얻어 빛나는 얼굴과 위엄스러운 모습이 여느 천녀들과 판이하였다.

그때 천녀는 하늘나라 사람들과 함께 선법당에 참석하였다. 하늘나라 사람들은 그를 보고 좀처럼 보기 드문 천녀라고 생각하였다.

석제환인이 곧 게송으로 천녀에게 물었다.

너는 전생에 어떤 업을 지었기에
그 몸이 마치 순금의 산과 같고
빛나는 얼굴은 환하게 밝으며
피부색이 깨끗한 연꽃 같은가?

훌륭한 위엄과 덕을 얻어

몸에서 크고 묘한 빛이 나니
어떤 업으로 그런 몸 얻었는가?
부디 나를 위해 설명해다오.

그때 천녀가 게송으로 대답하였다.

저는 전생에 가섭 부처님께
여덟 가지 재계를 받아 지키고
지금 이 하늘나라에 태어나
단정한 이 몸을 과보로 받았습니다.

석제환인이 다시 게송으로 찬탄하였다.

참으로 놀랍구나, 공덕 밭이여
능히 훌륭하고 묘한 과보 낳나니
전생에 그런 사소한 행을 닦고도
지금 이 하늘나라에 태어났구나.

이렇게 훌륭한 복의 무더기에
그 누가 공양하지 않을 것인가?
이렇게 훌륭하고 거룩하신 분께
그 누가 공경하지 않을 것인가?

이 말을 들은 자들 모두
마땅히 크게 기뻐해야 하니
하늘에 태어나기를 바라는 자는
깨끗한 계율을 지켜야만 한다.

그때 그 천녀가 꽃으로 만든 아름다운 일산을 들고 부처님께 나아갔다. 부처님께서는 그 천녀를 위해 설법하셨다. 그리하여 그는 진리의 길을 보게 되었다.

비구들이 부처님께 여쭈었다.

"저 천녀는 전생에 어떤 복된 업을 지었기에 하늘나라에 태어났고, 또 진리의 길을 보는 성스러운 과보를 얻은 것입니까?"

부처님께서 말씀하셨다.

"저 천녀는 전생에 사람으로 있을 때 가섭 부처님에게서 여덟 가지 재계를 받아 지켰다. 그 선행으로 말미암아 하늘나라에 태어났고, 또 지금 도의 자취를 보게 된 것이다."

54.

전생에 등불을 공양하고 하늘나라에 태어난 천녀

그때 왕사성의 빈바사라왕頻婆娑羅王은 부처님 법에서 길을 찾아 무너지지 않는 믿음을 가졌다. 그는 항상 부처님께 등불을 공양하였다. 하지만 그 후 그의 아들인 아사세왕은 제바달다라는 나쁜 벗과 어울려 불법을 해치려 하였다. 그래서 온 나라 사람이 두려움에 떨면서 다시는 등불을 공양하지 못하였다.

그런데 어떤 한 여인이 습관처럼 늘 하던 일이라 승가의 자자일自恣日에 부처님께서 거니시는 길목에 등불을 밝혀 공양하였다. 아사세왕은 이 소문을 듣고 크게 화를 내며 곧 바퀴처럼 커다란 둥근 칼로 그 여인의 허리를 베어 죽였다. 그 여인은 죽어 33천의 마니염摩尼焰 궁전에 태어났고, 그 궁전에서 다시 올라가 선법당에 이르렀다.

제석천이 게송으로 천녀에게 물었다.

너는 전생에 어떤 업을 지었기에

그 몸이 마치 순금 무더기 같고
그리고 큰 위엄과 덕이 있으며
얼굴이 그렇게 밝게 빛나는가?

천녀가 곧 게송으로 대답하였다.

욕계 색계 무색계의 참 구세주요
욕유 색유 무색유의 큰 등불이신 분
지극한 마음으로 부처님을 뵈었답니다.
아름다운 상호로 장엄하신 그 몸을.

가장 훌륭한 법을 설하시는 분
그분을 위해 밝은 등을 켰답니다.
기름 등불은 어둠을 없애고
부처님 등불은 온갖 악을 없애지요.

햇빛처럼 밝은 그 등불 보고
진실로 믿는 마음 일어났고
활활 타오르는 밝은 등불 보고
기뻐하면서 부처님께 예배했습니다.

천녀는 이 게송을 마치고 부처님께 나아갔다. 부처님께서는 그를 위해 설법하셨다. 그 천녀는 수다원을 얻고 곧 천상으로 돌아갔다.

비구들이 부처님께 여쭈었다.

"저 천녀는 어떤 인연으로 하늘나라 궁전에 태어나게 되었습니까?"

부처님께서 말씀하셨다.

"저 천녀는 전생에 사람으로 있을 때 승가의 자자일自恣日에 부처님이 거니는 길목에다 등불을 밝혀 공양하였다. 그 일로 아사세왕이 허리를 베어 죽였다. 그는 그 좋은 인행의 공덕으로 죽은 뒤에 하늘나라에 태어났고, 또 내 곁에서 법을 듣고는 믿고 이해하여 수다원의 도를 얻은 것이다."

55.

수레를 타고 가다 부처님께 길을 비켜드린 소녀

부처님께서 사위국에 계실 때였다. 어느 날 부처님께서 걸식을 하시려고 성으로 들어가시다가, 수레를 타고 즐기면서 동산으로 향하는 한 소녀를 만났다. 소녀는 길에서 부처님을 만나자 수레를 돌려 길을 비켜드렸다. 그리고 마음으로 기뻐하였다. 그 소녀는 뒤에 목숨을 마치고 33천에 태어나 선법당의 집회에 참석하였다.

석제환인이 게송으로 물었다.

너는 전생에 어떤 행을 지었기에
그 피부색 마치 순금 같으며
빛나는 얼굴이 환하고 밝기가
마치 저 푸른 연꽃 같은가?

훌륭한 위엄과 덕을 얻어

이 하늘나라에 태어났구나.
부디 나를 위해 설명해다오
무엇으로 말미암아 그렇게 되었는지.

천녀가 곧 게송으로 대답하였다.

저는 부처님께서 성으로 들어가는 것을 보고
수레를 돌려서 길을 비켜드리고
기뻐하며 공경히 믿는 마음 내었더니
목숨을 마치고는 하늘나라에 태어났습니다.

천녀는 이 게송을 설하고 나서 부처님께 나아갔다. 부처님께서는 천녀를 위해 법을 설하셨다. 그 천녀는 수다원을 얻고 하늘나라 궁전으로 돌아갔다.

비구들이 부처님께 여쭈었다.

"그 천녀는 무슨 인연으로 저 하늘나라에 태어났습니까?"

부처님께서 말씀하셨다.

"그 천녀는 전생에 인간이었을 때 수레를 돌려 나에게 길을 비켜주었다. 그 공덕으로 지금 하늘나라에 태어났고, 또 나에게 법을 듣고는 믿고 받아들여 수다원의 과위를 증득한 것이다."

56.
부처님께 꽃을 흩뿌린 여인

그때 사위국에 한 여인이 있었다. 그는 명절이라 성 밖으로 나가 아서가꽃(阿恕伽華)을 꺾어 성으로 돌아오던 길에 마침 성에서 나오시는 부처님을 뵙게 되었다. 그 여인은 꺾어 온 꽃을 부처님께 흩뿌렸다. 그러자 꽃잎이 모이더니 일산처럼 변했다. 여인은 뛸 듯이 기뻐하면서 공경히 믿는 마음을 일으켰다. 그는 얼마 후 목숨을 마치고 33천에 태어났고, 하늘나라 궁전을 타고 선법당으로 갔다.

제석천이 게송으로 물었다.

너는 전생에 어떤 업을 지었기에
이 하늘나라에 태어났는가?
그 몸이 마치 순금 빛 같고
위엄과 덕이 빛나고 밝구나.
어떤 업으로 그런 몸 얻었는지

부디 나를 위해 설명해다오.

천녀가 곧 게송으로 대답하였다.

저는 전생에 염부제에서
아서가꽃을 꺾어 돌아오다가
성에서 나오시는 부처님을 만나
그 꽃을 부처님께 공양하였고
기뻐하며 공경하는 마음 내었기에
목숨을 마치고 하늘나라에 태어났습니다.

천녀는 게송을 설하고 나서 부처님께 나아갔다. 부처님께서는 그 천녀를 위해 법을 설하셨고, 천녀는 수다원을 얻어 곧 하늘나라로 돌아갔다.

비구들이 부처님께 여쭈었다.

"저 천녀는 무슨 인연으로 하늘나라 사람의 몸을 받았습니까?"

부처님께서 말씀하셨다.

"저 천녀는 전생에 인간이었을 때 성을 나가 아서가꽃을 꺾어 돌아오다가 마침 나를 만났다. 그는 곧 그 꽃을 나에게 공양하고 매우 기뻐하였다. 그 좋은 업으로 인해 목숨을 마치고는 하늘나라에 태어났고, 또 나에게 법을 듣고 깨달아 수다원을 증득한 것이다."

57.
불탑에 공양한 사리불마제

빈바사라왕은 이미 진리를 보았기에 부처님께 자주 찾아가 예배하고 문안드렸다. 그때 궁궐에서 사는 부인과 여인들은 날마다 부처님께 찾아갈 수 없었다. 그래서 빈바사라왕이 부처님 머리카락으로 궁궐에 탑을 세웠고, 궁궐에서 사는 사람들은 항상 그 탑에 공양하였다.

빈바사라왕이 죽고 그의 아들 아사세왕은 제바달다와 매우 돈독하게 지냈다. 아사세왕은 부처님을 비방하는 마음을 내어 궁궐에서 그 탑에 공양하는 것을 허락하지 않았다.

그때 사리불마제舍利弗摩提라는 궁녀가 승가의 자자일이 되자 과거 풍습대로 향과 꽃을 그 탑에 공양하였다. 그러자 아사세왕은 그 궁녀가 불탑에 공양한 것을 미워해 송곳으로 찔러 죽였다. 궁녀는 죽어 33천에 태어났고, 하늘나라 궁전을 타고 선법당으로 갔다.

제석천이 게송으로 물었다.

너는 전생에 어떤 복을 지었기에
이 하늘나라에 태어났는가?
위엄과 덕이 빛나고 밝기가
마치 순금의 빛깔 같구나.
어떤 업을 지어 그 몸을 얻었는지
부디 나를 위해 설명해다오.

천녀가 게송으로 대답하였다.

저는 전생에 인간이었을 때
기뻐하며 공경하는 마음으로
온갖 좋은 향과 꽃을
부처님 탑에 공양하였습니다.

그러자 아사세왕이
송곳으로 저를 찔러 죽였지만
저는 죽어 하늘나라에 태어나
이런 큰 즐거움을 누리게 되었습니다.

천녀는 게송을 설하고 나서 부처님께 나아갔다. 부처님께서 그 천녀를 위해 설법하시자, 천녀는 수다원을 얻고 곧 하늘나라 궁전으로 돌아갔다.

비구들이 부처님께 여쭈었다.

"그 천녀는 어떤 인연으로 저 하늘나라에 태어났습니까?"

부처님께서 말씀하셨다.

"그 천녀는 전생에 인간이었을 때 꽃과 향을 불탑에 공양하였다. 그 좋은 업으로 말미암아 지금 하늘나라 사람의 몸을 얻었고, 또 나에게 법을 듣고 깨달아 수다원을 증득한 것이다."

58.

탑을 만들고 하늘나라에 태어난 장자 부부

사위국에 어떤 장자가 부도浮圖와 승방僧坊을 만들었다. 그 장자는 병으로 목숨을 마치고 33천에 태어났다. 남편이 죽자 아내는 남편을 그리워하며 슬퍼하고 괴로워하였다. 아내는 남편에 대한 그리움으로 남편이 세상에 있을 때 만들었던 부도와 승방을 수리하였다.

한편 하늘나라에 태어난 남편은 스스로 살펴보았다.

'나는 어떤 인연으로 이 하늘나라에 태어났을까?'

그리하여 탑과 절을 지은 공덕으로 하늘나라에 태어난 것임을 알게 되었다.

남편은 자기가 분명한 하늘나라 사람 몸인 것을 확인하고 마음에 기쁨이 샘솟았다. 남편은 자신이 전생에 만든 탑과 절이 항상 생각났다. 그래서 하늘나라 사람의 눈으로 자신이 만든 탑과 절을 지금 누가 관리하는지 살펴보았다. 그리고 자신의 아내가 밤낮으로 남편을 그리워하며 슬퍼하고 괴로워하다가 남편이 지은 탑과 절을 수리하는 것을 보게 되었다.

남편은 생각하였다.

'내 아내는 나에게 큰 공덕을 베풀었다. 내가 이제 찾아가 안부를 묻고 위로하리라.'

그는 곧 하늘나라에서 사라져 아내 곁에 나타났다. 그리고 아내에게 말하였다.

"당신이 큰 슬픔에 잠겨 나를 그리워하는구려."

아내가 말하였다.

"당신은 누구시기에 내게 충고하십니까?"

"나는 당신의 남편이오. 나는 승방과 탑을 지은 인연으로 33천에 태어났소. 그 탑을 당신이 정성을 다해 수리하는 것을 보고 당신에게 찾아온 것이오."

아내가 말하였다.

"가까이 와 저를 안아주셔요."

남편이 말하였다.

"사람의 몸은 더럽고 냄새가 나서 더는 다가갈 수 없소. 만약 나의 아내가 되고 싶다면 그저 부지런히 부처님과 스님들께 공양하시오. 목숨을 마친 뒤 내가 있는 하늘나라 궁전에 태어나면 내가 다시 당신을 아내로 맞으리다."

아내는 남편 말대로 부처님과 스님들께 공양하고 온갖 공덕을 지으면서 하늘나라에 태어나기를 발원하였다. 그리하여 목숨을 마친 뒤에는 곧 하늘나라 궁전에 태어났다.

그들 부부는 함께 부처님께 나아갔다. 부처님께서는 그들을 위하여 법을 설하셨고, 그들은 수다원을 얻었다.

비구들이 깜짝 놀라며 부처님께 여쭈었다.

"저 부부는 어떤 업을 지은 인연으로 저 하늘나라에 태어났습니까?"

부처님께서 말씀하셨다.

"저 부부는 전생에 인간이었을 때 부도와 승방을 만들어 부처님과 스님들께 공양하였다. 그 공덕으로 지금 하늘나라에 태어난 것이다."

59.
부처님께 예배하고 하늘나라에 태어난 장자 부부

왕사성에 날마다 부처님 계신 곳을 찾아간 한 장자가 있었다. 그의 아내는 의심스러워 이렇게 생각했다.

'다른 여자와 바람난 게 아니고서야 이렇게 날마다 집을 나갈 수 있을까?'

그래서 남편에게 물었다.

"날마다 어디를 갔다 오십니까?"

남편이 대답하였다.

"부처님께 갔다 옵니다."

"부처님이 당신보다 훌륭하십니까? 그래서 항상 가십니까?"

남편은 아내를 위해 부처님의 갖가지 공덕을 찬탄하였다.

그때 아내는 부처님의 공덕을 듣고 마음에 기쁨이 샘솟았다. 아내는 곧 수레를 타고 부처님께 찾아갔다. 하지만 부처님 곁에는 이미 여러 왕과 대신들이 좌우를 꽉 틀어막고 있어 가까이 다가갈 수 없었다. 그래서 멀리서나마 부처님께 예배하고 성으로 다시 들어왔다.

그 부부는 그 후 목숨을 마치고 33천에 태어났다.

아내는 스스로 생각하였다.

'부처님의 은혜는 참으로 무겁구나. 단 한 번 예배한 공덕으로 나를 하늘나라에 태어나게 하시다니.'

그 여인은 곧 하늘나라에서 내려와 부처님께 나아갔다. 부처님께서는 그를 위해 법을 설하셨고, 그는 수다원을 얻었다.

비구들이 부처님께 여쭈었다.

"저 천녀는 어떤 인연으로 하늘나라에 태어났습니까?"

부처님께서 말씀하셨다.

"저 천녀는 전생에 인간이었을 때 나에게 예배하였다. 단 한 번 예배한 공덕으로 목숨을 마치고 하늘나라에 태어난 것이다."

60.
불제자의 재법을 배운 외도 바라문의 딸

그때 사위국에서는 부처님의 제자인 여인들이 마을마다 모임을 만들어 자주 부처님께 찾아갔다. 그 무리에 한 바라문의 딸도 속해 있었는데, 그는 삿된 소견을 가지고 부처님을 믿지 않았기에 한 번도 재계齋戒를 지킨 적이 없었다.

외도 바라문의 딸이 여인들이 함께 모여 재의 음식을 먹는 것을 보고 물었다.

"당신들의 지금 이 좋은 모임은 어떤 모임입니까? 저도 여러분과 친한 사이인데 왜 저는 부르지 않으셨습니까?"

여인들이 대답하였다.

"우리는 지금 재를 지내는 겁니다."

바라문의 딸이 말하였다.

"오늘은 6일도 아니고, 12일도 아닙니다. 누구의 법에 따라 재를 지내는 것입니까?"

"우리는 지금 부처님의 법에 따라 재를 지냅니다."

"여러분은 부처님 법에 따라 재를 지내면 어떤 공덕을 얻습니까?"

여인들이 말하였다.

"하늘나라에 태어나 해탈합니다."

바라문의 딸은 음식이 탐나 물을 받고 재 음식을 먹었다. 그리고 맛있는 미음도 받았다. 그는 생각하였다.

'바라문의 재법齋法에서는 물도 마시지 않고 음식도 먹지 않는다. 그런데 부처님의 재법에서는 좋은 음식도 먹고 맛있는 미음도 마신다. 이 재법이 훨씬 쉽구나.'

그는 부처님에 대한 믿음을 일으켜 좋아하고 기뻐하였다.

바라문의 딸은 그 뒤에 목숨을 마치고 하늘나라에 태어났다. 그는 하늘나라에서 내려와 부처님께 나아갔다. 부처님께서 그를 위해 법을 설하시어 그는 수다원을 얻었다.

비구들이 부처님께 여쭈었다.

"저 천녀는 어떤 인연으로 하늘나라에 태어났습니까?"

부처님께서 말씀하셨다.

"저 천녀는 전생에 인간이었을 때 여러 여인이 모여 재를 지내는 것을 보고, 따라서 기뻐하며 자신도 재를 지냈다. 그 좋은 업으로 말미암아 하늘나라에 태어난 것이다."

61.
수달 장자에게 천을 보시한 가난한 여인

언젠가 수달 장자는 이렇게 생각하였다.

'우리 가문에 태어난 사람은 목숨을 마친 뒤에 나쁜 세계에 떨어지지 않을 것이다. 왜냐하면, 내가 모두 깨끗한 법으로 가르쳤기 때문이다. 가난한 처지건 곤란한 처지건, 믿건 믿지 않건 나는 지금도 역시 좋은 법으로 가르쳐 부처님과 스님들께 공양하게 하리라.'

그리고 이 사실을 파사닉왕에게 자세히 아뢰었다.

왕은 곧 북을 치고 방울을 울리면서 영을 내렸다.

"지금부터 이레 뒤에 수달 장자가 삼보께 공양하려고 사람들에게 보시를 권하며 구걸을 하고자 한다. 모든 백성은 각각 그를 따라 함께 기뻐하며 얼마라도 보시하라."

이레째 되던 날 수달 장자는 사람들에게 보시를 청하며 구걸하였다. 그때 온갖 고생을 하며 번 돈으로 겨우 천 한 벌을 얻어 몸을 가리고 있던 한 가난한 여인이 있었다. 그는 수달 장자가 구걸하는 것을 보고 곧 그 천을 보시하였다. 수달 장자는 천을 받고 그 뜻을 기특하게 여겨 곧 돈과 재물과 곡식과 비단옷을 그의 요구대로 주었다.

가난한 여인은 그 후 목숨을 마치고 하늘나라에 태어났다. 그는 부처님께 나아갔다. 부처님께서 그를 위해 법을 설하셨고, 그는 수다원을 얻었다.

비구들이 부처님께 여쭈었다.

"저 천녀는 어떤 인연으로 하늘나라에 태어났습니까?"

부처님께서 말씀하셨다.

"저 천녀는 전생에 인간이었을 때 수달 장자가 보시를 권하며 구걸하는 것을 보고 기쁜 마음으로 자기가 입었던 흰 천을 수달 장자에게 보시하였다. 그 좋은 업으로 말미암아 하늘나라에 태어났고, 또 나에게 법을 듣고는 믿고 이해하여 수다원을 얻은 것이다."

62.
아버지에게서 돈을 받고 5계를 받은 장자의 딸

그때 사위국에 불사弗奢라는 한 장자가 있었다.

그에게는 두 딸이 있었는데, 첫째는 출가해 부지런히 수행하여 아라한이 되었고, 둘째는 삿된 소견으로 부처님을 믿지 않고 비방하였다.

그러자 아버지가 부처님을 믿지 않는 딸에게 말하였다.

"네가 지금 부처님께 귀의하면 내가 너에게 돈 천 냥을 줄 것이다. 나아가 법과 스님들께 귀의하고 다섯 가지 계율을 받아 지키면 돈 8천 냥을 주리라."

그러자 그의 딸은 곧바로 5계戒를 받았다. 그리고 오래지 않아 그는 목숨을 마치고 하늘나라에 태어났다.

그가 부처님께 찾아가자, 부처님께서는 그에게 법을 설하셨다. 그는 그 법을 듣고 수다원을 얻었다.

비구들이 부처님께 여쭈었다.

"저 천녀는 어떤 업을 행하여 하늘나라에 태어났습니까?"

부처님께서 말씀하셨다.

"저 천녀는 전생에 인간이었을 때 아버지의 돈을 탐하여 불법승 삼보에 귀의하고 다섯 가지 계율을 받아 지켰다. 그 인연으로 지금 하늘나라에 태어났고, 또 나에게 법을 듣고 도를 얻은 것이다."

63. 마당을 쓸다가 부처님을 뵙고 기뻐한 여인

남인도 법에는 집에 소녀가 있으면 반드시 일찍 일어나 뜰과 문의 좌우를 쓸게 하였다. 어떤 장자의 딸이 일찍 일어나 마당을 쓸다가 마침 문 앞을 지나시는 부처님을 뵙게 되었다. 그는 기뻐하며 마음을 모아 부처님을 바라보았다. 그는 명이 짧아 이내 죽어 33천에 태어났다.

대개 하늘나라에 태어나면 세 가지를 생각하게 된다. 그는 스스로 생각해 보았다.

'나는 전생에 어떤 몸이었을까?'

사람의 몸이었다는 것을 스스로 알았다.

'나는 지금 어떤 곳에 태어났는가?'

그곳이 바로 하늘나라라는 것을 알았다.

'전생에 어떤 업을 지었기에 이곳에 태어났는가?

부처님을 뵙고 기뻐한 좋은 업으로 말미암아 이런 과보를 받았다는 것을 알았다.

그는 부처님의 무거운 은혜에 감사하며 하늘나라에서 내려와 부처님께 공양하였다. 부처님께서 그를 위해 설법하시어 그는 수다원을 얻었다.

비구들이 부처님께 여쭈었다.

"저 천녀는 어떤 인연으로 하늘에 태어나고 또 도를 얻은 것입니까?"

부처님께서 말씀하셨다.

"저 천녀는 전생에 인간이었을 때 일찍 일어나 땅을 쓸다가 문 앞을 지나던 부처님을 뵙고 마음으로 기뻐하였다. 그 좋은 업으로 말미암아 하늘나라에 태어났고, 또 나에게 법을 듣고 도를 깨달은 것이다."

64.
집을 지어 부처님께 보시한 장자

왕사성에 큰 장자가 있었다. 그는 새로 집을 짓고 부처님을 초청하여 공양을 올렸다. 그리고 그 집을 보시하며 부처님께 말하였다.

"세존이시여, 지금부터 성으로 들어오셨을 때는 항상 이 집에 오셔서 손을 씻고 발우를 씻으소서."

장자는 그 뒤 목숨을 마치고 하늘나라에 태어났다. 그가 하늘나라 궁전을 타고 부처님께 나아갔다. 그러자 부처님께서 그를 위해 법을 설하시어 그는 수다원을 얻었다.

비구들이 부처님께 여쭈었다.

"저 천인은 어떤 인연으로 하늘나라에 태어났습니까?"

부처님께서 말씀하셨다.

"저 천인은 전생에 인간이었을 때 새집을 짓고 부처님을 초청하여 보시하였다. 그 좋은 업으로 말미암아 하늘나라 궁전에 태어났고, 또 나에게 법을 듣고 도를 얻은 것이다."

65.
아라한에게 사탕수수를 보시한 부인

옛날에 사위국의 어떤 아라한 비구가 성에 들어가 걸식하다가 마침 사탕수수를 짜는 집에 이르렀다. 그러자 그 집 며느리가 굵고 큰 사탕수수 하나를 그 비구의 발우에 넣어 주었다. 시어머니가 그것을 보고 화를 내며 지팡이로 며느리를 내려쳤다. 며느리는 급소를 맞아 그만 그 자리에서 죽고 말았다.

며느리는 죽어 도리천에 태어났고 여자의 몸이 되었다. 그가 사는 궁전은 몽땅 사탕수수로 만들어졌다. 선법당에서 집회가 있어 하늘나라의 모든 이들이 모이자, 그때 그 천녀도 집회에 참석하였다.

제석천이 게송으로 물었다.

너는 전생에 어떤 업을 지었기에
훌륭하고 묘한 빛의 몸을 얻었는가?
빛나는 광명이 견줄 데 없는 것이

마치 저 녹은 금덩어리 같구나.

천녀가 게송으로 대답하였다.

저는 전생에 인간이었을 때
사탕수수를 조금 보시했더니
지금 이렇게 큰 과보를 받아
하늘나라 사람들 속에서
빛나는 광명이 이렇게 찬란합니다.

66.
부처님 발에 향을 바른 여인

옛날에 사위성의 한 여인이 땅에 앉아 향을 갈다가 성으로 들어가시는 부처님을 만났다. 그는 부처님을 직접 뵙자 기쁜 마음이 생겨 갈던 향을 부처님 발에 발라드렸다.

그 뒤 그는 목숨을 마치고 하늘나라에 태어났고 몸에서 나는 향기가 멀리 4천 리까지 풍겼다. 그가 선법당의 집회에 참석하자 세석천이 게송으로 물었다.

너는 전생에 어떤 업을 지었기에
그 몸에서 미묘한 향기가 나고
이 하늘나라에 태어났는가?
광명과 빛깔이 녹인 금과 같구나.

천녀가 곧 게송으로 대답하였다.

저는 묘하고 훌륭한 향을
가장 훌륭한 분께 공양하고서
비할 데 없는 위엄과 큰 덕을 얻어
하늘나라 33천에 태어나
큰 즐거움을 누리고 있습니다.

몸에서 온갖 묘한 향기가 풍겨
멀리 100유순까지 퍼지니
이 향기를 맡는 사람들
모두 큰 이익을 얻을 것입니다.

그 천녀는 즉시 부처님께 나아갔다. 부처님께서는 그를 위해 법을 설하셨다. 그는 수다원의 도를 얻고 하늘나라로 돌아갔다.

비구들이 부처님께 여쭈었다.

"저 천녀는 어떤 복을 지었기에 하늘나라에 태어나고 몸에서 이런 향기가 풍깁니까?"

부처님께서 말씀하셨다.

"저 천녀는 전생에 인간이었을 때, 내 발에 향을 발랐다. 그 인연으로 목숨을 마치고는 하늘나라에 태어나 저런 과보를 받은 것이다."

67.

삼보에 귀의하고 하늘나라에 태어난 여자 노비

그때 사위국의 수달 장자가 10만 냥의 금으로 사람들을 고용해 부처님께 귀의시키려 하였다. 그때 어떤 여자 노비가 장자의 말을 듣고 부처님께 귀의하였다. 그는 죽은 뒤에 33천에 태어났다. 그가 선법당의 집회에 참석하자 제석천이 게송으로 물었다.

너는 전생에 어떤 복이 있어
이 하늘나라에 태어났고
광명과 빛깔이 그처럼 미묘한가?
이제 나를 위해 설명해다오.

천녀가 게송으로 대답하였다.

삼계의 굳세고 훌륭하신 분

나고 죽는 고통을 뽑아버리고
삼계의 진실한 구세주인 분
세 가지 번뇌를 끊어 버렸네.

저는 전생에 부처님께 귀의하고
또 법과 스님들께 귀의했나니
저는 이런 인연 덕분에
지금 이런 과보를 얻었습니다.

천녀는 게송을 설하고 나서 부처님께 나아갔다. 부처님께서 그를 위해 법을 설하시어 그는 수다원의 도를 얻었다.

비구들이 부처님께 여쭈었다.

"저 천녀는 어떤 업을 인연으로 이런 과보를 받았습니까?"

부처님께서 말씀하셨다.

"저 천녀는 전생에 인간이었을 때 부처님께 귀의하였다. 그 인연으로 지금 하늘나라에 태어났고, 또 나에게 설법을 듣고 수다원을 얻은 것이다."

68.
부처님께 밥을 얻어먹은 가난한 여인

옛날에 사위성의 어떤 여인이 가난하고 곤궁한 처지가 되어 항상 길에서 구걸하여 살고 있었다. 그 생활이 오래 계속되자 누구도 돌아보지 않았다.

어느 날 여인은 우연히 부처님께서 지나가시는 것을 보고 부처님께 다가가 음식을 구걸하였다. 부처님께서는 그가 굶주림으로 숙을 지경인 것을 안타깝게 여겨 곧 아난에게 음식을 주게 하였다.

그때 그 가난한 여인은 음식을 얻고 기뻐하였다. 그는 그 뒤에 목숨을 마치고 천상에 태어났다. 그는 부처님의 은혜에 감사하며 하늘나라에서 내려와 부처님께 공양하였다. 부처님께서는 그를 위해 법을 설하셨고, 그는 수다원을 얻었다.

비구들이 부처님께 여쭈었다.

"저 천녀는 어떤 인연으로 하늘나라에 태어났습니까?"

부처님께서 말씀하셨다.

"저 천녀가 전생에 인간이었을 때 굶주림으로 죽을 지경이라 내가 아난에게 음식을 나눠주게 한 적이 있다. 그때 그는 음식을 얻고 매우 기뻐하였다. 그는 이 좋은 인연이 뿌리가 되어 죽은 뒤 하늘나라 궁전에 태어났고, 또 나에게 법을 듣고 도를 얻게 된 것이다."

69.
주인의 밥을 부처님께 보시한 장자의 노비

사위국에 어떤 장자의 아들이 있었다. 그는 다른 여러 장자의 아들과 동산으로 놀러 나가면서 집안사람들에게 말하였다.

"때가 되면 내게 음식을 보내라."

조금 뒤 그 집에서 여자 노비를 시켜 음식을 보냈다.

음식을 들고 문밖을 나선 여자 노비는 우연히 길에서 부처님을 만났다. 그는 그 음식을 부처님께 공양하고 집으로 돌아왔다. 그는 집에서 다시 음식을 챙겨 주인에게로 향했다. 그러다 이번에는 길에서 사리불과 목건련을 만났다. 그는 또 그 음식을 사리불과 목건련에게 주었다. 그리하여 세 번째에야 음식을 가지고 가서 장자의 아들에게 주었다.

장자의 아들은 음식을 먹고 나서 집으로 돌아와 아내에게 말하였다.

"오늘은 왜 그렇게 음식을 늦게 보냈소?"

아내가 대답하였다.

"오늘 세 번이나 당신에게 음식을 보냈는데 왜 늦었다고 하십니까?"

이에 곧 여자 노비를 불러 물었다.

"너는 아침에 세 번이나 음식을 가져다 누구에게 주었느냐?"

여자 노비가 대답하였다.

"첫 번째 보낸 음식은 부처님을 만나 보시하였고, 두 번째 보낸 음식은 사리불과 목건련에게 드렸습니다."

주인은 그 말을 듣고 화가 치밀어 몽둥이로 그 노비를 때려 죽였다. 그는 곧 하늘나라에 태어났고 하늘나라에 태어나자마자 세 가지를 생각하였다. 첫 번째로 스스로 생각하였다.

'나는 지금 어디에 태어났는가?'

그는 자신이 하늘나라에 태어났다는 것을 알았다.

두 번째로 스스로 생각하였다.

'어디서 죽어 이 하늘나라에 태어났을까?'

그는 자신이 인간세계에서 죽어 하늘나라에 태어났다는 것을 알았다.

세 번째로 스스로 생각하였다.

'어떤 업을 지은 인연으로 하늘나라에 태어났을까?'

그는 자신이 음식을 보시하고 이런 과보를 받았다는 것을 알았다.

그는 곧 부처님께 찾아와 공양을 올리고 공경하였다. 부처님께서 그를 위해 법을 설하시어 그는 수다원을 얻었다.

비구들이 부처님께 여쭈었다.

"지금 저 천녀는 어떤 인연으로 하늘나라에 태어났습니까?"

부처님께서 말씀하셨다.

"저 천녀는 전생에 인간이었을 때 어떤 장자의 여자 노비였다. 그는 장자의 아들을 위해 보낸 음식을 들고 가다가 나를 만나 보시하였다. 그래서 그 주인이 매우 화가 나 몽둥이로 때려 죽였다. 그는 그 업을 인연으로 죽어 하늘나라에 태어났고, 또 나에게 법을 듣고 도를 증득한 것이다."

70.
부처님을 위해 강당을 지은 장자

그때 왕사성의 빈바사라왕이 부처님을 위해 부도와 승방을 만들었다.

그때 어떤 한 장자도 부처님을 위해 좋은 집을 지으려 하였으나 땅을 구할 수 없었다. 그래서 곧 부처님께서 거니시는 곳에다 사방으로 문이 열리는 강당 하나를 지었다.

장자는 그 뒤에 목숨을 마치고 하늘나라에 태어났다. 그리고 하늘나라 궁전을 타고 부처님께 찾아와 공양을 올렸다. 부처님께서 그를 위해 법을 설하시어 그는 수다원을 얻었다.

비구들이 부처님께 여쭈었다.

"지금 저 천자天子는 어떤 업을 인연으로 하늘나라 궁전에 태어났습니까?"

부처님께서 말씀하셨다.

"저 천자는 전생에 인간이었을 때 부처님의 강당을 지었다. 이 좋은 인연으로 말미암아 목숨을 마치고 하늘나라에 태어났다. 그리고 나에게 찾아와 은혜에 감사하며 공양을 올리고, 또 설법을 듣고는 수다원을 얻은 것이다."

71.
왕을 따라서 탑을 만든 장자

그때 남인도 기사굴산耆闍崛山에 한 장자가 있었다. 그는 빈바사라왕이 부처님을 위해 좋은 부도와 승방을 만드는 것을 보고, 자기도 부처님을 초청하여 부도와 승방을 만들었다.

그 뒤 그는 목숨을 마치고 하늘나라에 태어났다. 그는 부처님께 찾아와 은혜에 보답하며 공양하였다. 부처님께서 그를 위해 법을 설하시어 그는 수다원을 얻었다.

비구들이 부처님께 여쭈었다.

"저 천자는 전생에 어떤 인연을 지었기에 하늘나라 궁전에 태어났습니까?"

부처님께서 말씀하셨다.

"그는 전생에 인간이었을 때 왕이 탑을 세우는 것을 보고는 따라서 기쁜 마음이 생겨 자기도 곧 부처님을 초청하여 부도를 만들었다. 이 좋은 업으로 말미암아 하늘나라에 태어났고, 또 나에게 법을 듣고는 믿고 깨달아 수다원을 증득한 것이다."

72.
집을 지어 부처님께 공양한 상인

그때 사위국의 한 상인이 멀리 나가 장사하다가 거기서 죽고 돌아오지 않았다. 어머니는 그의 아들을 길렀다. 그 아들이 자라자 또 멀리 떠나려 하였다. 그러자 할머니가 말하였다.

"네 아비는 멀리 떠나 거기서 죽고 돌아오지 않았다. 너는 멀리 떠나지 말고 가까운 곳 저자에다 가게를 차려라."

그는 할머니의 분부를 받들어 곧 저자에 가게를 차렸다. 그리고 생각하였다.

'이 성 사람들은 모두 부처님을 초청한다. 나도 이제 새로 집을 지었으니 부처님을 초청해야겠다.'

그는 곧 찾아가 부처님을 초청하였다.

부처님께서 오시자 그가 아뢰었다.

"저는 이 집을 부처님께 공양하겠습니다. 지금부터 성에 들어오시면 언제든 저의 집으로 오셔서 손과 발우를 씻으소서."

그 뒤 그는 목숨을 마치고 하늘나라에 태어났다. 그가 다시 부처님께 찾아왔고, 부처님께서는 그를 위해 법을 설하셨다. 그는 수다원을 얻었다.

비구들이 부처님께 여쭈었다.

"저 천자는 전생에 어떤 업을 지은 인연으로 하늘나라에 태어났습니까?"

부처님께서 말씀하셨다.

"저 천자는 전생에 사람이었을 때 가게를 새로 짓고 나를 초청하였다. 그 좋은 업 덕분에 지금 하늘나라에 태어났고, 또 나에게 법을 들어 수다원의 과보를 얻은 것이다."

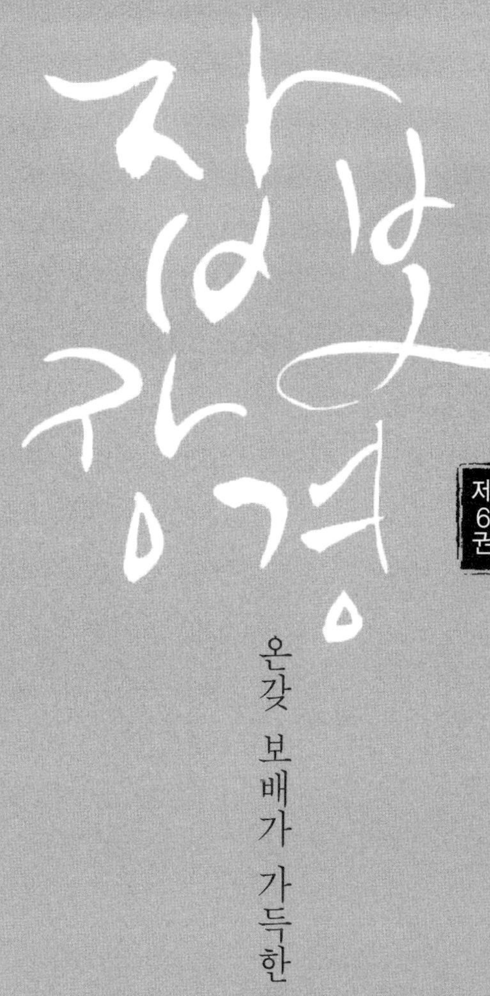

제6권

온갖 보배가 가득한 경

73.
제석의 질문

다음과 같이 나는 들었다.

언젠가 부처님께서 마갈제국摩竭提國의 왕사성 남쪽에 있는 암바라림庵婆羅林 바라문촌의 북쪽 비제혜산毘提醯山 석굴에 계셨다. 그때 제석이 부처님께서 그곳에 계신다는 소식을 듣고 다섯 개의 상투를 튼 반사식기槃闍識企라는 건달바犍闥婆 왕자에게 말하였다.

"마갈제국의 암바라숲의 바라문촌 북쪽에 있는 비제혜산에 부처님이 계신다. 내가 지금 너희들과 함께 그곳에 가고 싶구나."

반사식기가 대답하였다.

"예, 참 좋은 일입니다."

건달바 왕자는 그 말을 듣고 매우 기뻐하였다. 그는 곧 유리 거문고를 끼고 제석의 궁궐을 떠나 부처님 계신 곳으로 찾아갔다. 그때 여러 하늘나라 사람도 제석이 건달바 왕자와 함께 부처님을 찾아뵈려 한다는 소식을 듣고 제각기 장엄하게 꾸미고 제석을 따라나섰다. 그들은 하늘나라에서 사라져 곧 비제혜산에 나타났다. 그러자 비제혜산에 천인들의 광명이 환하게 빛났다. 그곳 인근에 있던 선인들은 모두 이를 불빛이라고 생각하였다.

제석이 건달바 왕자에게 말하였다.

"이곳은 모든 악을 멀리 떠나 청정하구나. 인적이 드문 아련야는 편안히 좌선하기에 알맞구나. 지금 부처님 곁에는 여러 높고 훌륭한 하늘나라 신들이 에워싸 그 좌우를 꽉 막고 있다. 우리가 이제 어떻게 하면 부처님을 뵐 수 있을까?"

제석이 다시 건달바 왕자에게 말하였다.

"네가 나를 위해 부처님께 찾아가 가까이서 뵙고 싶다는 우리의 뜻을 전하여라."

건달바 왕자는 분부를 받고 곧 부처님께 다가가 멀지도 가깝지도 않은 곳에서 부처님의 거룩한 얼굴을 우러러보았다. 그리고 부처님께 들리도록 거문고를 타면서 게송을 읊었다.

욕심으로 사랑에 집착하면
코끼리가 진창에 빠지는 것 같고
또 코끼리가 술에 취하고 미쳐
갈고리로 막을 수 없는 것과 같네.

저 아라한들이

오묘한 법을 사모하는 것처럼
나 역시 오로지 그대를 탐하네.
아버지를 공경하고 예배하면
귀하고 훌륭한 세계에 태어나겠지만
내 마음 그보다 그대를 더 사랑하네.

덤불처럼 무성히 자란 나의 사랑
뜨거운 땀 흘리다 시원한 바람을 만난 듯
타는 갈증에 시원한 물을 마신 듯
그대 모습은 너무나 사랑스럽네.

아라한이 오묘한 법을 사랑하는 것처럼
병자가 좋은 약을 얻은 것처럼
굶주린 이가 맛있는 음식을 얻은 것처럼
빨리 그 시원함으로 나의 열기를 식혀주오.
나 지금도 그대를 더욱 원해 달려가나니
그대는 내 마음 붙들고 놓아주지를 않네.

부처님께서 말씀하셨다.

"훌륭하구나. 다섯 개의 상투를 튼 반사식기여, 지금 그 노래는 거문고 소리와 잘 어울리는구나. 너는 여기저기서 노래를 지어 부르는구나."

건달바 왕자가 곧 부처님께 아뢰었다.

"저는 옛날에 수리바절사修利婆折斯라는 한 현명한 여인을 만났습니다. 그는 건달바왕犍闥婆王 진부루珍浮樓의 딸이었습니다. 하지만 식건치識騫稚라는 마다라摩多羅 천자가 먼저 그 여인에게 청혼한 상태였습니다. 저는 그때 그 여인을 몹시 사랑하여 그 여인이 있는 곳에서 이 게송을 노래했습니다. 그때 불렀던 노래를 지금 다시 부처님 앞에서 부른 것입니다."

한편 제석은 생각하였다.

'이제 부처님께서 선정에서 깨어나 반사식기와 말씀을 나누시는구나.'

제석이 다시 반사식기에게 말하였다.

"너는 지금 내 이름으로 땅에 엎드려 부처님 발에 예배하라. 그리고 '아픈 곳이나 힘든 일은 없습니까? 기거가 가뿐하시고 음식은 입에 맞으십니까? 기력은 편안하시고 어떤 나쁜 일도 없이 즐겁게 지내십니까?' 하고 문안드리고 부처님께서 하시는 말씀을 내게 일러라."

건달바 왕자는 제석의 명을 받고 다시 부처님께 다가가 제석의 이름으로 부처님 발에 예배하고, 제석이 말한 대로 안부를 여쭈었다.

부처님께서 말씀하셨다.

"제석과 여러 하늘나라 사람들도 모두 편안하신가?"

건달바 왕자가 다시 부처님께 아뢰었다.

"제석과 33천이 부처님을 뵙고자 합니다. 허락하시겠습니까?"

부처님께서 말씀하셨다.

"지금이 바로 그럴 때이다."

제석과 33천은 부처님의 허락을 받고, 곧 부처님께 나아가 땅에 엎드려 발아래 예배하였다. 그리고 한쪽에 서서 아뢰었다.

"세존이시여, 어디에 앉을까요?"

부처님께서 말씀하셨다.

"이 자리에 앉으십시오."

"대중이 이렇게 많은데 이 굴은 너무 작습니다."

이렇게 말하고 석굴을 보니, 놀랍게도 석굴이 아주 넓어졌다. 부처님의 위신력으로 많은 하늘나라 사람들을 수용하게 된 것이다.

제석이 부처님 발에 예배하고 그 앞에 앉아 아뢰었다.

"저는 늘 부처님을 직접 뵙고 법을 듣고 싶었습니다. 예전에 부처님께서 사위국에서 화광삼매火光三昧에 들어계실 때였습니다. 그때 비사문천왕毘沙門天王의 시녀 보사발제步闍拔提가 부처님을 향해 합장하고 있었습니다. 저는 그때 그 비사문천왕의 시녀에게 말하였습니다.

'부처님께서 지금 선정에 들어계시니 내가 감히 어지럽힐 수가 없다. 네가 나를 위해 부처님 발에 예배하고, 내 이름으로 안부를 여쭈어라.'

그 여인은 제 말대로 부처님께 예배하고 안부를 여쭈었습니다."

부처님께서 말씀하셨다.

“나는 그때 여러분이 말하는 소리를 듣고 얼마 후 선정에서 깨어났습니다.”

제석이 부처님께 아뢰었다.

“저는 옛날에 어른들에게서 이런 이야기를 들었습니다. 여래 아라하 삼먁삼불타께서 세상에 나타나시면 하늘나라 무리는 늘어나고 아수라 무리는 줄어든다는 것이었습니다. 제가 지금 하늘나라에 태어나서 살펴보니 그 말씀대로 하늘나라 무리는 늘어나고 아수라 무리는 줄어들었습니다. 그리고 지금 제가 살펴보니, 부처님 제자로서 하늘나라에 태어난 사람은 수명과 광명과 이름, 이 세 가지가 다른 하늘나라 사람보다 훌륭합니다.”

그때 그 자리에 제석의 아들인 거혹渠或 천자도 있었다. 그는 전생에 부처님의 제자인 구비야具毘耶의 보배 같은 딸이었다. 그가 죽어 도리천에 태어나 제석의 아들이 된 것이다.

그리고 또 세 명의 비구도 있었다. 그들은 부처님 앞에서 범행梵行을 닦았지만, 욕심을 버리지 못해 몸이 무너지고 목숨이 끝난 뒤에 건달바乾闥婆 집에 태어나 날마다 세 번씩 여러 하늘나라 사람들을 위해 심부름을 하고 있었다.

거혹 천자는 그 세 사람이 심부름하는 것을 보고 생각하였다.

‘내 마음이 참을 수 없이 불편하구나. 내가 전생에 인간이었을 때 저 세 사람은 항상 우리 집에 와서 나의 공양을 받았다.

그런데 지금 여러 하늘나라 사람들의 심부름꾼이 되었으니, 내가 차마 볼 수 없구나. 저 세 하늘나라 사람은 전생에 부처님의 성문 제자들이었다. 내가 전생에 인간이었을 때 저들은 내게서 공경과 공양과 의복과 음식을 받았다. 그런데 지금은 나보다 하천하게 되었구나.'

거혹 천자가 그들에게 말하였다.

"당신들은 부처님의 입에서 나온 말씀을 직접 듣고, 부처님으로부터 직접 가르침을 받은 분들입니다. 그런데 어쩌다 이런 비루한 곳에 태어났습니까? 나는 예전에 당신들을 받들어 섬기고 공양했던 사람입니다. 하지만 나는 부처님으로부터 법을 듣고 보시를 실천하였습니다. 나는 그 믿음이 인연이 되어 지금 제석의 아들이 되었습니다. 이제는 큰 위엄과 덕이 있고 마음대로 할 수 있는 세력이 있기에 여러 하늘나라 사람들이 나를 거혹이라 부릅니다.

당신들은 부처님의 훌륭한 법을 얻고도 왜 부지런히 수행하지 않아 이런 천한 곳에 태어났습니까? 내 이런 험한 꼴은 차마 볼 수가 없군요. 저는 이런 모습은 보고 싶지 않군요. 왜 똑같은 법에서 이런 하천한 사람이 생겼을까요? 그곳은 부처님의 제자가 태어날 곳이 아닙니다."

거혹 천자가 이렇게 나무라자, 세 사람은 매우 부끄러워하였다. 세 사람은 자신이 싫어져 합장하고 거혹에게 말하였다.

"천자의 말씀처럼 실로 저희의 잘못입니다. 이제 그런 나쁜 욕심은 끊어 버리겠습니다."

그들은 곧 부지런히 노력하여 선정과 지혜를 닦았다. 세 사람은 구담瞿曇께서 일러주신 법을 생각하면서 욕심의 재앙을 보고 곧 욕망의 결박을 끊었다. 마치 큰 코끼리가 고삐를 끊는 것처럼 그들이 탐욕을 끊는 것도 그와 같았다.

제석과 상나천商那天 한 분과 여러 하늘나라 사람들, 그리고 세상을 보호하는 사천왕四天王도 모두 찾아와 그 자리에 참석하고 있었다. 탐욕을 끊은 이 세 사람은 곧 여러 하늘나라 사람들 앞에서 허공으로 날아올랐다.

제석이 부처님께 아뢰었다.

"저 세 사람은 어떤 법을 얻었기에 능히 저런 여러 가지 신통 변화를 부리고, 또 부처님을 찾아와 뵙게 된 것입니까? 저들이 얻은 바를 듣고 싶습니다."

부처님께서 말씀하셨다.

"저 세 사람은 이미 그들이 태어났던 곳을 버리고 범천 세계에 태어났습니다."

"부디 세존께서 저희를 위해 범천에 태어나는 법을 말씀해 주소서."

"훌륭하십니다. 어진 제석이여, 의심스러운 것을 분별하여 물으시는군요."

그때 부처님께서 생각하셨다.

'제석은 아첨이나 거짓이 없다. 진실로 의심스러운 바를 묻는 것이지 나를 괴롭히려는 것이 아니다.'

그리하여 말씀하셨다.

"당신이 물으면 내가 분별하여 설명하겠습니다."

제석이 여쭈었다.

"어떤 번뇌(結使)가 사람과 하늘 · 용 · 야차 · 건달바 · 아수라 · 가루라 · 마후라가들을 결박합니까?"

부처님께서 대답하셨다.

"탐욕과 질투 두 번뇌가 사람과 하늘 · 아수라 · 건달바 등 일체 무리를 결박합니다. 그들은 모두 탐욕과 질투에 스스로 묶여 있습니다."

"그 말씀은 사실입니다. 하늘 가운데 하늘이시여, 탐욕과 질투가 인연이 되어 일체를 결박합니다. 저는 지금 부처님께 그 이치를 듣고 의심의 그물이 곧바로 사라졌습니다."

제석은 큰 기쁨이 생겼다. 그리하여 다시 다른 이치를 여쭈었다.

"탐욕과 질투는 무엇을 인연으로 하여 생깁니까? 어떤 인연으로 탐욕과 질투가 생기게 되며, 어떤 인연으로 그것이 사라지게 됩니까?"

"교시가憍尸迦여, 탐욕과 질투는 미움과 사랑을 인因으로 하여 생기고 미움과 사랑이 연緣이 됩니다. 미움과 사랑이 있으면 반드시 탐욕과 질투가 있고, 미움과 사랑이 없으면 탐욕과 질투는 곧 사라집니다."

"진실로 그렇습니다. 하늘 가운데 하늘이시여, 저는 지금 부처님께 그 이치를 듣고 의심의 그물이 곧바로 사라졌습니다."

제석은 큰 기쁨이 생겼다. 그리하여 다시 다른 이치를 여쭈었다.

“사랑과 미움은 어떤 인연으로 생기며, 어떤 인연으로 사라집니까?”

부처님께서 대답하셨다.

“사랑과 미움은 욕심에서 생깁니다. 욕심이 없으면 그것은 사라집니다.”

“진실로 그렇습니다. 하늘 가운데 하늘이시여, 저는 지금 부처님께 그 이치를 듣고 의심의 그물이 곧바로 사라졌습니다.”

제석은 큰 기쁨이 생겼다. 그리하여 다시 다른 이치를 여쭈었다.

“욕심은 어떤 인因으로 생기고, 어떤 연緣으로 자라며, 어떻게 하면 없앨 수 있습니까?”

부처님께서 말씀하셨다.

“욕심은 지각(覺)으로 인해 생기고, 지각과 사유(覺觀)를 연으로 하여 자랍니다. 지각이 있으면 욕심이 있고, 지각과 사유가 없으면 욕심은 곧 사라집니다.”

“진실로 그렇습니다. 하늘 가운데 하늘이시여, 저는 지금 부처님께 그 이치를 듣고 의심의 그물이 곧바로 사라졌습니다.”

제석은 큰 기쁨이 생겼다. 그리하여 다시 다른 이치를 여쭈었다.

“지각과 사유는 무엇을 인해 생기고, 어떤 연으로 자라며, 어떻게 하면 없앨 수 있습니까?”

“지각과 사유는 들뜸(調戲)에서 생기고 들뜸을 연으로 하여

자랍니다. 들뜸이 없으면 지각과 사유는 사라집니다.”

“진실로 그렇습니다. 하늘 가운데 하늘이시여, 저는 지금 부처님께 그 이치를 듣고 의심의 그물이 사라졌습니다.”

제석은 큰 기쁨이 생겼다. 그리하여 다시 다른 이치를 여쭈었다.

“들뜸은 무엇을 인연으로 하여 생기고 자랍니까? 어떻게 하면 그것을 없앨 수 있습니까?”

부처님께서 말씀하셨다.

“교시가여, 들뜸을 없애려면 8정도正道를 닦아야 합니다. 8정도는 즉 바른 견해(正見)·바른 업(正業)·바른 말(正語)·바른 생활(正命)·바른 방편(正方便)·바른 뜻(正思惟)·바른 생각(正念)·바른 선정(正定)입니다.”

제석은 이 말씀을 듣고 부처님께 아뢰었다.

“진실로 그렇습니다. 하늘 가운데 하늘이시여, 진실로 들뜸은 8정도로 말미암아 사라집니다. 저는 지금 부처님께 그 이치를 듣고 의심의 그물이 사라졌습니다.”

제석은 기뻐하였다. 그리하여 다시 다른 이치를 여쭈었다.

“들뜸을 없애려면 8정도를 닦아야 합니다. 비구는 어떤 법을 인으로 그 8정도를 더욱 자라게 합니까?”

부처님께서 말씀하셨다.

“거기에 세 가지 법이 있습니다. 첫째는 하고자 하는 마음(欲)이요, 둘째는 바른 노력(正懃)이며, 셋째는 마음 거두기(攝心)를 자주 연습하는 것입니다.”

제석이 말하였다.

"진실로 그렇습니다. 하늘 가운데 하늘이시여, 저는 그 이치를 듣고 의심의 그물이 사라졌습니다. 비구가 수행하는 8정도는 이 세 가지 법을 인으로 하여 더욱 자라날 수 있습니다."

제석은 부처님의 말씀을 듣고 기뻐하였다. 제석이 다시 여쭈었다.

"비구가 들뜸을 없애려면 몇 가지 법을 배워야 합니까?"

부처님께서 말씀하셨다.

"세 가지 법을 배워야 합니다. 계율을 지키는 마음을 왕성하게 늘리는 것을 배우고, 선정의 마음을 왕성하게 늘리는 것을 배우며, 지혜로운 마음을 왕성하게 늘리는 것을 배워야 합니다."

제석은 이 말씀을 듣고 말하였다.

"진실로 그렇습니다. 하늘 가운데 하늘이시여, 저는 그 이치를 듣고 의심의 그물이 사라졌습니다."

제석은 뛸 듯이 기뻐하였다. 제석이 다시 다른 이치를 여쭈었다.

"들뜸을 없애려면 몇 가지 이치를 제가 배워야 합니까?"

부처님께서 말씀하셨다.

"여섯 가지 이치를 알아야 합니다. 첫째는 눈으로 빛깔을 보는 것, 둘째는 귀로 소리를 듣는 것, 셋째는 코로 냄새를 맡는 것, 넷째는 혀로 맛을 보는 것, 다섯째는 몸으로 감촉을 느끼는 것, 여섯째는 뜻으로 여러 가지 법을 분별하는 것입니다."

제석이 이 말씀을 듣고 말하였다.

“진실로 그렇습니다. 하늘 가운데 하늘이시여, 저는 그 이치를 듣고 의심의 그물이 사라졌습니다.”

제석은 뛸 듯이 기뻐하였다. 제석이 다시 다른 이치를 여쭈었다.

“모든 중생이 같은 것을 탐하고, 같은 것을 욕망하고, 같은 곳을 향하고, 같은 곳으로 나아갑니까?”

부처님께서 말씀하셨다.

“제석이여, 모든 중생은 같은 것을 탐하지 않고, 같은 것을 욕망하지 않고, 같은 곳을 향하지 않고, 같은 곳으로 나아가지도 않습니다. 중생이 한량이 없고 세계 또한 한량이 없기에 그들이 욕망하는 것과 향해 나아가는 곳 역시 제각기 달라 같지가 않고, 제각기 자기들의 소견을 집착합니다.”

제석이 이 말씀을 듣고 말하였다.

“진실로 그렇습니다. 하늘 가운데 하늘이시여, 저는 그 이치를 듣고 의심의 그물이 사라졌습니다.”

제석이 뛸 듯이 기뻐하였다. 제석이 다시 다른 이치를 여쭈었다.

“모든 사문과 바라문이 궁극의 경지를 똑같이 얻습니까? 더러운 번뇌의 때가 없는 경지를 똑같이 얻습니까? 궁극의 범행梵行을 똑같이 얻습니까?”

부처님께서 말씀하셨다.

“모든 사문과 바라문이 다 똑같이 궁극의 경지를 얻을 수 없고, 똑같이 번뇌의 때가 없는 경지를 얻을 수 없고, 똑같이 궁극의 범행을 얻을 수도 없습니다. 만약 어떤 사문이나 바라문이 애욕의 결박을 끊어 해탈하는 최고의 방법을 터득하여 정말 제대로 해탈한다면 그들은 비로소 모두 똑같은 궁극의 경지, 똑같은 번뇌의 때가 없는 경지, 똑같은 궁극의 범행을 얻게 됩니다."

"부처님 말씀처럼 애욕의 결박을 끊어 해탈하는 최고의 방법을 터득하여 정말 제대로 해탈하면 그들은 비로소 모두 똑같은 궁극의 경지, 똑같은 번뇌의 때가 없는 경지, 똑같은 궁극의 범행을 얻게 될 것입니다.

저는 이제 부처님의 말씀을 듣고 그 이치를 이해하여 이 법을 깨닫게 되었고, 의심의 강을 건너 저쪽 언덕에 오르게 되었고, 온갖 견해의 독화살을 뽑아버리게 되었습니다. 나(我)라는 소견을 이미 없애 마음이 물러나지 않게 되었습니다."

부처님께시 이 가르침을 설하셨을 때 제석과 8만 4천의 여러 하늘나라 사람들이 번뇌의 티끌과 때를 멀리 떠나 법안法眼이 깨끗해졌다.

부처님께서 말씀하셨다.

"교시가여, 당신은 혹 과거에 다른 사문이나 바라문에게 이 질문을 한 적이 있습니까?"

"세존이시여, 저는 기억합니다. 예전에 여러 하늘나라 사람들과 선법당에 모였을 때 여러 하늘나라 사람들에게 '부처님께서 세상에 출현하셨는가?' 하고 물은 적이 있습니다. 그러자 여러 하늘나라 사람들이 각기 '부처님께서 아직 세상에 출현하지 않았습니다.'라고 말하였습니다.

여러 하늘나라 사람들은 부처님께서 아직 세상에 출현하지 않았다는 말을 듣고 각자 뿔뿔이 흩어졌고, 큰 위엄과 덕이 있던 여러 하늘나라 사람들이 복이 다해 목숨을 마쳤습니다. 저는 그때 두려움에 떨어야 했습니다. 그러다 인적이 드문 한적하고 조용한 곳에 사문과 바라문들이 있는 것을 보고 곧 그곳으로 갔습니다. 그러자 그들이 저에게 '너는 누구냐?' 하고 물었습니다. 저는 '제석이다.' 하며 그들에게 예배하지 않았습니다. 그랬더니 그들이 오히려 저에게 예배하더군요.

또 제가 그들에게 질문하기도 전에 도리어 그들이 저에게 질문하더군요. 그래서 저는 그들이 지혜가 없다는 것을 알고 그들에게 귀의하지 않았습니다. 저는 지금부터 부처님께 귀의하여 부처님 제자가 되겠습니다."

그는 곧 게송으로 말하였다.

나는 예전부터 늘 의심을 품고
마음이 항상 만족스럽지 않았네.
오랜 세월 지혜로운 사람을 찾아
내가 가진 이 의심을 풀려 하였네.

그래서 부처님을 찾아다니며
한적한 수행처를 살펴보다가

사문과 바라문들을 보고
저분이 부처님이라 생각하였네.

곧 그들이 있는 곳으로 달려가
공경히 예배하며 문안드리고
나는 그들에게 이렇게 물었네.
바른 도를 어떻게 닦아야 할까요?

그러나 그 사문과 바라문들
도와 도가 아닌 것도 구별하지 못했는데
그러다 내 이제 부처님을 뵈었더니
의심의 그물이 모두 다 끊어졌네.

이제야 부처님이 출현하셨네.
그는 이 세상의 위대한 논사論師
원수 같은 악마를 쳐부숴 항복시키고
번뇌를 완전히 없앤 최고의 승리자.

이 세상에 출현하신 부처님
비슷한 이 없는 좀처럼 드문 분
어떤 하늘나라도 범천의 무리 중에도
부처님 같은 분은 세상에 없네.
제석이 말하였다.

"세존이시여, 저는 수다원을 얻었습니다. 바가바婆伽婆시여, 저는 수다원을 얻었습니다."

부처님께서 말씀하셨다.

"훌륭하고, 훌륭합니다. 교시가여, 그대가 방일하지 않는다면 반드시 사다함斯陀含을 얻을 것입니다."

부처님께서 또 제석에게 말씀하셨다.

"그대는 어디서 그런 무너지지 않는 믿음을 얻었습니까?"

제석은 아뢰었다.

"저는 이곳 부처님 곁에서 그 믿음을 얻었습니다. 또 저는 이제 인간으로 다시 태어날 것입니다. 부디 그때 이 일을 기억하고 깨닫게 하소서."

제석이 이어 아뢰었다.

"세존이시여, 저는 지금 이렇게 생각하였습니다.

'나는 인간세계의 고귀한 집에 태어나 온갖 의무를 빠짐없이 이행하리다. 그리고는 곧 속세를 버리고 출가하여 거룩한 길을 향해 나아가리라. 만약 열반을 얻는다면 매우 좋겠지만, 열반을 얻지 못하더라도 정거천淨居天에 태어나리라.'"

그때 제석이 여러 하늘나라 사람들을 모아놓고 말하였다.

"나는 하루에 세 번씩 범천을 공양하였다. 지금부터는 그것을 그만두고 하루 세 번씩 부처님을 공양하리라."

그때 제석이 머리에 다섯 개의 상투를 튼 건달바 왕자 반사식기에게 말하였다.

"너는 이제 나에게 매우 큰 은혜를 베풀었다. 네가 부처님을 선정에서 깨어나게 한 덕분에 내가 부처님의 심오한 법을 보고 들을 수 있었다. 내가 하늘나라로 돌아가면 진부루의 딸 수리바절사를 너의 아내로 맺어주고, 또 그의 아버지를 대신하여 그대를 건달바의 왕이 되게 하리라."

그때 제석은 하늘나라 무리를 거느리고 부처님 주위를 세 바퀴 돌았다. 그리고 물러나 조용한 곳에 이르러 함께 '부처님께 귀의합니다.' 하고 세 번을 크게 소리치고 하늘나라로 돌아갔다.

제석이 떠난 지 오래지 않아 범천은 이렇게 생각하였다.

'제석이 이미 떠났다. 이제 내가 부처님께 찾아가리라.'

범천은 마치 장사가 팔을 굽혔다 펴는 것 같은 짧은 사이에 부처님 계신 곳에 이르러 부처님 발에 예배하고 한쪽에 앉았다. 범천의 광명이 비제혜산을 두루 비췄다.

그때 범천이 게송으로 말하였다.

많은 이익이 있는
그 이치를 드러내시자
그곳에 찾아온 사지부
마가바라고도 하는 제석
여러 현자가 부처님을 에워싸고
어려운 문제를 잘 물었구나,
사사바여.

그는 제석이 했던 질문을 거듭 말하고 곧 하늘나라로 돌아갔다.

부처님께서 이른 아침에 비구들에게 말씀하셨다.

“어젯밤에 범천왕이 내게 찾아와 위의 게송을 읊고 곧 하늘나라로 돌아갔다.”

부처님께서 이렇게 말씀하시자, 비구들이 기뻐하면서 부처님 발에 공경히 예배하고 떠났다.

74. 상인들을 구한 사자와 흰 코끼리

부처님께서 왕사성에 계시면서 법을 설하시어 아야교진여를 제도하셨다. 그때 석제환인과 빈바사라왕도 각기 8만 4천의 무리를 데리고 와서 모두 도를 얻었다.

비구들이 이상하게 생각하며 여쭈었다.

"어떻게 그 많은 사람이 모두 세 갈래 나쁜 길에서 구제되었습니까?"

부처님께서 말씀하셨다.

"오늘만이 아니다. 아득한 옛날에도 나는 저들을 구제하였느니라."

비구들이 아뢰었다.

"전생에는 저들을 어떻게 구제하셨는지 궁금합니다."

부처님께서 말씀하셨다.

"아득한 옛날에 바다에 들어가 보배를 캐어 돌아오던 상인들이 있었다. 그들이 돌아오던 길에 드넓은 광야에서 뱀 한 마리를 만났는데, 높이 6구루사拘樓舍나 되는 몸으로 상인들을 사방으로 빙 둘러싸 나갈 수도 들어갈 수도 없었다.

그때 상인들이 극도의 공포에 떨면서 소리쳤다.

'천신이여, 지신이여, 저희를 구제하소서.'

그때 어떤 흰 코끼리가 사자와 함께 상인들을 구하러 달려왔다. 사자는 펄쩍 뛰어 뱀의 대가리를 부수고 상인들을 큰 재난에서 벗어나게 하였다. 그때 뱀이 갑자기 입에서 독을 뿜어 사자와 흰 코끼리를 해쳤다. 흰 코끼리와 사자는 크게 다쳤지만, 목숨이 끊어지지는 않았다.

상인들이 흰 코끼리와 사자에게 말하였다.

'너희가 우리를 구해 주었다. 소원이 무엇이냐?'

그들이 대답하였다.

'오직 부처가 되어 모든 사람을 구제하기만을 바랍니다.'

상인들이 말하였다.

'너희가 부처님이 된다면 우리가 첫 번째 법회에 참석하여 그 법을 듣고 도를 얻기 원한다.'

사자와 흰 코끼리는 곧 죽었고, 상인들은 그들을 화장하여 그 뼈로 탑을 세웠느니라."

부처님께서 이어 말씀하셨다.

"알고 싶은가? 그때의 사자가 바로 지금의 나요, 흰 코끼리는 저 사리불이며, 상단의 주인은 교진여와 제석과 빈바사라왕이다. 그리고 그때 상인들은 지금 도를 얻은 저 하늘나라 사람들이다."

75.
삼보에 귀의하고 눈병이 나은 차마

다음과 같이 나는 들었다.

언젠가 부처님께서 석씨釋氏 동산에 계실 때였다. 그때 차두성車頭城에 차마差摩라는 석씨 종족이 있었다. 그는 깨끗한 마음으로 부처님을 믿고 깨끗한 마음으로 법과 스님들을 믿었으며, 부처님께 귀의하고 법과 스님들께 귀의하였다.

또 한결같이 부처님을 향하고 한결같이 법과 스님들을 향하였으며, 부처님에 대하여 의심이 없고 법과 스님들에 대하여 의심이 없었다. 그는 괴로움이라는 진리에 대하여 의심이 없고, 괴로움의 쌓임이라는 진리에 대하여 의심이 없고, 괴로움의 사라짐이라는 진리에 대하여 의심이 없고, 괴로움이 사라지는 길이라는 진리에 대하여 의심이 없었다.

그리하여 진리를 보고 도의 과위를 획득하여 저 수다원이 알고 보는 일들을 그도 모두 알고 보게 되었다. 그는 기한을 넘기지 않고 반드시 완전한 깨달음 삼보리三菩提를 얻을 게 분명하였다.

그런 차마가 눈병이 생겨 갖가지 빛깔을 볼 수 없게 되었다. 석씨 종족 차마는 곧 부처님을 생각하였다.

'눈을 주시는 분께 귀의합니다.

밝음을 주시는 분께 귀의합니다.

어둠을 없애시는 분께 귀의합니다.

횃불을 드시는 분께 귀의합니다.

세상에서 가장 존귀하신 분 바가바婆伽婆께 귀의합니다.

열반의 세계로 잘 떠나신 분 선서善逝께 귀의합니다.'

부처님께서 사람 귀를 뛰어넘는 깨끗한 하늘나라 사람의 귀(天耳)로 그 음성을 듣고 아난에게 말씀하셨다.

"네가 가서 다음 글귀로 차마를 옹호하여 그를 구제하고 지키고 돌보아 재앙을 없애 주어라. 또 네 무리에게 이익을 주어 편안하고 즐겁게 살게 하라."

그때 부처님께서 석씨 종족 차마를 위하여 눈을 맑게 하는 수다라修多羅를 말씀하셨다.

"다절타多折他 시리施利 미리彌利 기리棄利 혜혜다醯醯多

눈을 맑게 하는 이 주문이 석씨 종족 차마의 눈을 맑고 깨끗하게 하고 눈에 낀 막膜을 없애 주리라.

바람으로 인해 생긴 눈병이건 열기로 인해 생긴 눈병이건 냉기로 인해 생긴 눈병이건 다른 원인으로 생긴 눈병이건 타지 않고, 지져지지 않고, 곪지 않고, 아프지 않고, 가렵지 않고, 눈물이 흐르지 않으리라.

계율은 진실하고, 고행은 진실하고, 신선은 진실하고, 하늘나라는 진실하고, 약은 진실하고, 주문은 진실하다.

인연은 진실하고, 괴로움은 진실하고, 괴로움의 쌓임은 진실하고, 괴로움의 소멸은 진실하고, 괴로움을 소멸하는 길은 진실하고, 아라한은 진실하고, 벽지불은 진실하고, 보살은 진실하다."

부처님께서 이어 말씀하셨다.

"이렇게 석씨 종족 차마의 이름을 일컫고, 다른 사람 역시 이렇게 그 이름을 일컬으며 주문을 외우면 눈이 맑아질 것이다. 눈이 맑아진 뒤에는 어둠이 없어지고 눈을 뒤덮은 막이 사라질 것이다. 바람으로 인해 생긴 눈병이건 열기로 인해 생긴 눈병이건 냉기로 인해 생긴 눈병이건 다른 원인으로 생긴 눈병이건 타지 않고, 지져지지 않고, 곪지 않고, 아프지 않고, 가렵지 않고, 눈물이 흐르지 않으리라.

아난아, 이 글귀는 과거 여섯 부처님께서 말씀하셨고, 지금 일곱 번째 부처인 나 역시 이렇게 말한다. 사천왕도 이 주문을 말하고, 제석도 이 주문을 말한다. 이 주문은 범천왕과 범천의 무리 역시 모두 따라 기뻐하는 것이다.

아난아, 하늘이건 사람이건 이 주문을 기뻐하지 않는 자를 나는 보지 못했다. 악마건 범천이건 사문이건 바라문이건 이 글귀를 세 번 말하라. 눈동자가 흐려졌을 때나 눈이 어두워졌을 때나 눈에 막이 생겼을 때나 눈이 곪았을 때나 눈이 파랗게 변했을 때나 눈에서 딱딱한 덩어리가 나올 때, 그 병이 천신 때문에 생겼건 용 때문에 생겼건 야차 때문에 생겼건 아수라 때문에 생겼건 구반다 때문에 생겼건 아귀 때문에 생겼건 비사 때문에 생겼건, 독 때문에 생겼건 나쁜 주문 때문에 생겼건 벌레 때문에 생겼건 비타라毘陀羅 주문 때문에 생겼건 나쁜 별 때문에 생겼건 어떤 별자리 때문에 생겼건 이 주문을 세 번 말하라."

아난은 곧 그 집으로 가서 석씨 종족 차마를 위하여 그 주문을 세 번 외웠다. 그러자 그의 눈이 예전처럼 깨끗해져 모든 빛깔을 보게 되었다.

또 다른 사람의 이름을 일컫고 그 주문을 외우자, 석씨 종족 차마와 마찬가지로 모두 어둠이 없어지고 눈을 뒤덮은 막이 사라졌다. 또한 바람이나 열기나 냉기 등으로 인해 병이 생겼던 눈이 타지 않고, 지져지지 않고, 곪지 않고, 아프지 않고, 가렵지 않고, 눈물이 흐르지 않게 되었다.

세상에서 가장 존귀하신 분 바가바께 귀의합니다.

진여에서 오신 분 다타아가타多陀阿伽陀께 귀의합니다.

공양 받아 마땅하신 분 아라하阿羅呵께 귀의합니다.

완전하게 깨달으신 분 삼먁삼불타三藐三佛陀께 귀의합니다.

보살이 이 신비로운 주문의 글귀로 모든 중생이 좋은 일을 성취하게 하자, 모든 범천이 따라 기뻐하면서 말하였다.

"사바하."

76.

돈 없이 하는 일곱 가지 보시

부처님께서 말씀하셨다.

"재물의 손해 없이 큰 과보를 얻는 일곱 가지 보시가 있다.

첫째는 눈으로 하는 보시이다. 언제나 좋은 눈길로 부모·스승·사문·바라문을 대하고 나쁜 눈길로 대하지 않는 것을 눈으로 하는 보시라 한다. 그는 현재의 몸을 버리고 새로운 몸을 받으면 청정한 눈을 얻게 될 것이며, 미래에는 부처님이 되어 하늘나라 사람의 눈을 얻고 부처님의 눈을 얻을 것이다. 이것을 첫 번째 과보라 한다.

둘째는 온화한 얼굴에 기쁜 표정으로 대하는 보시이다. 부모·스승·사문·바라문을 찌푸린 얼굴에 찡그린 표정으로 대하지 않는 것이다. 그는 현재의 몸을 버리고 새로운 몸을 받으면 단정한 얼굴을 얻게 될 것이며, 미래에는 부처님이 되어 피부색이 황금과 같을 것이다. 이것을 두 번째 과보라 한다.

셋째는 말로 하는 보시이다. 부모·스승·사문·바라문에게 부드러운 말을 하고 추악한 말을 하지 않는 것이다. 그는 현재의 몸을 버리고 새로운 몸을 받으면 말솜씨가 빼어나 그가 말을 하면 사람들이 믿고 받아들일 것이며, 미래에는 부처님이 되어 네 가지 변재를 얻을 것이다. 이것을 세 번째 과보라 한다.

넷째는 몸으로 하는 보시이다. 부모·스승·사문·바라문을 보면 일어나 맞이하고 예배하라. 이것을 몸으로 하는 보시라 한다. 그는 현재의 몸을 버리고 새로운 몸을 받으면 단정한 몸 장대한 몸 사람들에게 공경받는 몸을 얻을 것이며, 미래에는 부처님이 되어 그 몸이 니구타尼拘陀 나무와 같아서 그 정수리를 보는 이가 없을 것이다. 이것을 네 번째 과보라 한다.

다섯째는 마음으로 하는 보시이다. 위에 말한 것처럼 공양하더라도 마음이 조화롭고 착하지 못하면 보시라 할 수 없다. 착하고 조화로운 마음으로 정성껏 공양하라. 이것을 마음으로 하는 보시라 한다. 그는 현재의 몸을 버리고 새로운 몸을 받으면 밝고 분명한 마음 어리석지 않은 마음을 얻을 것이며, 미래에는 부처님이 되어 온갖 것을 낱낱이 아는 지혜를 얻을 것이다. 이것을 다섯 번째 과보라 한다.

여섯째는 자리를 내어주는 보시이다. 부모·스승·사문·바라문을 보면 자리를 펴 앉게 하고, 나아가 자기가 앉았던 자리라도 비워 앉게 하는 것이다. 그는 현재의 몸을 버리고 새로운 몸을 받으면 일곱 가지 보배로 만들어진 존귀한 자리를 항상 얻을 것이며, 미래에는 부처님이 되어 사자법좌師子法座를 얻을 것이다. 이것을 여섯 번째 과보라 한다.

일곱째는 방이나 집을 내어주는 보시이다. 부모·스승·사문·바라문이 편안히 자신의 집을 오가며 앉고 누울 수 있게 하라. 이것을 방이나 집을 내어주는 보시라 한다. 그는 현재의 몸을 버리고 새로운 몸을 받으면 저절로 궁전이나 집을 얻을 것이며, 미래에는 부처님이 되어 여러 선실禪室을 얻을 것이다. 이것을 일곱 번째 과보라 한다.

이 일곱 가지 보시는 재물의 손해가 없이 큰 과보를 얻느니라."

77.
부처님을 목욕시키자 비가 내리다

아무리 작은 선善이라도 좋은 복밭에 심으면 나중에 반드시 좋은 결과를 얻는다.

아득히 먼 옛날 한량없고 가없는 아승기겁 전에 가보迦步라는 왕이 있었다. 그는 수미산 남쪽 염부제의 8만 4천 나라를 거느리고 있었다. 그 왕에게는 2만 명의 부인이 있었다. 하지만 자식이 없어 여러 해 동안 신에게 기도하였다. 그렇게 해서 큰 부인이 태자를 낳았고, 그 이름을 전단栴檀이라 하였다. 태자 전단은 전륜왕이 되어 4천하를 거느렸지만 이를 혐오해 출가하였고, 드디어 바른 깨달음을 이루게 되었다.

그때 그 나라 관상가들이 이구동성으로 말하였다.

"12년 동안 큰 가뭄이 들 것이다. 어떤 방법을 써야 이 재앙을 물리칠 수 있을까?"

그들은 서로 의논하였다.

"우리는 이제 황금 항아리를 만들어 저자에 두고 거기에 향수를 가득 채워서 부처님을 목욕시키자. 그 향수를 사방에 배포하여 탑을 세우면 재앙을 없앨 수 있다."

그들은 곧 부처님을 초청하여 향수로 목욕시키고, 그 향수를 8만 4천 보배 병에 담아 넣어 8만 4천 나라에 나누어 주었다. 그리고 모두 탑을 세우고 공양하여 복을 짓게 하였다. 그리하여 탑을 만들어 복을 지은 인연으로 하늘에서 큰비가 내려 오곡五穀이 풍성하고 백성이 안락하게 되었다.

그때 어떤 사람이 그 탑을 보고 기쁜 마음으로 한 줌의 꽃을 그 탑에 흩뿌렸다. 그는 매우 좋은 과보를 얻었다.

부처님께서 말씀하셨다.

"내가 하늘나라 사람의 눈으로 아득한 옛날 일을 살펴보니, 전단 부처님을 향수로 목욕시켜 그 물을 탑에 모시고 또 그분의 교화를 받았던 자들은 모두 오랜 뒤에 부처님이 되어 열반에 들었다. 그때 한 줌의 꽃을 보시했던 사람이 바로 나이다. 나는 옛날에 이런 인연이 있었기 때문에 그 미래인 지금 스스로 부처가 된 것이다. 그러므로 수행하는 사람은 정성스러운 마음으로 온갖 공덕을 짓되 조그만 선이라도 가볍게 여기지 말라."

78.
장자의 초대를 받은 사리불과 마하라

옛날 사위성에 큰 장자가 있었다. 그 집은 재물과 보물이 한량없는 큰 부자였다. 그래서 사문을 차례로 집으로 초청해 공양하였다.

그때 사리불과 마하라摩訶羅 차례가 되어 그들이 장자의 집으로 갔다. 장자는 그들을 보고 매우 기뻐하였다. 마침 그날 해상무역을 나갔던 장자의 상인들이 많은 보배를 얻어 무사히 집으로 돌아왔다. 게다가 그 나라 왕이 마을을 떼어 장자에게 봉해 주었고, 아기를 배었던 그의 아내가 아들을 낳았다. 이렇게 여러 가지 경사가 한꺼번에 겹친 날이었다.

사리불과 마하라는 그 집에 들어가 장자의 공양을 받았다. 공양이 끝나자 장자는 물을 돌리고, 존자 앞에다 조그만 자리를 펴고 앉았다. 그러자 사리불이 축원하였다.

오늘같이 좋은 날 좋은 과보를 받아

재물과 즐거운 일 한꺼번에 겹쳤으니
넘치는 기쁨에 즐거운 마음으로
믿음을 일으켜 부처님을 생각하소서.
오늘처럼 내일도 늘 이렇기를.

장자는 그때 이 축원을 듣고 매우 기뻐서 훌륭하고 좋은 천 두 필을 사리불에게 보시하였다. 하지만 마하라에게는 주지 않았다. 마하라는 절에 돌아와 서글퍼하며 이렇게 생각하였다.

'사리불이 오늘 좋은 천을 얻은 것은 그 축원이 장자의 마음에 들었기 때문이다. 나도 그 축원을 배워야겠다.'

그리하여 사리불에게 찾아가 말하였다.

"아까 그 축원을 저에게 가르쳐 주십시오."

사리불이 대답하였다.

"그 축원은 아무 자리에서나 사용해서는 안 됩니다. 쓸 때가 있고 쓰지 못할 때가 있습니다."

그러나 마하라는 간절히 청하였다.

"그것을 꼭 저에게 가르쳐 주십시오."

사리불은 그의 뜻을 차마 거절할 수 없어 그 축원을 가르쳐 주었다. 그는 사리불에게 축원을 배우고는 곧 자주 읽고 외워 입에서 술술 나올 정도가 되었다. 그는 생각하였다.

'언제쯤 내 차례가 돌아와 상좌로서 이 축원을 외우게 될까?'

마침 차례가 되어 그가 장자 집에 가게 되었고, 또 그가 그 자리의 상좌였다. 그런데 마침 그날이 장자의 상인들이 해상무역을 나갔다가 보배를 잃어버린 날이었다. 게다가 장자의 아내가 관청에 체포되고 또 아이까지 죽은 날이었다. 그런데 마하라가 사리불이 예전에 했던 축원을 그대로 말하였다.

"내일도 늘 이렇기를."

장자는 이 말을 듣고 화가 나서 곧 그를 때려 문밖으로 쫓아버렸다. 매를 맞고 쫓겨나 마음이 복잡하고 괴로웠던 마하라는 정신없이 걷다가 그만 왕의 깨밭에 들어가 모종을 자근자근 밟고 말았다. 그러자 깨밭을 지키던 사람이 또 화를 내고 거기다가 채찍질까지 하면서 심하게 모욕하였다. 마하라는 거듭 매를 맞고 깨밭을 지키던 사람에게 물었다.

"내가 무슨 잘못을 했기에 보자마자 그렇게 때리는가?"

깨밭을 지키던 사람은 마하라가 깨밭을 짓밟은 상황을 자세히 설명하고, 길로 다니라고 가르쳐 주었다. 마하라는 다시 길을 가다가 몇 리도 못가 보리를 수확해 무더기로 쌓고 있는 사람을 만났다. 당시 그 고장에는 곡식을 수확해 무더기로 쌓아서 오른쪽으로 돌고 음식을 차려 풍년을 기원하는 풍속이 있었다. 하지만 왼쪽으로 도는 것은 불길하다고 여겼다. 그런데 마하라가 그 보리 무더기를 왼쪽으로 돌아서 지나갔다. 그러자 보리밭 주인이 화를 내며 또 몽둥이로 그를 때렸다.

마하라가 물었다.

"내가 무슨 죄가 있다고 함부로 몽둥이로 때리는가?"

주인이 대답하였다.

"너는 왜 보리 무더기를 오른쪽으로 돌면서 '많이 들어오라.' 하고 축원하지 않는가? 우리 풍속을 어겼기 때문에 너를 때려 올바르게 가르친 것이다."

그는 또 얼마쯤 가다가 매장을 하려고 구덩이를 파고 있는 사람들을 만났다. 마하라는 무덤을 파면서 쌓아놓은 흙이 조금 전 보리 무더기와 비슷한 것을 보고는 무덤구덩이를 오른쪽으로 돌면서 축원하였다.

"많이 들어오라, 많이 들어오라."

그러자 상주가 화를 내며 또 그를 때렸다.

"사람이 죽은 것을 보았으면 가엾이 여기는 말을 해야 마땅하지 않은가? '지금부터 다시는 이런 일이 없기를.' 하고 말해야지, 왜 반대로 '많이 들어오라, 많이 들어오라.' 하고 말하는가?"

마하라가 말하였다.

"지금부터는 당신 말대로 하겠습니다."

또 얼마쯤 가다가 이번에는 결혼식을 보게 되었다. 마하라는 상주가 가르쳐준 대로 말하였다.

"지금부터 다시는 이런 일이 없기를."

그러자 결혼식에 모인 사람들이 화를 내며 또 매를 때려 머리까지 깨졌다. 매를 맞던 그는 미친 듯이 달아나다가 기러기를 잡던 사냥꾼을 만났다. 놀라고 두려움에 떨던 마하라는 당황하여 허둥대다가 그만 그가 쳐놓은 그물을 건드리고 말았다. 그 바람에 기러기들이 모두 놀라 흩어졌다. 사냥꾼은 화를 내며 또 막대기로 때렸다.

마하라는 매를 맞고 곤죽이 되어 사냥꾼에게 말하였다.

"내가 길을 쭉 따라오다가 여러 번 엎어져 정신이 없습니다. 걸음이 경솔해 당신 그물을 건드렸습니다만 너그럽게 용서하고 가던 길을 마저 가게 해 주십시오."

사냥꾼이 대답하였다.

"너는 마구 덤벙대다 그렇게 된 것이다. 왜 허리를 숙이고 조심스럽게 천천히 움직이지 않았는가?"

그는 다시 출발해 사냥꾼의 말대로 허리를 숙이고 기어가다가 도중에 빨래하는 사람을 만났다. 빨래하던 사람은 그가 엎드려서 기어오는 것을 보고는 옷을 훔치려는 것으로 생각하였다. 그래서 곧 마하라를 잡아 또 막대기로 때렸다. 마하라는 곤란한 상황에 다급해지자 앞서 있었던 일들을 자세히 말하였다. 덕분에 풀려나게 되었다.

그렇게 겨우 기원정사에 도착한 마하라는 비구들에게 말하였다.

"나는 앞서 사리불이 가르쳐준 축원을 외웠다가 큰 봉변을 당했다. 매를 맞아 몸이 부서지고 거의 목숨을 잃을 뻔하였다."

비구들은 마하라를 데리고 부처님께 나아가 그가 매를 맞은 유래를 자세히 아뢰었다.

부처님께서 말씀하셨다.

"마하라는 지금만 이런 일을 당한 것이 아니다.

아득한 옛날에 어떤 국왕의 딸이 병에 걸렸다. 그러자 태사太史가 점을 치고 '묘지에 가서 병을 없애야 한다.'라고 하였다. 그래서 공주는 시종들을 데리고 묘지로 찾아갔다. 그때 길을 가던 두 상인이 시종들의 삼엄한 경비를 받는 공주의 행렬을 보고는 겁을 먹어 묘지로 달아났다. 그러는 가운데 한 사람은 공주의 시종들에게 잡혀 귀와 코를 베였다. 또 한 사람은 놀라고 두려워 급히 시체들 속에 엎드려 죽은 체하였다.

묘지에 도착한 공주는 앓고 있는 병을 고치려고 금방 죽어 아직 살이 문드러지지 않은 시체를 골라 그 위에 앉아서 목욕을 하려고 하였다. 그래서 사람을 보내 살펴보다가 마침 시체더미 속에서 죽은 체하고 누웠던 그 상인을 발견했다. 공주의 시종이 손으로 만져보니 그 몸이 아직 따뜻했다. 그래서 죽은 지 얼마 되지 않은 시체라 생각했다.

공주는 겨잣가루를 온몸에 바르고 그 시체 위에서 목욕하였다. 그러자 겨잣가루의 매운 기운이 상인의 코로 들어갔다. 상인은 참으려 했지만 견딜 수 없어 그만 크게 재채기를 하고 벌떡 일어났다. 그때 시종들은 그를 송장 귀신이라 생각하고, 자기들에게 어떤 재앙이라도 끼치면 어쩌나 싶어 성문을 닫고 열어주지 않았다. 공주도 다급해지자 그를 붙잡고 놓아주지 않았다.

그때 상인이 사실대로 말하였다.

'저는 사실 귀신이 아닙니다.'

공주는 즉시 그 상인을 데리고 함께 성으로 갔다. 그리고 성문을 열라 하고 사정을 자세히 아뢰었다. 그러나 부왕은 그 말을 듣고도 여전히 믿지 않았다. 그래서 무장을 한 채 성문을 열고 나가 보고는 비로소 그가 귀신이 아님을 알았다. 그때 부왕은 '여인의 몸은 두 번 드러내는 것이 아니다.' 하고, 자신의 딸을 그 상인에게 아내로 주었다. 상인은 매우 기뻐하였고, 그 경사는 한량이 없었다."

부처님께서 이어 말씀하셨다.

"그때 공주를 얻은 그 상인이 바로 저 사리불이요, 귀와 코를 베인 자는 바로 저 마하라이다. 그는 오늘만 아니라 전생에도 그랬다.

그러므로 비구들이여, 지금부터 설법하고 축원하려거든 반드시 적당한 시기를 살펴야 한다. 그리고 보시와 계율과 인욕과 정진과 선정과 지혜를 닦아 익힐 때도, 근심하고 슬퍼하며 기뻐하고 즐거워할 때도, 그러기에 적당한 때인지 적당한 때가 아닌지를 마땅히 살펴야지 함부로 말해서는 안 된다."

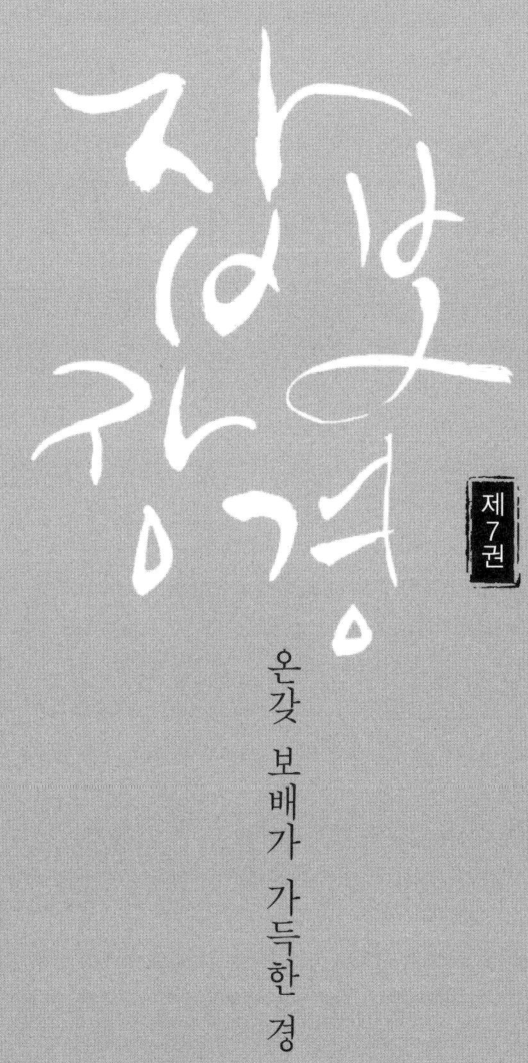

온갖 보배가 가득한 경

79.
부처님께 여의주를 보시한 바라문

부처님께서 사위국에 계셨다.

그때 남인도의 한 바라문이 여의주如意珠를 잘 감별하였다. 그는 여의주 하나를 가지고 남인도에서 동인도까지 여러 나라를 돌아다녔지만 아무도 그것이 여의주라는 것을 감별하지 못했다. 그러다 마침내 사위국까지 오게 되었다. 그는 파사닉왕에게 찾아가 말하였다.

"누가 이 구슬을 감별해 알 수 있을까요?"

파사닉왕은 여러 신하와 지혜로운 이들을 모두 불러 모았지만, 구슬의 가치를 알아보는 이가 아무도 없었다. 파사닉왕은 그와 함께 부처님께 찾아갔다. 부처님께서 바라문에게 말씀하셨다.

"당신은 이 구슬의 이름을 압니까? 이 구슬이 어디서 나왔는지 압니까? 이 구슬의 능력을 압니까?"

그가 대답하였다.

"모르겠습니다."

부처님께서 말씀하셨다.

"이 구슬은 그 몸길이가 28만 리나 되는 마갈摩竭이라는 큰 물고기의 뇌에서 나왔습니다. 이 구슬의 이름은 금강견金剛堅입니다. 이 구슬에는 여러 가지 능력이 있습니다. 첫째 능력은 어떤 독에 중독되었건 이 구슬을 보기만 하면 그 독이 모두 사라집니다. 또 이 구슬의 빛을 보거나 몸에 닿아도 역시 독이 사라집니다. 둘째 능력은 열병에 걸린 사람이 이 구슬을 보면 곧 낫고, 그 빛이 몸에 닿아도 병이 낫습니다. 셋째 능력은 어떤 사람에게 한량없는 백천 명의 원수가 있더라도 이 구슬만 들고 있으면 모두 좋은 친구가 됩니다."

바라문이 이 말씀을 듣고 매우 기뻐하면서 말하였다.

"부처님께서는 참으로 모든 지혜를 다 갖추신 분입니다."

그리고는 곧 그 구슬을 부처님께 바쳤다. 그리고 출가하기를 청하였다.

부처님께서 말씀하셨다.

"잘 왔구나, 비구여."

그러자 그의 수염과 머리카락이 저절로 떨어지고 법복이 몸에 입혀졌다. 그리고 부처님께서 그를 위해 법의 요점을 말씀하시자 그는 이내 아라한이 되었다.

비구들이 아뢰었다.

"부처님께서 그 구슬을 잘 감별하시고, 또 설법하시어 그로 하여금 도를 얻게 하십니다."

부처님께서 말씀하셨다.

"오늘만이 아니다. 과거 전생에도 그랬다.

아득한 옛날 가시국의 선인산仙人山에 다섯 가지 신통을 가진 선인이 있었다. 그때 어떤 바라문이 나뭇잎 하나를 가지고 찾아가 선인에게 물었다.

'이것은 어떤 나무의 잎입니까?'

선인이 대답하였다.

'그 나무 이름은 금정金頂입니다. 사람이 독 중독되어 거의 죽게 되었더라도 이 나무 아래 앉아 있으면 그 독이 곧 사라집니다. 열병에 걸린 사람은 이 나무에 기대기만 해도 그 병이 곧 낫습니다. 이 나뭇잎을 그 사람 몸에 대면 어떤 독기나 열병도 모두 낫게 됩니다.'

바라문은 기뻐하며 선인의 제자가 되기를 청하였고, 그의 법을 배워 그 역시 다섯 가지 신통을 얻었다.

비구들이여, 그때 다섯 가지 신통을 가졌던 선인이 바로 나이고, 그때 나뭇잎을 들고 찾아왔던 바라문이 바로 지금 이 바라문이다. 나는 그때에도 그를 가르쳐 다섯 가지 신통을 얻게 하였고, 지금 역시 그를 가르쳐 삶과 죽음을 반복하는 재난을 면하여 아라한이 되게 하였다."

80. 진실한 말로 부처님 발의 피를 멎게 한 십력가섭

어느 날 부처님께서 가타라迦陀羅 나무의 가시에 발이 찔렸다. 피가 흐르며 멎지를 않아 온갖 약을 다 발라보았지만 조금도 나아지지 않았다. 여러 아라한이 향산香山에서 약을 캐어 발라보았지만 그래도 역시나 낫지 않았다.

그때 십력가섭이 부처님께 찾아가 말하였다.

"만약 부처님께서 일체중생을 평등한 마음으로 대하신다면, 부처님을 죽이려 한 제바달다를 부처님의 외아들인 라후라羅睺羅와 조금도 다름없이 대하신다면, 발의 피가 분명 멎을 것입니다."

그러자 피가 곧 멎고 딱지도 완전히 떨어졌다.

그러자 비구들이 찬탄하였다.

"온갖 묘한 약을 다 써도 피가 멎지 않더니 가섭의 진실한 말 한마디에 피가 곧바로 멎었다."

부처님께서 말씀하셨다.

"오늘만이 아니다. 과거 전생에도 그랬다. 아득한 옛날에 한 바라문이 아들을 낳았는데, 그 이름이 무해無害였다. 그 무해가 아버지께 말하였다.

'밭에 다니실 때 중생을 해치지 마십시오.'

아버지가 아들에게 말하였다.

'너는 신선이라도 되고 싶은 것이냐? 살아가려면 어떻게 벌레를 죽이지 않을 수 있겠느냐?'

아들이 말하였다.

'저는 현세에도 안락하고 후세에도 안락하기를 바랍니다. 제 말을 들어 주지 않으시니 이렇게 살아 뭣하겠습니까?'

아들은 곧 독한 용이 사는 우물가에 앉아 죽으려고 하였다. 세상에는 독한 용이 있어서 보기만 해도 곧 사람을 해친다. 그때 바라문의 아들이 용을 보았다. 그러자 용의 독이 온몸에 퍼져 거의 죽게 되었다. 그때 아들이 간 곳을 몰라 몹시 근심하며 찾던 아버지가 죽어가는 아들을 발견하였다. 아버지가 아들에게 다가가 말하였다.

'지금까지 내 아들이 해치려는 마음을 단 한 번도 품은 적이 없다면 이 독이 사라지리라.'

이렇게 말하자, 독기가 곧 사라지고 본래처럼 회복되었다.

그때 그 아버지가 바로 저 십력가섭이요, 아들은 바로 나이다.

저 가섭은 과거 전생에도 진실한 말로 나의 병을 고쳤고, 지금 현세에서도 진실한 말로 나의 병을 고친 것이다."

81.
보리수 아래에서 부처님을 괴롭힌 마왕 파순

옛날에 부처님께서 보리수 아래에 계실 때, 악마 파순波旬이 80억이나 되는 무리를 거느리고 찾아와 부처님의 도를 파괴하려고 하였다.

악마 파순이 말하였다.

"구담이여, 너는 왜 혼자 여기 앉아 있는가? 빨리 일어나 떠나라. 만약 떠나지 않으면 내가 너의 다리를 잡고 바다 밖으로 던져 버리리라."

부처님께서 말씀하셨다.

"내가 이 세상을 살펴보니, 나를 바다 밖으로 던져버릴 수 있는 사람은 아무도 없다. 너는 전생에 겨우 절 하나를 짓고 하루 동안 여덟 가지 계율을 지키면서 벽지불에게 한 발우의 밥을 보시했을 뿐이다. 그 공덕으로 여섯 번째 하늘에 태어나 큰 악마의 왕이 된 것이다. 그러나 나는 3아승기겁 동안 널리 공덕을 닦았다. 즉, 첫 아승기겁 동안 한량없는 부처님께 공양하였고, 둘째 셋째 아승기겁에도 그렇게 하였다. 그리고 성문과 연각께 공양한 것은 이루 다 헤아릴 수도 없다. 이 드넓은 대지에 나의 뼈가 섞이지 않은 땅은 바늘만큼도 없다."

악마가 말하였다.

"구담이여, 내가 전생에 하루 동안 계율을 지키면서 벽지불에게 밥을 보시했다는 너의 말은 참말이다. 나도 그것을 알고 있고, 너 역시 내가 그랬다는 것을 알고 있다. 하지만 네가 전생에 그런 공덕을 지었다는 것은 누가 알고 누가 증명하겠는가?"

그러자 부처님께서 곧 손으로 땅을 가리키면서 말씀하셨다.

"이 땅이 나를 증명할 것이다."

이렇게 말씀하실 때 온 대지가 여섯 가지로 진동하였다. 그리고 곧 지신地神이 금강제金剛際에서 솟아나 합장하고 부처님께 아뢰었다.

"제가 증명하겠습니다. 이 땅이 생길 때부터 저는 항상 그 속에 있었습니다. 부처님의 말씀은 진실이요, 거짓이 아닙니다."

부처님께서 파순에게 말씀하셨다.

"너는 이제 나를 바다 밖으로 던져 버리기 전에 먼저 이 물병부터 움직여 보라."

그때 파순과 80억의 무리가 애를 썼지만 그 물병을 움직일 수 없었다. 마왕의 군대는 꼬꾸라지고 스스로 넘어지면서 모두 무너지고 별처럼 흩어졌다.

비구들이 아뢰었다.

"파순은 항상 부처님을 괴롭히려 하지만 이기지 못합니다."

부처님께서 말씀하셨다.

"지금만이 아니라 과거 전생에도 그랬다.

아득한 옛날 가시국의 선인산에 다섯 가지 신통을 가진 선인이 있었다. 그는 바라나성의 젊은이들을 교화해 모두 출가하여 선인의 도를 닦게 하였다.

그때 그 성의 신神이 매우 화를 내며 선인에게 말하였다.

'만약 네가 또 성에 들어와 사람들을 제도하면 내가 네 다리를 잡아 바다 밖으로 던져 버리리라.'

그 선인은 물병 하나를 집어 들고 성의 신에게 말하였다.

'먼저 이 물병부터 움직여 보라. 그런 다음에 나를 던져라.'

성의 신은 자신의 신통력을 다 발휘해 보았지만 물병을 움직일 수 없었다. 그래서 부끄러워하면서 항복하였다. 그때 그 선인이 바로 나이고, 그 성의 신은 바로 파순이니라."

82.
세간의 이익과 명예는 곧 재앙이다

그때 부처님께서 사위국에 계시면서 세간의 이익과 명예를 싫어하고 근심하셨다. 그래서 부처님께서 세간의 이익과 명예를 피해 탐장엄貪莊嚴이라는 깊은 숲으로 숨으셨다. 그 숲에는 절이 있었고, 나익가那弋迦라는 아라한이 그 절 주지였다.

부처님께서 그 숲에 도착하고 한낮이 되자 가사를 공양하러 찾아온 사람들이 숲을 가득 채웠다. 부처님께서 혼잣말로 말씀하셨다.

'나는 세간의 이익과 명예를 바라지 않는데, 세간의 이익과 명예가 항상 내 뒤를 따르는구나.'

또 1만 2천의 비구도 그곳을 찾아왔다. 부처님께서 그 비구들에게 말씀하셨다.

"세간의 이익과 명예는 큰 재해로서 장애가 된다. 이익과 명예는 심지어 아라한에게도 장애가 된다."

비구들이 아뢰었다.

"어떤 장애가 됩니까?"

부처님께서 말씀하셨다.

"세간의 이익과 명예라는 재앙은 피부를 찢고, 살을 가르고, 뼈를 부수고, 골수를 짓뭉갠다. 어떻게 파괴하는가? 계율이라는 피부를 찢고, 선정이라는 살을 가르며, 지혜라는 뼈를 부수고, 미묘하고 착한 마음이라는 골수를 짓뭉갠다."

1만 2천 비구는 모두 세 가지 옷과 여섯 가지 생필품만 가지고 인적이 드문 아련야에서 생활하면서 다른 물건은 받지 않았다.

부처님께서 찬탄하셨다.

"훌륭하고 훌륭하다. 너희들은 아련야의 법을 잘 지키는구나.

나의 이 법은 욕심이 적은 법이요, 욕심이 많은 법이 아니다.

나의 법은 만족할 줄 아는 법이요, 만족할 줄 모르는 법이 아니다.

나의 법은 한적함을 즐기는 법이요, 시끄러움을 즐기는 법이 아니다.

나의 법은 노력하는 법이요, 게으른 법이 아니다.

나의 법은 바르게 생각하는 법이요, 삿되게 생각하는 법이 아니다.

나의 법은 마음을 안정시키는 법이요, 마음을 산란하게 하는 법이 아니다.

나의 법은 지혜의 법이요, 어리석음의 법이 아니다."

비구들은 이 말씀을 듣고 모두 아라한이 되었다.

비구들이 부처님께 아뢰었다.

"참으로 드문 일입니다, 세존이시여."

부처님께서는 말씀하셨다.

"오늘만이 아니라 과거 전생에도 그랬다.

옛날 가시국에 야차夜叉라는 재상이 있었다. 야차에게는 야아달다夜兒達多라는 아들이 있었다. 그는 세상의 덧없음을 깊이 깨닫고 집을 나와 신선의 도를 배웠다. 그런데 신선들이 욕심이 많아 다들 과일과 풀을 가지고 서로 다투었다.

야아달다는 그들에게 욕심을 줄이도록 가르치고 싶어 부드러운 풀을 버리고 거친 풀을 사용했으며, 달콤한 과일을 버리고 시큼한 과일을 땄으며, 신선한 과일을 버리고 묵은 과일을 먹었다. 이렇게 좋은 것을 버리고 나쁜 것을 선택하는 생활을 한 뒤에 곧 다섯 가지 신통을 얻었다.

그러자 1만 2천 선인이 그의 행동을 보고는 곧 욕심을 줄이는 것을 배워 다시는 많이 구하지 않았다. 그리하여 그들 역시 다섯 가지 신통을 얻었다. 야아달다는 이렇게 차츰 방편을 써서 여러 선인을 교화하다가 목숨을 마친 뒤에는 불용처不用處에 태어났다.

그때의 야아달다가 바로 지금의 나이고, 1만 2천 선인은 바로 지금의 1만 2천 비구들이다."

83.

멀리서 부처님을 뵙고 기뻐하여 하늘나라에 태어난 도둑

그때 사위국의 파사닉왕이 북을 치고 명령을 내렸다.

"도둑질을 하면 잡아서 죽여라."

마침 어떤 사람이 도둑을 잡아 왕에게 끌고 왔다. 왕은 사람을 시켜 끌고 나가 죽이게 하였다. 끌려가던 도둑은 성 밖에서 마침 성으로 들어오던 부처님을 멀리서 뵙고 마음으로 기뻐하였다. 형장에 끌려간 도둑은 왕이 정한 법에 따라 죽었다. 하지만 곧 하늘나라에 태어났다.

그는 자신이 지금 어디에 태어났는지, 어디에서 죽었는지, 어떤 인연으로 하늘나라에 태어났는지를 낱낱이 살펴보았다. 그리하여 자기가 죽으려 할 때 부처님을 뵙고 기뻐하였기 때문에 목숨을 마친 뒤 하늘나라에 태어났다는 것을 알았다.

그는 부처님의 은덕에 감동하여 하늘나라에서 내려와 부처님께 공양하였다. 부처님께서는 그를 위해 법을 설하셨고, 그는 수다원을 얻었다.

비구들이 아뢰었다.

"저 천인은 어떤 업을 지은 인연으로 하늘나라 궁전에 태어났습니까?"

부처님께서 말씀하셨다.

"그는 전생에 사람이었을 때 왕에게 살해당한 자이다. 그는 죽으면서 여래를 보고 기뻐하였다. 그것이 좋은 원인이 되어져 하늘나라 궁전에 태어났고 또 나에게 법을 듣고 깨달아 수다원을 얻은 것이다."

84. 하늘나라에 태어난 손발이 잘린 죄수

옛날에 사위국의 어떤 사람이 나라의 법을 범하고 손발이 잘려 길에 버려졌다. 부처님께서 길을 가시다가 그를 보고 곧 가까이 다가가 물으셨다.

"너는 지금 무엇이 가장 괴로운가?"

그는 대답하였다.

"저는 배가 너무 고픕니다. 그것이 가장 괴롭습니다."

부처님께서 곧 아난에게 분부하여 그에게 음식을 주게 하셨다.

그는 죽어 하늘나라에 태어났다. 그는 부처님의 두터운 은혜에 감동하여 하늘나라에서 내려와 부처님께 공양하였다. 부처님께서는 그를 위해 법을 설하셨고, 그는 수다원을 얻었다.

비구들이 여쭈었다.

"저 천인은 어떤 업으로 하늘나라에 태어났습니까?"

부처님께서 말씀하셨다.

"그는 전생에 인간이었을 때 손발이 잘려 길가에 버려져 있었다. 그때 내가 그에게 다가가 음식을 주라고 아난에게 분부하자, 그는 마음으로 기뻐하였다. 그 인연으로 죽은 뒤 하늘나라에 태어났고, 또 나에게 법을 듣고 도를 얻은 것이다."

85.
나그네에게 꿀물을 공양하고 하늘나라에 태어난 장자

옛날 사위국의 어떤 장자가 기원정사 숲의 빈터에 집을 지으려 하였다. 하지만 수달 장자가 이미 그 숲을 모두 차지하였기 때문에 빈터가 없었다. 그래서 그는 기원정사 대문에서, 깨끗한 물에다 갖가지 꿀과 갖가지 보릿가루를 섞어서 음료를 만들어 지나가는 모든 나그네에게 나눠주었다. 90일 뒤에는 부처님도 그 음료를 받았다.

그는 목숨을 마치고 하늘나라에 태어났다. 그리고 큰 위엄과 덕을 갖추고 하늘나라 궁전을 타고 내려와 부처님께 공양하였다. 부처님께서는 그를 위해 법을 설하셨고, 그는 수다원을 얻었다.

비구들이 물었다.

"저 천인은 어떤 업을 지었기에 하늘나라에 태어나 저런 위엄과 덕을 갖추게 되었습니까?"

부처님께서 말씀하셨다.

"저 천인은 전생에 사람이었을 때 기원정사 문에서 갖가지 음료를 만들어 지나가는 모든 사람에게 보시하였고, 나도 그것을 받았다. 그 인연으로 하늘나라에 태어났고, 또 나에게 법을 듣고 도를 얻은 것이다."

86.
하늘나라에 태어난 파사닉왕의 사자

옛날에 사위국의 파사닉왕과 수달 장자가 오랫동안 부처님을 뵙지 못하자 마음으로 몹시 사모하였다. 그들은 여름 안거 뒤에 사자를 보내어 부처님을 초청하였다. 사자가 부처님께 나아가 공손히 아뢰었다.

"파사닉왕과 장자께서 부처님을 뵙고자 합니다. 부디 세존께서는 이 수레를 타고 사위국으로 가 주소서."

부처님께서 말씀하셨다.

"나는 수레를 타지 않습니다. 나에게는 신통력을 갖춘 발이 있습니다."

부처님은 말씀은 비록 그렇게 하셨지만, 그가 복을 짓게 하려고 수레 위에서 공중으로 걸어가셨다. 사자는 앞서 달려가 파사닉왕과 장자에게 소식을 알렸다. 파사닉왕과 장자는 직접 나와 부처님을 맞이하였고, 사자도 왕과 함께 돌아와 부처님을 뵈었다.

사자는 목숨을 마친 뒤 하늘나라에 태어났다. 그리고 곧 보배 수레를 타고 부처님께 찾아왔다. 부처님께서는 그를 위해 법을 설하셨고, 그는 수다원을 얻었다.

비구들이 부처님께 물었다.

"저 천인은 어떤 인연으로 하늘나라 궁전에 태어나 이런 보배 수레를 타는 것입니까?"

부처님께서 말씀하셨다.

"저 천인은 전생에 인간이었을 때 왕의 사자가 되어 나에게 찾아와 수레를 받들어 올리며 타게 하였다. 그 업을 인연으로 지금 하늘나라에 태어나 항상 보배 수레를 타고, 또 나에게 법을 듣고 깨달아 수다원을 얻은 것이다."

87.
파사닉왕에게 천을 보시한 가난한 사람

옛날 사위국의 파사닉왕은 이렇게 말하였다.

"수달 장자는 모든 백성에게 보시를 권유하고 교화하여 온갖 복된 업을 짓게 한다. 나도 중생들을 위해 교화하고 구걸하여 그들이 복을 얻게 하리라."

이에 그는 교화하고 다니면서 곳곳에서 구걸하였다.

그때 가진 것이 천 하나뿐인 한 가난한 사람이 그 천을 가지고 와서 왕에게 보시하였다. 왕은 얻은 천을 다시 부처님께 바쳤다.

그 뒤에 그 가난한 사람은 목숨을 마치고 하늘나라에 태어났다. 그는 부처님의 큰 은혜에 감동하여 하늘나라에서 내려와 부처님께 공양하였다. 부처님께서는 그를 위해 법을 설하셨고, 그는 수다원을 얻었다.

비구들이 부처님께 아뢰었다.

"저 천인은 전생에 어떤 업을 지었기에 저 하늘에 태어났습니까?"

부처님께서 말씀하셨다.

"저 천인은 옛날 인간이었을 때, 왕이 교화하는 것을 보고 흰 천을 왕에게 보시하였다. 그것이 좋은 원인이 되어 지금 하늘나라에 태어났고, 또 나에게 법을 듣고 도를 증득한 것이다."

88.

아우에게 삼보를 받들라고 권한 형

옛날에 사위국에 어떤 형제 두 명이 있었다. 형은 불법을 받들어 닦았고, 아우는 외도 부란나富蘭那를 섬겼다. 형은 항상 아우에게 불법승 삼보를 섬기라고 권하였으나 아우는 듣지 않았다. 그래서 항상 다투면서 화합하지 못하여 서로 갈라져 살았다.

부처님께 공양했던 형은 나중에 목숨을 마치고 하늘나라에 태어났다. 그는 곧 부처님께 찾아와 은혜를 갚으려고 공양하였다. 부처님께서는 그를 위해 법을 설하셨고, 그는 수다원을 얻었다.

비구들이 부처님께 아뢰었다.

"저 천인은 전생에 어떤 업을 지었기에 저 하늘나라 궁전에 태어났습니까?"

부처님께서 말씀하셨다.

"그는 전생에 인간이었을 때 바른 법을 좋아하여 삼보를 받들었다. 그 복된 업이 원인이 되어 지금 하늘나라에 태어났고, 또 나에게 법을 듣고 믿어 도를 깨닫게 된 것이다."

89.
아들이 도를 얻었다는 소식을 듣고 기뻐하여 하늘나라에 태어난 아버지

옛날 사위국에 어떤 형제 두 명이 있었다. 그들은 항상 다투기를 좋아하여 서로 원망하고 미워하였다. 그들은 법에 따라 결판을 내자면서 함께 왕에게 찾아갔다. 그러다 도중에 부처님을 만났는데, 부처님께서 그들을 위해 법을 설하셨다. 형제는 모두 아라한의 도를 얻었다.

아버지는 자기 아들들이 부처님을 만나 도를 얻었다는 소식을 듣고 마음으로 매우 기뻐하였다. 아버지는 그 뒤에 목숨을 마치고 하늘나라에 태어났다. 그가 부처님께 찾아오자 부처님께서 그를 위해 법을 설하셨다. 그는 수다원을 얻었다.

비구들이 부처님께 여쭈었다.

"저 천인은 전생에 어떤 업을 지었기에 지금 하늘나라에 태어났습니까?"

부처님께서 말씀하셨다.

"저 천인은 전생에 인간이었을 때 내가 자기 아들들을 위해 설법하여 그들이 도를 얻었다는 소식을 듣고 매우 기뻐하였다. 그래서 목숨을 마친 뒤 하늘나라에 태어났고, 또 나에게 법을 듣고 믿고 이해하여 도를 증득한 것이다.”

90.
아버지의 강요로 출가한 아들

옛날에 사위국의 어떤 사람이 자기 아들을 출가시켜 부처님을 섬기게 하였다. 부처님께서는 그를 받아들여 승려로 만들고 항상 마당을 쓸게 하였다. 그는 그 괴로움을 견디지 못해 도 닦기를 그만두고 속가로 돌아갔다.

아버지가 그에게 말하였다.

"너는 그냥 출가 생활을 계속하기만 해라. 지금부터 내가 너를 대신해 마당을 청소하리라."

아버지는 곧 아들과 함께 기원정사로 갔다. 아들은 그 절이 깨끗한 것을 보고 마음으로 기뻐하여 이렇게 말하였다.

"저는 차라리 마당이나 쓸면서 출가 생활을 계속하겠습니다. 죽어도 다시는 속가로 돌아가지 않겠습니다."

그 뒤에 그는 목숨을 마치고 하늘나라에 태어났다. 그리고 곧 부처님께 찾아오자 부처님께서 그를 위해 법을 설하셨다. 그는 수다원을 얻었다.

비구들이 부처님께 아뢰었다.

"저 천인은 어떤 업을 지은 인연으로 하늘나라에 태어났습니까?"

부처님께서 말씀하셨다.

"저 천인은 전생에 인간이었을 때 괴로움을 견디지 못해 집으로 돌아가려 하였다. 하지만 그 아버지가 허락하지 않고 자식의 노동을 대신하면서 억지로 출가하게 하였다. 그러자 그가 매우 기뻐하였다. 그는 목숨을 마친 뒤에 하늘나라에 태어났고, 또 나에게 법을 듣고 도를 얻은 것이다."

91.

악룡을 바다로 쫓아버린 아라한 기야다

부처님께서 세상을 떠나시고 700년 뒤 계빈국罽賓國에 기야다祇夜多라는 아라한이 있었다. 그때 계빈국에 아리나阿利那라는 나쁜 용왕이 자주 재난을 일으켜 성현들을 괴롭혔다. 그래서 그 나라 백성들이 모두 우환거리로 여겼다.

그때 아라한 2천 명이 자신이 가진 신통력을 모두 발휘해 그 용을 나라 밖으로 쫓아버리려 하였다. 100명의 아라한은 신통을 부려 땅을 뒤흔들고, 또 500명은 큰 광명을 비추고, 또 500명은 선정에 들어 거닐었다. 하지만 이렇게 여러 사람이 각자의 신통력을 모두 발휘해도 용은 꼼짝도 하지 않았다.

그래서 최후로 존자 기야다가 용이 사는 못으로 가서 손가락을 세 번 튀기면서 말하였다.

"용아, 너는 이제 나가거라. 여기서 살지 말라."

용은 감히 머물지 못하고 곧 떠나갔다.

그때 2천 명의 아라한이 존자에게 말하였다.

"우리도 존자와 마찬가지로 번뇌가 완전히 사라진 아라한입니다. 해탈한 법신은 모두 평등합니다. 그런데 우리는 각자 가진 신통력을 모두 발휘하고도 용을 움직일 수 없었는데, 존자께서는 어떻게 손가락만 세 번 튀겨 저 용을 멀리 바다로 들어가게 한 것입니까?"

존자가 대답하였다.

"저는 범부였을 때로부터 지금까지 계율을 받아 지켰습니다. 아주 사소한 죄목인 돌길라突吉羅까지도 네 가지 중한 죄목인 바라이波羅夷처럼 여기면서 죄를 범하지 않도록 평등한 마음으로 잘 단속하였습니다. 지금 여러분이 이 용을 움직이지 못한 것은 신통력이 같지 않기 때문입니다. 그래서 용을 움직이지 못한 것입니다."

어느 날 존자 기야다가 제자들과 함께 북인도를 향해 가다가 길에서 까마귀 한 마리를 보고 미소를 지었다. 제자들이 물었다.

"존자께서는 왜 미소를 지으십니까? 그 뜻을 말씀해 주십시오."

존자가 대답하였다.

"때가 되면 말하리라."

거기서 더 나아가 석실성石室城 성문에 이르자, 존자가 슬퍼하면서 얼굴빛이 변하였다. 존자는 밥 먹을 때가 되자 성에 들어가 걸식하였다. 음식을 얻어 다시 성문을 나오다가 존자가 다시 슬퍼하면서 얼굴빛이 변하였다.

제자들이 꿇어앉아 아뢰었다.

“이상합니다. 아까는 왜 미소를 지으셨고, 지금은 또 왜 슬퍼하면서 얼굴빛이 변하신 것입니까?”

그때 존자 기야다가 제자들에게 대답하였다.

“나는 과거 91겁 전, 비바시毘婆尸 부처님께서 열반에 드신 뒤에 어떤 장자의 아들이 되었다. 그때 나는 출가하려고 하였으나 부모님이 허락하지 않으시고 나에게 말씀하였다.

‘우리 집 일이 중하다. 만약 네가 출가하면 누가 뒤를 잇겠느냐? 우리가 너를 장가보낼 것이다. 네가 아들을 낳으면 출가를 허락하리라.’

나는 장가를 든 뒤에 다시 출가하려고 하였다. 그러자 부모님은 또 이렇게 말하였다.

‘아들 하나만 낳으면 출가를 허락하리라.’

나는 오래지 않아 사내아이를 낳았다. 아이가 말할 나이가 되어 다시 부모님께 아뢰었다.

‘예전에 약속하신 대로 출가를 허락해 주십시오.’

그러자 부모님은 예전에 한 약속을 어길 수는 없고 해서 몰래 유모를 시켜 손자에게 말하게 하였다.

‘네 아비가 집을 떠나려 할 때 네가 문에 있다가 아비를 붙들고 〈이미 저를 낳아 지금까지 길렀는데, 왜 저를 버리고 집을 떠나려 하십니까? 만약 꼭 가시겠다면 저를 죽이고 가십시오.〉라고 하라’

어린 자식의 애원에 아버지는 곧 슬퍼하며 마음을 바꿔먹었다. 그래서 아들에게 이렇게 말했다.

'나는 이제 이곳에 머물 것이다. 다시는 떠나지 않으리라.'

그 때문에 출가하지 못한 나는 오랜 세월 생사의 강을 따라 떠돌아야 했다. 내가 도의 눈으로 전생을 관찰해 보니, 하늘나라와 인간과 또 삼악도에서는 서로 다시 만나기가 참으로 어렵고 어려웠다. 그러다 이제 처음 만난 것이다. 조금 전 그 까마귀가 바로 그때의 내 아들이다. 내가 조금 전 슬퍼하며 얼굴빛이 변한 이유는 그 때문이다.

내가 예전에 이 성곽 주변에서 어떤 아귀의 아들을 만난 적이 있다.

그때 그가 내게 이렇게 말하였다.

'저의 어머니가 저를 위해 음식을 구하러 성으로 들어가셨는데 아직 한 번도 음식을 얻어 온 적이 없습니다. 그래서 이 성 곁에서 기다린 게 벌써 70년입니다. 저는 굶주림과 목마름으로 죽을 지경입니다. 부디 존자께서 성에 들어가 저의 어머니를 보시거든 저를 위해 꼭 말씀해 주십시오. 빨리 나를 보러 오라고.'

그래서 나는 성에 들어가 그 아귀 어머니를 보고 말하였다.

'지금 당신 아들이 저 성 밖에 있는데 굶주리고 목이 말라 매우 위급합니다. 빨리 가보시오.'

그러자 아귀 어머니가 대답하였다.

'제가 음식을 구하러 이 성에 들어온 게 벌써 70여 년이 됩니다. 하지만 제가 박복한 데다 새로 자식까지 낳고 굶주림에 쇠약해져 기운도 없습니다. 고름이나 피나 눈물이나 침이나 똥 같은 더러운 음식까지도 힘센 이들이 먼저 가져가고 저는 얻지 못합니다.

마지막으로 한 모금 더러운 음식을 얻었는데, 이것을 가지고 성문을 나가 아들과 나눠 먹고 싶어도 문에 여러 힘센 귀신들이 있어 제가 나가는 것을 허락하지 않습니다. 부디 존자께서 가엾이 여겨 저를 데리고 나가 우리 모자가 서로 만나 이 더러운 음식이나마 먹게 하여 주십시오.'

그때 나는 아귀 어미를 데리고 성문을 나가 모자가 서로 만나 더러운 음식을 나눠 먹게 하였다.

그때 내가 그 귀신에게 물었다.

'너는 여기서 산 지 얼마나 되었는가?'

아귀가 대답하였다.

'저는 이 성이 일곱 번 만들어졌다가 무너지는 것을 보았습니다.'

나는 탄식하면서 말하였다.

'아귀는 오래 살기 때문에 그 고통이 매우 많구나.'"

제자들은 이 말을 듣고 모두 생사를 우환거리라고 여겼고, 곧 도의 자취를 얻었다.

92.
기야다를 만난 두 비구

그때 남인도의 어떤 두 비구가 기야다가 큰 위엄과 덕망을 갖췄다는 소문을 듣고 계빈국으로 찾아와 그가 머무는 곳에 도착하였다. 두 비구는 나무 아래를 지나다가 바싹 야윈 한 비구가 부엌 앞에서 불을 지피고 있는 것을 보았다.

두 비구가 그에게 물었다.

"당신은 존자 기야다를 아십니까?"

그 비구가 대답하였다.

"압니다."

"지금 어디 계십니까?"

"이 위쪽 세 번째 굴에 계십니다."

두 비구가 곧 산으로 올라가 그 굴에 도착해서 보니 바로 조금 전 만났던 그 불을 지피던 비구였다. 두 비구는 '그처럼 명성과 덕망이 있으면서 무엇 때문에 먼저 와서 불을 지피고 있을까?' 하고 이상하게 여겼다.

한 비구가 의심을 풀기 위해 그에게 물었다.

"존자께서는 그처럼 위엄과 덕망이 있으신데 손수 불을 때십니까?"

존자가 대답하였다.

"나는 과거 전생에 태어나고 죽으면서 겪었던 고통을 기억합니다. 대중 스님들을 위해서라면 나의 머리와 손발까지도 기꺼이 태울 수 있는데, 하물며 장작을 태우는 일이겠습니까?"

두 비구가 이내 물었다.

"알 수 없습니다. 과거 전생에 태어나고 죽으면서 어떤 고통을 겪으셨습니까? 듣고 싶습니다."

존자가 대답하였다.

"나는 기억합니다. 과거 500생애 전에 나는 개로 태어나 항상 굶주림과 목마름에 시달렸습니다. 오직 딱 두 번만 배불리 먹을 수 있었습니다. 한번은 술 취한 사람이 땅바닥에 토해 놓은 음식을 만났을 때입니다. 그때 맘껏 배불리 먹을 수 있었습니다.

그리고 또 한 번은 부부 둘만 사는 집을 만났을 때입니다. 남편이 밭에 일하러 나가자 아내가 집에 남아 밥을 지었습니다. 그런데 그 부인이 볼일이 있어 잠깐 밖에 나간 사이에 내가 그 틈을 노려 안으로 들어가 그들의 음식을 훔쳐 먹었습니다. 그런데 하필이면 밥그릇의 주둥이가 작았습니다. 처음에는 머리를 넣을 수 있었지만, 나중에 다시 빼기는 어려웠습니다. 그래서 한 번 배는 불렀지만, 뒤에 큰 고통을 당해야 했습니다. 밭에서 돌아온 남편이 곧바로 그릇에 빠진 내 목을 베었기 때문입니다."

그때 두 비구는 그 설법을 듣고 생사를 싫어하여 수다원을 얻었다.

93.

아라한 기야다를 만난 월지국의 왕

월지국月氏國에 전단계니타栴檀罽尼吒라는 왕이 있었다.

왕은 계빈국에 있는 존자 아라한 기야다의 큰 명성을 듣고, 그를 보려고 몸소 수레를 타고 신하들과 함께 그 나라로 갔다. 그는 길을 가던 도중에 가만히 생각하였다.

'나는 지금 왕이다. 하늘 아래 모든 백성이 나를 공경하고 복종한다. 큰 덕을 갖춘 분이 아니면 어떻게 나의 공양을 받을 수 있겠는가?'

이렇게 생각하고 다시 앞으로 나아가 그 나라에 이르렀다.

어떤 사람이 존자 기야다에게 말하였다.

"월지국의 왕 전단계니타가 여러 신하와 함께 멀리서 찾아와 존자를 뵈려고 합니다. 부디 존자께서는 옷을 단정히 차려입고 나가 대접하십시오."

존자가 대답하였다.

"내가 부처님 말씀을 들으니 '출가한 사람은 예로서 속세의 외양을 존중할 뿐 오직 힘쓸 것은 덕이다.'라고 하셨는데, 어떻게 옷을 꾸미고 나가서 맞이하겠는가?"

기야다 존자는 곧 잠자코 단정히 앉아 나가지 않았다.

이에 월지국 왕은 존자가 계신 곳으로 찾아갔다. 왕은 존자 기야다의 위덕을 보고는 더욱 공경하고 믿는 마음이 생겨 앞으로 다가가 머리를 조아리고 한쪽에 물러섰다. 그때 존자가 가래침을 뱉으려 하자, 왕은 자기도 모르게 가래침 그릇을 앞에다 바쳤다.

그러자 존자 기야다는 왕에게 말하였다.

"빈도貧道는 감히 국왕의 복된 밭이 될 자격이 없습니다. 어쩌자고 이렇게 직접 왕림하셨습니까?"

그때 월지국 왕은 부끄러워하면서 '내가 아까 혼자서 생각한 것을 아시는구나. 신비한 덕이 아니면 어떻게 이럴 수 있겠는가?' 하고, 거듭 공경하는 마음이 생겼다.

그때 존자 기야다가 왕에게 간단히 말씀하셨다.

"왕께서는 오는 길이 편안하셨듯이 가는 길도 편안하소서."

왕은 그 말씀을 듣고 곧 본국으로 돌아갔다. 그런데 중간쯤 갔을 때 신하들이 원망하였다.

"우리는 대왕을 따라 멀리 저 나라까지 갔지만 아무 들은 것도 없이 이렇게 빈손으로 돌아갑니다."

그때 월지국 왕이 신하들에게 말하였다.

"그대들은 지금 얻은 것이 없다고 나를 원망하는가? 아까 존자께서 나에게 '왕께서는 오는 길이 편안했듯이 가는 길도 편안하소서.'라고 하지 않으셨는가? 그대들은 그 뜻을 모르는가? 나는 전생에 계율을 지키고 보시하며 승방을 짓고 탑을 세웠다. 이런 갖가지 공덕으로 왕이 될 종자를 심어 지금 이 자리를 누리는 것이다.

그러므로 지금 다시 복을 닦고 여러 가지 선행을 널리 쌓으면 미래 세상에서도 반드시 복을 받을 것이다. 그래서 존자께서 나에게 '왕은 오는 길이 편안했듯이 가는 길도 편안하라.'라고 경계하신 것이다."

신하들은 이 말을 듣고 머리를 조아리며 사과하였다.

"신들이 이렇게 못나고 지혜가 부족해 그 존자의 말씀을, 오가는 길에 관한 덕담이라고 제멋대로 해석했습니다. 대왕의 신비한 덕은 그 존자께서 말씀하신 뜻에 묘하게 들어맞습니다. 대왕께서는 여러 가지 덕을 쌓고 심었기 때문에 현재 국왕의 지위를 누리는 것입니다."

신하들은 이렇게 말하고 기뻐하면서 물러갔다

94.
월지국 왕의 지혜로운 세 친구

그때 월지국의 왕 전단계니타는 지혜로운 세 사람과 친한 벗이 되었다. 첫째는 마명馬鳴 보살이고, 둘째는 대신 마타라摩吒羅이고, 셋째는 훌륭한 의사 차라가遮羅迦였다. 왕은 세 사람과 매우 친하게 지내며 융숭하게 대접하고 늘 좌우에 있게 하였다.

마명 보살이 왕께 아뢰었다.

"만약 왕께서 제 말대로 하신다면 왕께서는 내생에 늘 선善과 함께 할 것입니다. 온갖 재난을 영원히 벗어나고 나쁜 세계를 길이 떠날 것입니다."

대신 마타라가 또 아뢰었다.

"만약 왕께서 제 말대로 하며 누설하지 않으신다면 온 천하를 모두 얻을 것입니다."

의사 차라가가 또 아뢰었다.

"만약 왕께서 제 말대로 하신다면 왕께서는 절대로 횡사할 일이 없고 온갖 음식이 다 입맛에 맞으며 몸이 건강하고 근심이 없을 것입니다.”

왕은 의사의 말대로 하여 가벼운 병도 앓은 적이 없었다.

그리고 왕은 대신의 말대로 출병해 위엄을 떨쳤다. 그러자 항복하지 않는 나라가 없어 사해四海에서 삼면을 평정하였는데, 오직 동쪽에 있는 나라만은 항복하지 않았다. 그래서 왕은 곧 군사를 정비해 그곳을 정벌하려고 하였다. 선봉에 여러 오랑캐와 흰 코끼리를 세워 길을 열게 하고 왕이 그 뒤를 따랐다. 총령葱嶺에 이르러 험난한 관문을 넘으려 할 때 늘 타던 말이 앞으로 나아가려 하지 않았다.

왕이 괴상히 여겨 말에게 말하였다.

“나는 지금까지 너를 타고 정벌을 나서 사해의 삼면을 이미 평정하였다. 너는 지금 왜 더 나아가려 하지 않는가?”

그때 대신 차라가가 왕에게 아뢰었다.

“신은 앞서 말씀드리기를 ‘비밀을 누실하지 마시라.’라고 하였습니다. 그런데 지금 왕께서는 비밀을 말에게 누설하셨습니다. 아마 왕의 목숨이 길게 이어지지 못할 것입니다.”

왕은 대신의 말대로 자신이 오래지 않아 죽을 것이 분명함을 알았다. 왕은 지금까지 남의 나라를 정벌하면서 3억이 넘는 사람들을 죽였다. 왕은 자신이 장래에 반드시 중한 벌을 받게 되리란 것을 스스로 알았다. 그래서 마음에 두려움이 생겨 곧 참회하였다. 그리고 보시하고 계율을 지키고 승방을 짓고 옷·음식·침구·약 등을 부족하지 않게 스님들께 공양하였으며,

온갖 공덕을 부지런히 닦으며 게으름 떨지 않았다.

그때 신하들이 저희끼리 말하였다.

"왕은 온갖 악을 널리 짓고 무도하게 사람들을 죽였다. 지금 복을 지은들 과거의 허물에 무슨 도움이 되겠는가?"

왕은 그 말을 듣고 그들의 의심을 풀어 주려고 곧 방편으로 신하들에게 명령하였다.

"너희들은 큰 가마솥에 물을 채우고 펄펄 끓도록 7일 동안 밤낮으로 쉬지 말고 불을 지펴라."

그리고 왕은 곧 반지 하나를 빼 그 가마솥에 던지고 신하들에게 명령하였다.

"저 가마솥 안의 반지를 집어 오라."

신하들이 아뢰었다.

"제발 살려주십시오. 저 반지는 꺼낼 수 없습니다."

왕이 신하들에게 말하였다.

"어떤 방법을 쓰면 저 반지를 꺼낼 수 있을까?"

신하들이 대답하였다.

"밑에서 때던 불을 끄고 위에 찬물을 부으면 됩니다. 이 방법이면 사람의 손이 상하지 않고 반지를 집을 수 있습니다."

왕이 말하였다.

"온갖 악행을 저질렀던 예전의 나는 저 뜨거운 가마솥과 같다. 지금이라도 온갖 선을 닦고 부끄러워하여 참회하고 다시는 악행을 저지르지 않는다면 왜 그것을 멸하지 못하겠는가? 세 갈래 나쁜 세계로 떨어지는 것을 막을 수 있고 인간이나 하늘나라에 태어날 수 있을 것이다."

신하들은 왕의 이 말을 듣고 곧 깨달아 모두 기뻐하였다.

지혜로운 사람의 말은 듣지 않으면 안 된다.

장아함경

제8권

온갖 보배가 가득한 경

95.
부처님께 악심을 품었던 구시미국 재상 부부

부처님께서는 구시미국拘尸彌國에 계셨다.

그때 어떤 재상 바라문이 사람됨이 사나워 도리에 맞게 행동하지 않았고, 그 아내도 사특하고 아첨을 잘 하는 것이 남편과 다름이 없었다.

남편이 아내에게 말하였다.

"사문 구담이 지금 우리나라에 있소. 그가 찾아오면 문을 닫고 열어주지 마시오."

부처님께서 어느 날 갑자기 그 집 마당에 나타나셨다. 바라문의 아내는 부처님을 보고도 잠자코 말을 하지 않았다.

그러자 부처님께서 말씀하셨다.

"너희 바라문은 어리석고 삿된 소견을 가져 삼보를 믿지 않는구나."

아내는 이 말을 듣고 너무 화가 치밀어 자기 손으로 목걸이를 끊어 버리고는 기름때가 번들거리는 더러운 옷을 입고 땅바닥에 주저앉았다.

남편이 밖에서 돌아와 물었다.

"왜 그러시오?"

아내가 대답하였다.

"사문 구담이 저를 욕하면서 '너희 바라문은 삿된 소견을 가지고 불법을 믿지 않는구나.'라고 하였습니다."

남편이 말하였다.

"일단 내일까지만 참으시오. 내일 문을 열어 놓고 부처라는 그놈이 오기를 기다립시다."

다음날 부처님께서 그 집에 나타나시자, 바라문이 날카로운 칼을 들고 부처님을 내려쳤다. 하지만 도저히 벨 수가 없었다. 정신을 차리고 살펴보니 부처님이 하늘에 떠 있었다. 바라문은 스스로 부끄러워하며 땅에 엎드려 부처님께 아뢰었다.

"부디 세존께서는 내려오셔서 저의 참회를 받아 주소서."

부처님은 곧 내려와 그 부부의 참회를 받아 주고 법을 설하셨다. 부부는 함께 수다원을 얻었다.

그때 비구들이 부처님께서 하늘에서 내려와 그런 나쁜 사람을 교화했다는 소문을 듣고 서로 이렇게 말하였다.

"부처님께서 세상에 출현하신 것은 참으로 놀랍고 참으로 특별한 일이다."

부처님께서 비구들에게 말씀하셨다.

"오늘만이 아니다. 전생에도 나는 그 부부를 항복시켰다."

비구들이 아뢰었다.

"알 수 없습니다. 전생에는 저들을 어떻게 항복시켰습니까?"

부처님께서 말씀하셨다.

"아득한 옛날 가시국에 악수惡受라는 왕이 있었다. 그는 온갖 못된 법을 만들어 백성을 괴롭히고 무도하게 사람을 죽였다. 그리고 사방에서 찾아오는 장사꾼의 진기한 물건들을 모두 세금으로 빼앗고 그 값을 쳐주지 않았다. 그래서 그 나라에서는 결국 보물이 아주 귀하게 되었다. 백성들의 입에서 입으로 그의 악명이 퍼져나갔다.

그때 숲에서 살던 앵무새의 왕이 길을 지나다니던 사람들이 왕의 악행을 이야기하는 것을 듣고 생각하였다.

'비록 새인 나도 왕의 행동이 잘못이란 것 정도는 안다. 내가 왕에게 찾아가 좋은 길을 일러주리라. 왕이 내 말을 들으면 분명 이렇게 말할 것이다. 〈저 새의 왕도 착한 말을 하는데 하물며 사람의 왕이겠는가?〉라고 그가 꾸짖으면 혹 고칠지도 모른다.'

그는 곧 높이 날아 왕의 동산에 이르렀고, 빙빙 돌다가 내려와 어떤 나무 위에 앉았다. 마침 왕의 부인이 동산에서 놀고 있었다.

그때 앵무새가 날개를 치고 울면서 말하였다.

'지금 왕은 매우 포학하고 무도하여 백성들을 잔혹하게 죽이고 그 독이 동물들에게까지 미치고 있습니다. 모든 생명이 거친 숨을 몰아쉬면서 사람이고 짐승이고 분통을 터트리며,

그 통곡하는 소리가 온 천하에 가득합니다. 또 부인도 가혹하기가 왕과 다름이 없으니, 백성들의 부모가 되어 어찌 이럴 수 있습니까?'

부인은 이 말을 듣고 불같이 화를 냈다.

'저 조그만 새가 함부로 주둥이를 놀려 나를 욕하는구나.'

왕의 부인은 사람을 시켜 앵무새를 잡아 오게 하였다.

앵무새는 놀라거나 두려워하지도 않고 그 사람 손에 잡혔다. 부인은 잡은 그 새를 왕에게 넘겼다.

왕이 앵무새에게 말하였다.

'너는 왜 우리를 욕하는가?'

앵무새가 대답하였다.

'왕의 법답지 않음을 말한 것은 서로에게 도움이 되려는 것이지, 감히 욕한 것이 아닙니다.'

왕이 또 물었다.

'내게 무슨 잘못이 있다는 말인가?'

'일곱 가지 잘못이 있습니다. 이 일곱 가지가 왕을 위험에 빠트릴 것입니다.'

'무엇이 일곱 가지인가?'

앵무새가 대답하였다.

'첫째는 지나치게 여자를 탐닉하면서 바른 생활에 힘쓰지 않는 것입니다. 둘째는 술에 취해 난동을 부리면서 나랏일을 걱정하지 않는 것입니다. 셋째는 장기와 바둑에 빠져 예의를 닦지 않는 것입니다. 넷째는 사냥하러 다니고 살생하면서 조금도 인자한 마음이 없는 것입니다.

다섯째는 나쁜 말 쓰기를 좋아하여 좋은 말이라고는 조금도 하지 않는 것입니다. 여섯째는 부역과 형벌을 예전보다 배나 더 심하게 하는 것입니다. 일곱째는 부당하게 백성들의 재산을 빼앗는 것입니다. 이 일곱 가지는 왕을 위험에 빠트릴 수 있습니다.

또 세 가지가 왕의 나라를 망가트리고 있습니다.'

왕이 다시 물었다.

'세 가지는 무엇인가?'

앵무새가 대답하였다.

'첫째는 사특하게 아첨하는 나쁜 사람들을 가까이하는 것입니다. 둘째는 현자와 성자를 의지하지 않고 충언을 받아들이지 않는 것입니다. 셋째는 다른 나라를 정벌하는 것을 좋아하며 백성들을 돌보지 않는 것입니다. 이 세 가지를 고치지 않으면 나라가 무너질 것이고, 그 시기는 아침이 아니면 저녁일 것입니다.

무릇 왕이란 온 나라가 우러러보는 사람입니다. 그러므로 왕은 다리처럼 모든 백성을 제도하여야 하고, 왕은 저울처럼 가까운 사람도 모르는 사람도 평등하게 대해야 하며, 왕은 길처럼 성현의 자취에서 벗어나지 말아야 합니다.

또 왕은 해처럼 온 세상을 두루 비춰야 하고, 왕은 달처럼 모든 생명에게 시원함을 주어야 하며, 왕은 부모처럼 백성을 사랑하고 가엾이 여겨야 하고, 왕은 하늘처럼 일체를 감싸주어야 하며, 왕은 땅처럼 만물을 싣고 길러야 하고, 왕은 불처럼 모든 백성을 위해 나쁜 우환거리를 태워 없애야 하며, 왕은 물처럼 사방을 윤택하게 해야 합니다. 또 과거의 전륜성왕처럼 열 가지 좋은 도道를 가지고 중생을 교화해야 합니다.'

왕은 이 말을 듣고 매우 부끄러워하였다.

'앵무새의 말은 매우 정성스럽고 간곡하다. 나는 사람의 왕으로서 도리에 맞지 않는 짓들을 저질렀다. 이제 그 가르침을 따라 스승으로 받들어 섬기면서 바른 행을 닦으리라.'

왕이 바른 교화를 펼치자 악명이 사라지고 부인과 신하들 역시 모두 충성하고 공경하여 모든 백성이 다들 기뻐하였다. 마치 소들이 강을 건너는 것과 같았으니, 길잡이 소가 바르게 가면 따르는 소떼들 역시 바르게 가는 것과 같았다.

그때 그 앵무새가 바로 지금의 나이고, 가시국의 왕 악수는 바로 지금의 재상이며, 그때 왕의 부인이 바로 지금의 재상 부인이니라."

96.
부처님의 강요로 출가한 아우 난타

부처님께서 가비라위국迦比羅衛國에 계실 때였다.

어느 날 성에 들어가 걸식하시다가 난타難陀의 집에 이르셨다. 마침 난타가 아내와 함께 있었는데, 아내는 얼굴을 화장하면서 눈썹 사이에 향을 바르고 있었다. 난타는 부처님이 자기 집 문 앞에 계신다는 말을 듣고 나가 보려고 하였다. 그러자 난타의 아내가 부탁하였다.

"나가서 부처님을 뵙고 제 이마의 화장이 마르기 전에 들어오십시오."

난타는 곧 나가 부처님을 뵙고 예배하였다. 그리고 발우를 받아 집에 들어가서 음식을 가득 담아서 부처님께 바쳤다. 그러나 부처님께서는 그 발우를 받지 않으셨다. 난타는 할 수 없이 부처님 뒤에 있던 아난에게 발우를 건넸다. 하지만 아난도 그 발우를 받으려 하지 않았다.

그리고 아난이 말하였다.

"너는 누구에게서 그 발우를 받았는가? 주인에게 돌려드려라."

이에 그는 발우를 들고 부처님을 뒤쫓아 니구루尼拘屢 정사까지 가게 되었다. 부처님께서는 곧 이발사에게 명령하여 난타의 머리를 깎게 하셨다. 그러자 난타가 거부하며 주먹을 쥐고 화를 내면서 이발사에게 말하였다.

"너는 지금 이 가비라위의 모든 사람들의 머리를 다 깎겠다는 것인가?"

부처님께서 이발사에게 물으셨다.

"왜 난타의 머리를 깎지 않았느냐?"

이발사가 대답하였다.

"무서워서 못 깎겠습니다."

부처님께서 아난과 함께 몸소 난타에게 찾아가셨다. 난타는 형인 부처님을 두려워했기 때문에 감히 머리를 깎지 않을 수 없었다. 난타는 머리를 깎긴 했지만 늘 집으로 돌아가고 싶었다. 그러나 부처님께서 늘 그를 데리고 다니셨기 때문에 도망칠 수 없었다.

그러던 어느 날 그가 걸식을 나가지 않고 정사에 남아 방을 지키는 당번이 되었다. 난타는 기뻐하면서 생각하였다.

'이제 집으로 돌아갈 좋은 기회를 얻었다. 부처님과 스님들이 모두 떠난 뒤에 나는 집으로 돌아가리라.'

부처님께서 걸식하러 성으로 들어가신 뒤 난타는 이런 생각이 들었다.

"물을 길어 저 물병을 채워 둔 뒤에 집으로 돌아가야겠다."

난타는 곧 물을 길었다. 그런데 한 병을 채우고 나면 다른 병이 쓰러졌다. 그러다 보니 한참이 지나도록 그 병을 모두 채울 수가 없었다. 그는 생각하였다.

'저 물병을 다 채울 수가 없구나. 비구들이 돌아오면 알아서 각자 물을 길어 오겠지. 이제 이 병들이나 방에 들여 넣고 집으로 돌아가자.'

난타는 물병들을 방에 넣고 방문을 닫으려 하였다. 그런데 한 짝을 닫으면 다른 한 짝이 열리고 또 그 한 짝을 닫으면 다른 한 짝이 또 열렸다. 난타는 다시 생각하였다.

'문이 두 짝 다 닫히질 않는구나. 우선 그냥 두고 떠나자. 비구들의 옷이나 물건을 잃어버리더라도 나는 재산이 많으니 충분히 보상할 수 있다.'

난타는 곧 승방을 나갔다. 그러다 가만히 생각하였다.

'부처님께서는 분명히 이 길로 오실 것이다. 나는 다른 길로 가야겠다.'

하지만 부처님께서 그의 생각을 아시고는 평소와 달리 난타가 선택한 길로 오셨다. 난타는 멀리서 부처님이 오시는 것을 보고 큰 나무 뒤에 숨었다. 그러자 나무의 신이 나무를 뿌리째 뽑아 허공으로 들어올렸다. 결국, 난타의 모습이 고스란히 드러나고 말았다. 부처님께서는 난타를 데리고 다시 정사로 돌아오셨다.

부처님께서 난타에게 물으셨다.

"너는 아내가 그리운가?"

난타가 대답하였다.

"정말 그립습니다."

부처님께서 난타를 데리고 아나파나산阿那波那山 꼭대기에 올라가 다시 물으셨다.

"네 아내는 아름다운가?"

"아름답습니다."

그 산에 늙은 애꾸눈 원숭이가 한 마리 있었다.

부처님께서 또 물으셨다.

"네 아내 손타리孫陀利를 저 원숭이와 비교하면 누구 얼굴이 더 아름다운가?"

난타가 괴로워하면서 생각하였다.

'내 아내만큼 아름다운 사람은 세상에서 드물다. 그런데 부처님께서는 지금 왜 내 아내를 저 원숭이와 비교할까?'

부처님께서는 다시 그를 데리고 도리천으로 올라가셨다. 그리고 그와 함께 여러 하늘나라 궁전을 돌아다니면서 천자들이 천녀들과 어울려 서로 즐기는 모습을 보여 주셨다. 그러다 한 궁전에서 500명의 천녀만 있고 천자가 없는 것을 보게 되었다. 난타가 부처님께 그 이유를 물었다.

그러자 부처님께서 말씀하셨다.

"네가 가서 직접 물어보라."

난타가 다가가 천녀에게 물었다.

"다른 궁전에는 모두 천자가 있는데 왜 여기에만 천자가 없습니까?"

천녀들이 대답하였다.

"수미산 남쪽 염부제에 사는 부처님의 아우 난타가 부처님의 강요에 못 이겨 출가하셨습니다. 그분은 출가한 인연으로 목숨을 마치면 이 하늘나라 궁전에 태어나 저희의 천자가 될 것입니다."

난타가 대답하였다.

"제가 바로 그 사람입니다."

난타는 곧 거기서 살고 싶었다. 그러자 천녀들이 말하였다.

"우리는 하늘나라 사람이고, 당신은 지금 인간입니다. 돌아가 인간의 수명을 마치고 이곳에 다시 태어나야 이곳에서 살 수 있습니다."

난타는 부처님께 돌아와 위의 사실을 자세히 아뢰었다.

부처님께서 말씀하셨다.

"네 아내를 그 천녀들과 비교하면 누가 더 아름다운가?"

난타가 아뢰었다.

"저 천녀들과 비교하면 제 아내는 애꾸눈 원숭이나 마찬가지입니다."

부처님께서는 난타를 데리고 염부제로 돌아오셨다. 그날 이후로 난타는 하늘나라에 태어나기 위해 더욱 정성껏 계율을 지켰다.

그때 아난이 그를 위해 게송을 읊었다.

마치 숫양이 암컷을 두고 싸울 때
앞으로 나아갔다가 다시 물러나는 것처럼
네가 계율을 지키려 애쓰는 것도
그와 비슷하구나.

부처님께서 다시 난타를 데리고 지옥으로 가셨다. 난타는 그곳에서 펄펄 끓고 있는 여러 개의 가마솥을 보게 되었다. 가마솥마다 모두 사람을 삶고 있었는데, 한 가마솥에는 물만 끓고 있었다. 난타가 그 까닭이 이상해 부처님께 물었다. 그러자 부처님께서 말씀하셨다.

"네가 가서 직접 물어보아라."

난타는 곧 다가가 옥졸에게 물었다.

"다른 가마솥에서는 모두 죄인을 삶아 벌을 주는데 왜 이 가마솥은 사람을 삶지 않고 비워두었습니까?"

옥졸이 대답하였다.

"염부제에 부처님의 아우인 난타라는 사람이 있다. 그는 출가한 공덕으로 장차 하늘나라에 태어나지만, 탐욕에 젖어 도를 닦는 것을 그만둘 것이다. 그 인연으로 하늘나라의 수명을 마치면 이 지옥에 떨어질 것이다. 그래서 지금 나는 이 가마솥을 달구면서 그를 기다리는 것이다."

난타는 공포에 떨면서 옥졸이 붙잡을까 두려워 이렇게 말하였다.

"부처님께 귀의합니다. 부디 저를 보호하여 염부제로 데려가 주소서."

부처님께서 말씀하셨다.

"난타야, 너는 부지런히 계율을 지키며 하늘나라에 태어날 복을 닦아라."

난타가 대답하였다.

"하늘나라에 태어나지 않아도 좋습니다. 저는 오직 이 지옥에 떨어지지 않기만 바랄 뿐입니다."

부처님께서는 난타를 위해 법을 설하셨고, 난타는 7일 만에 아라한이 되었다.

비구들이 찬탄하였다.

"세존께서 세상에 출현하심은 참으로 기이하고 참으로 놀라운 일입니다."

부처님께서 말씀하셨다.

"오늘만이 아니다. 과거 전생에도 나는 난타를 애욕의 수렁에서 건져 주었다."

"과거 전생에는 어떻게 난타를 구제하셨습니까? 저희를 위해 말씀해 주소서."

부처님께서 말씀하셨다.

"옛날 가시국에 만면滿面이라는 왕이 있고, 비제희국比提希國에 얼굴이 매우 아름다운 한 음녀婬女가 있었다. 그때 두 나라는 항상 서로 원수처럼 지냈다.

어느 날 아첨을 잘하던 한 신하가 가시국 왕에게 '비제희국에 세상에 드문 미모를 가진 음녀가 있습니다.' 하고 찬탄하였다. 가시국 왕은 그 말을 듣고 마음이 혹하여 사자를 보내 그 음녀를 데려오게 하였다. 하지만 비제희국에서 음녀를 보내 주지 않았다. 가시국 왕이 다시 사자를 보내 말하였다.

'잠깐 만나보려는 것뿐이다. 나흘이나 닷새 뒤에는 반드시 돌려보내겠다.'

그러자 비제희국의 왕이 음녀에게 명령하였다.

'너는 아름다운 자태와 온갖 재주를 빠짐없이 다 갖추었다. 네가 가시국 왕을 홀려 잠시도 네 곁을 떠나지 못하게 만들어라.'

비제희국의 왕은 곧 음녀를 가시국의 왕에게 보냈다. 그리고 네댓새가 지난 후 음녀를 다시 불렀다.

'큰 제사를 지내고자 하는데 그 여인이 꼭 필요합니다. 잠시 돌려보내 주면 뒤에 다시 보내겠습니다.'

가시국 왕은 곧 음녀를 돌려보냈다. 제사가 끝나고, 가시국 왕이 사자를 보내 음녀를 요구하자 비세희국에시 답히였다.

'내일 보내겠습니다.'

하지만 이튿날이 되어도 보내 주지 않았다. 이렇게 거짓말로 여러 날이 지났다. 가시국 왕은 상사병이 생겨 단 몇 사람만 데리고 그를 찾아가려고 나섰다. 신하들이 말려도 왕은 막무가내였다.

그때 신선들이 사는 산에 총명하고 널리 통달해 아는 것이 많은 원숭이 왕이 있었다. 마침 그 원숭이 왕의 아내가 죽자 원숭이 왕은 어떤 암컷을 차지해 아내로 삼았다. 그러자 원숭이들이 모두 화를 내며 꾸짖었다.

'이 음탕한 놈아, 그 암컷은 우리의 공동 소유인데 왜 너 혼자 차지하느냐?'

원숭이 왕은 암컷을 데리고 가시국으로 도망쳐 가시국 왕에게 의지하였다. 그러자 원숭이들은 모두 그 뒤를 좇아와 가시국 성에 들어와 지붕을 부수고 담장을 무너뜨렸는데 어떻게 대처할 수가 없었다.

가시국 왕이 원숭이 왕에게 물었다.

'너는 왜 저 암컷을 원숭이들에게 돌려주지 않는가?'

원숭이 왕이 말하였다.

'저는 하나뿐인 아내가 죽어 더는 아내가 없습니다. 그런데 왕께서는 왜 저더러 저 암컷 원숭이를 돌려보내라 하십니까?'

'지금 너희 원숭이들이 우리나라를 저렇게 부수며 난리를 떠는데 어떻게 돌려보내지 않을 수 있겠는가?'

'제가 잘못하고 있는 것입니까?'

'잘못하고 있지.'

원숭이 왕이 두 번 세 번 거듭 물었지만, 왕은 잘못하는 짓이라고 따끔하게 말하였다. 그러자 원숭이 왕이 말하였다.

'왕의 궁중에는 부인이 8만 4천 명이나 있습니다. 그런데도 왕께서는 만족하지 않고 음녀를 좇아 적국으로 찾아가려 하십니다. 아내가 없어 이 암컷 하나를 가지려 한 저를 두고도 왕께서는 잘못하는 짓이라 하셨습니다. 그렇다면 왕께서는 모든 백성이 당신만 바라보고 살아가는데 왜 음녀 하나를 위해 저들을 다 버리는 것입니까?

대왕은 아셔야 합니다. 대개 음욕이란 즐거움은 적고 괴로움이 많은 것입니다. 그것은 마치 미련한 사람이 바람을 거슬러 횃불을 잡고 놓지 않다가 마침내 데는 것과 같습니다. 애욕은 저 똥 무더기처럼 더러운 것입니다. 애욕은 얇은 가죽으로 덮어놓은 것처럼 겉모습만 번지르르한 것입니다. 애욕은 똥통에 빠져 다시는 살아나올 수 없는 독사와 같습니다. 애욕은 거짓으로 가까운척하며 사람에게 빌붙는 원수와 같고, 애욕은 반드시 갚아야 하는 빚과 같습니다.

애욕은 뒷간에 핀 꽃처럼 추한 것입니다. 애욕은 불에 지지고 긁을수록 낫기는커녕 더 심해지는 옴과 같습니다. 애욕은 개가 마른 뼈다귀를 물고 침을 질질 흘리면서 맛있을 거라 여기는 것과 같습니다. 입술과 이빨이 모조리 부서지도록 물어뜯지만, 개에게 끝내 만족이란 없습니다.

애욕은 목마른 사람이 소금물을 마시는 것처럼 갈증이 더욱 심해질 뿐입니다. 애욕은 새들이 다투어 달려드는 썩은 고깃덩이와 같습니다. 애욕은 물고기나 짐승이 미끼를 탐하다 죽음에 이르는 것처럼 초래하는 재앙이 매우 심각합니다.'

그때 그 원숭이 왕이 바로 지금의 나이고, 그때 가시국 왕은 바로 지금의 난타이며, 비제희국의 음녀는 지금의 손타리이다.

그때도 나는 저 난타를 애욕의 수렁에서 건져 주었고, 지금 역시 그를 생사의 고통에서 건져 준 것이다."

97. 광야의 귀신과 도적 떼

부처님께서 왕사성에 계실 때였다.

그 무렵 왕사성과 비사리국毘舍離國 두 나라 국경에 500명의 도적 떼가 있었다. 왕사성의 빈바사라왕은 인자하고 너그러워 은혜로운 법으로 세상을 다스리며 생명을 해치지 않았다. 그래서 곧 공고하였다.

"저 500명의 도적 떼에게 찾아가 그들을 부드럽게 교화하여 도둑질하지 않게 하는 자가 있다면 큰 상과 벼슬을 내릴 것이다."

그러자 한 역사가 왕의 공고에 응해 광야로 찾아가 도적 떼를 교화하고 다시는 도둑질하지 않게 하였다. 도적 떼가 항복하자 역사는 큰 성과 연못을 만들어 그들이 그곳에서 편안히 살 수 있게 하였다. 그러자 많은 사람이 그에게 의지하여 마침내 큰 나라를 이루었다. 그 나라 사람들은 다들 이렇게 말하였다.

"우리는 저 역사가 보살펴 주는 큰 은혜를 입었다."

그리고 함께 모여 약속하였다.

"지금부터 우리가 새로 아내를 맞이하면 먼저 저 역사에게 바치자."

그들은 곧 역사에게 찾아가 말하였다.

"우리는 새로 아내를 맞이하면 그 아내를 먼저 역사님께 바치자고 약속하였습니다. 두 가지 이유 때문이니, 첫째는 역사님과 같은 좋은 아들을 얻기 위해서요, 둘째는 역사님의 은혜를 갚기 위해서입니다."

역사가 대답하였다.

"그럴 필요 없습니다."

그러나 그들의 간청에 못 이겨 곧 그들의 뜻을 따랐다. 그 법을 시행하고 많은 시간이 지났을 때였다. 그 풍습을 좋지 않게 생각하던 한 여인이 사람들 앞에서 발가벗고 서서 소변을 보았다. 사람들이 모두 꾸짖었다.

"너는 부끄러움도 모르느냐? 어떻게 여자가 사람들 앞에 서서 소변을 보는가?"

그러자 그 여자가 대답하였다.

"여자가 여자들 앞에서 옷을 벗고 소변을 보는데 무엇이 부끄럽습니까? 이 나라에는 모두 여자뿐입니다. 남자라고는 오직 저 역사 하나입니다. 그분 앞이라면 부끄러워하겠지만 당신들 앞인데 무엇이 부끄럽겠습니까?"

그때부터 사람들이 수군거리게 되었다.

"저 여자 말이 도리에 맞다."

그때 사리불과 목련이 500명의 제자를 데리고 그 광야를 지나게 되었다. 역사는 그것을 알고 두 존자와 500명의 제자를 초대하여 편안히 쉬게 하고 의복과 음식을 이바지하였다.

그리고 사흘 뒤, 그 나라 백성들이 모두 모여 모임을 열었는데 술을 마시고 잔뜩 취하자 흥분하여 그 역사의 집을 에워싸고 불을 질렀다. 역사가 물었다.

"왜 이런 짓을 하는가?"

그들이 대답하였다.

"처음 시집오는 여자는 모두 너를 거친다. 우리도 사람인데 그 일을 참을 수가 없다. 그래서 너를 태워 죽이려는 것이다."

역사가 대답하였다.

"내가 처음부터 거부하지 않았느냐? 너희들이 억지로 그렇게 하지 않았는가?"

하지만 그들은 듣지 않고 그를 태워 죽이려 하였다.

역사는 죽어가면서 서원을 세웠다.

'나는 사리불과 목련에게 공양하였다. 이 공덕을 인연으로 이 광야에 태어나 힘센 귀신이 되어 이들을 모조리 죽이리라.'

이렇게 말하고 곧 숨이 떨어졌다. 그는 곧 광야에서 귀신으로 태어나 지독한 독기를 뿜어 사람들을 많이 죽였다. 그러자 어떤 지혜로운 사람이 그 광야로 찾아가 귀신과 합의하였다.

"당신은 지금 한량없이 사람을 죽여 그 고기를 다 먹지도 못하고 그저 썩히고 있습니다. 부디 우리를 용서하고 저 소나 말을 죽이십시오. 그렇게 하면 하루에 한 사람씩 당신에게 드리겠습니다."

그리하여 그 나라 사람들은 모두 제비를 뽑아 하루에 한 사람씩 귀신에게 바쳤다. 그러다 발수타라拔須陀羅라는 장자 차례가 되었다. 그가 복덕이 있고 얼굴이 단정한 한 사내아이를 낳았는데, 그 아이가 귀신의 먹잇감이 될 차례였다. 장자는 생각하였다.

'부처님께서는 세상에 출현해 고통 받는 모든 중생을 구제해 주십니다. 부디 부처님께서 제 아들을 오늘의 이 재앙에서 건져 주소서.'

부처님께서는 왕사성에 계시다가 그 장자의 마음을 알고 곧 광야로 가서 그 귀신의 궁전에 앉으셨다. 광야의 귀신은 부처님을 보고 크게 화를 내면서 말하였다.

"썩 나가라, 사문아."

그러자 부처님께서 바로 궁전 밖으로 나오셨나. 하지만 귀신이 궁전으로 들어가면 부처님도 도로 따라 들어가셨다. 이렇게 세 번을 되풀이하다가 네 번째에는 부처님께서 나가지 않으셨다.

귀신이 말하였다.

"내 집에서 나가지 않으면 너를 정신 못 차리게 하고 네 다리를 잡아 갠지스 강 한복판에 던져 버릴 것이다."

부처님께서 말씀하셨다.

"하늘나라 신이건 악마건 범천이건 이 세상에서 내 다리를 잡아 그렇게 할 수 있는 자를 나는 보지 못했다.”

귀신이 말하였다.

“좋다. 그렇다면 내가 당신에게 네 가지를 묻겠다. 이 질문에 대답해 보라. 첫째, 거센 물살을 누가 건널 수 있는가? 둘째, 큰 바다를 누가 건널 수 있는가? 셋째, 모든 고통을 누가 없앨 수 있는가? 넷째, 청정함을 누가 얻을 수 있는가?”

부처님께서 바로 대답하셨다.

“믿음이 있는 자는 거센 물살을 건널 수 있다. 방일하지 않는 자는 큰 바다를 건널 수 있다. 부지런히 정진하는 자는 고통을 없앨 수 있다. 지혜로운 자는 청정함을 얻을 수 있다.”

귀신은 이 말을 듣고 곧 부처님께 귀의하여 부처님의 제자가 되었다. 그리고 손에 들었던 그 아이를 부처님 발우에 담아드렸다. 그래서 그 아이의 이름을 광야수曠野手라 하였다. 광야수는 점점 자라 부처님의 설법을 듣고 아나함의 도를 얻었다.

비구들이 아뢰었다.

“부처님께서 세상에 나오심은 참으로 놀라운 일입니다. 광야의 그런 나쁜 귀신을 항복시켜 우바새를 만드셨습니다.”

부처님께서 말씀하셨다.

“오늘만이 아니다. 아득한 과거에도 가시국과 비제혜국 중간에 큰 광야가 있고 그곳에 사타로沙吒盧라는 악귀가 있어 길을 막고 아무도 지나가지 못하게 하였다.

그때 사자師子라는 상단의 우두머리가 500명의 상인을 데리고 그 길을 지나가려 하였다. 하지만 사람들이 두려워하여 지

나갈 수가 없었다.

그러자 우두머리가 말하였다.

'절대 두려워하지 말고 내 뒤만 따르라.'

사자는 앞에서 길을 이끌며 귀신이 있는 곳에 도착했다.

귀신이 말하였다.

'너는 내 이름을 들어보지 못하였는가?'

대답하였다.

'나도 네 이름을 들었다. 그래서 싸우러 온 것이다.'

'네까짓 게 뭘 할 수 있겠느냐?'

사자는 곧 활을 잡아 귀신을 쏘았다. 500발을 쏘았지만 모두 귀신의 뱃속으로 사라졌다. 그리고 다시 활과 칼 따위의 무기를 썼지만 그것 역시도 모두 귀신의 뱃속으로 들어갔다. 사자가 달려들어 주먹으로 치자 그 주먹 역시 귀신의 뱃속으로 들어가 버렸다. 오른손으로 때리면 오른손이 그 몸에 붙어버리고, 오른발로 차면 오른발이 그 몸에 붙어버리고, 왼발로 차면 왼발이 그 몸에 붙어버리고, 머리로 들이박자 그 머리마저 들러붙었다.

귀신이 게송으로 말하였다.

너의 손발과 머리는 물론이고
모든 것이 다 붙어버리는데
다른 사람의 어떤 물건이
내 몸에 붙지 않을 수 있겠느냐?

우두머리도 게송으로 대답하였다.

지금 내 손과 발과 또 머리와
모든 재물과 무기들이 붙어버려도
오직 정진만은 너에게 붙지 않으리라.

만약 정진을 쉬지 않는다면
너와의 싸움도 멈추지 않으리라.
나는 이제 정진을 쉬지 않고
끝내 너를 두려워하지 않으리라.

그러자 귀신이 말하였다.

'이제 너를 위해 저 500명의 상인을 모두 풀어 주리라.'

그때 그 상단의 우두머리였던 사자가 바로 지금의 나이고, 사타로는 지금 저 광야의 귀신이니라."

98.
법문을 듣고 성욕을 버린 재상

부처님께서 왕사성에 계실 때였다.

빈바사라왕에게 큰 재상이 있었다. 그는 왕과 함께 자주 부처님께 찾아가 부처님께서 말씀하시는, 욕심 버리는 법을 들었다. 그 뒤로 재상은 부인의 처소를 드나들지 않게 되었다. 그러자 부인이 나쁜 마음을 품고 독약을 구해 음식에 넣고 부처님을 초청해 그 음식을 드리려 하였다. 남편은 부인이 나쁜 마음을 품고 있다는 것을 알고 부인에게 그 음식을 자기에게 달라고 청하였다. 하지만 부인은 남편에게 그 음식을 주지 않고 다른 음식을 주었다.

부처님께서 도착하시자 남편이 부처님께 아뢰었다.

"그 음식을 잡수지 마소서."

부처님께서 물으셨다.

"왜 먹지 말라고 하는가?"

"독이 들었기 때문입니다."

부처님께서 말씀하셨다.

“이 세상에 탐욕과 분노와 어리석음 이 세 가지 독보다 더한 독은 없다. 내가 그 독도 없앴는데 어떤 소소한 독이 나를 해칠 수 있겠는가?”

부처님께서는 곧 음식을 잡수셨고 조금도 이상이 없었다.

그러자 재상의 부인이 믿는 마음을 일으켰다. 부처님께서는 그들을 위해 법을 설하셨고, 그 부부는 모두 수다원을 얻었다.

비구들이 모두 처음 보는 일이라고 찬탄하자 부처님께서 말씀하셨다.

“오늘만이 아니다. 과거 전생에도 나는 저 부부를 교화했다.

옛날에 가시국왕에게 비도혜比圖醯라는 지혜로운 신하가 있었다. 그는 항상 도법道法으로 국왕을 보좌하고 또 여러 신하도 모두 좋은 법을 닦게 하였다.

그때 명상明相이라는 용왕이 비도혜에게 자주 오가면서 그 법다운 말을 듣고는 이를 받아들여, 아내에게 오가는 발걸음이 드물어졌다. 그러자 용의 아내가 화를 내며 말하였다.

‘저 비도혜의 심장을 꺼내 불에 태우고 그 피를 마셔야 내가 속이 후련하겠다.’

그때 용왕 부부와 가깝게 지내던 야차 귀신이 있었다. 야차는 용왕의 아내가 하는 말을 듣고 곧 말하였다.

‘내가 해결해 줄 수 있다.’

그리하여 용왕의 아내 곁에 있던 여의주를 가지고 상인의 모습으로 변해 가시국왕을 찾아갔다. 야차는 왕과 함께 저포樗

蒱 놀이를 하였다. 야차는 여의주를 걸었고, 왕은 그 여의주의 가치에 걸맞게 그 나라 국토와 보물창고와 비도혜 등의 신하를 한몫으로 하여 걸었다. 내기에서 야차가 이겼다. 그러나 야차는 그 국토와 보물창고는 취하지 않고 비도혜만 요구하면서 여의주까지 왕에게 주었다.

왕이 비도혜에게 물었다.

'그대는 저 사람을 따라가겠는가?'

비도혜가 대답하였다.

'따라가겠습니다.'

그리하여 야차는 비도혜를 데려갔다.

비도혜가 야차에게 물었다.

'나를 요구한 이유가 무엇인가?'

야차는 대답하지 않았다. 그러나 간절히 묻기를 그치지 않자 마침내 야차가 말하였다.

'용왕의 부인이 당신의 심장을 꺼내 불에 태우고 당신의 피를 마시고자 한다.'

비도혜가 말하였다.

'모든 사람의 심장과 피는 다 똑같다. 만약 당신이 나를 죽여 심장과 피를 가지고 간다면 그것이 누구의 것인지 어떻게 알겠는가? 당신은 나를 죽이지 말고 나를 데려가라. 그가 내 심장을 원한다면 그 대신 나는 내 지혜를 줄 것이요, 그가 내 피를 원한다면 그 대신 나는 나의 법을 줄 것이다.'

이 말을 듣고 야차는 생각하였다.

'이 분은 참으로 지혜로운 사람이다.'

그래서 곧 그를 데리고 용왕에게 갔다. 용왕은 그를 보고 매우 기뻐하였다.

비도혜가 그들을 위해 법을 설하자, 용왕 부부와 그 권속들은 모두 공경하고 믿는 마음을 일으켜 다섯 가지 계율을 받았다. 아울러 야차 무리도 다섯 가지 계율을 받았다. 그때 염부제의 용과 야차들이 보물을 잔뜩 가지고 와서 비도혜에게 주었다. 비도혜는 자신이 얻은 보물을 왕에게 바치고, 또 백성들에게 나누어 주었다. 그리하여 수미산 남쪽 염부제의 사람과 용과 귀신들이 모두 다섯 가지 계율을 받고 열 가지 선행을 닦게 되었다.

그때의 비도혜가 바로 지금의 나이고, 명상 용왕은 지금의 선견善見 재상이며, 용왕의 아내는 바로 지금의 재상 부인이다. 그리고 그때 가시국의 왕은 저 사리불이며, 야차는 바로 지금의 목련이니라."

99.
불구덩이에 몸을 던진 니건자

부처님께서 사위국에 계실 때였다.

그때 부처님께서 삿된 소견을 가진 외도들의 여섯 스승과 그 권속들을 교화하고 항복시켜 그들을 완전히 무너뜨렸다.

그러자 500명의 니건자들이 서로 말하였다.

"우리 무리는 완전히 패해 뿔뿔이 흩어졌다. 차라리 불에 타 죽어 빨리 다음 세상으로 가는 것만 못하다."

니건자들은 곧 장작을 모아 불을 지르고 타죽으려 하였다. 그때 부처님께서 큰 자비심으로 그들을 고통에서 구하시고자 장작에 불이 붙지 않게 하셨다. 그리고 부처님께서 그들 주변에서 불꽃처럼 환히 빛나는 화광삼매火光三昧에 드셨다. 니건자들은 큰 불덩이를 보고 마음으로 기뻐하며 이렇게 말하였다.

"우리는 구태여 불을 지를 필요가 없다. 모두 저 속에 몸을 던지자."

니건자들이 그 불덩이 속으로 들어가자 몸이 갑자기 시원해

지면서 매우 쾌적하였다. 그 불빛 속에서 부처님을 뵌 니건자들은 더욱 기뻐하면서 출가하기를 청하였다.

그러자 부처님께서 말씀하셨다.

"잘 왔구나, 비구들이여."

그러자 그들의 수염과 머리카락이 떨어지고 법복이 몸에 입혀졌다. 부처님께서는 그들을 위해 법을 설하셨고, 그들은 모두 아라한이 되었다.

비구들이 말하였다.

"참으로 놀라운 일입니다. 세존께서는 저 니건자들을 스스로 타죽는 고통에서 건져 주시고, 또 아라한이 되게 하셨습니다."

부처님께서 말씀하셨다.

"오늘만이 아니다. 아득한 옛날에 사위국의 상인 500명이 보물을 캐러 바다로 나갔다. 그때 비사거比舍佉라는 상단의 우두머리가 상인들을 데리고 바람을 따라 나아가 곧 보물이 있는 곳에 도착하였다. 상인들은 보물을 캐어 배에 실었다. 그때 상인들은 보물에 욕심이 생겨 배에 보물을 너무 많이 실었다. 그러자 비사거가 상인들에게 말하였다.

'보물을 너무 많이 싣지 마시오. 당신들 목숨을 잃을 것이오.'

그러나 상인들은 그 말을 듣지 않고 차라리 보물과 함께 죽을지언정 버릴 수는 없다고 하였다. 상단의 우두머리는 곧 자신의 배에 실었던 보물을 모두 물속에 던지고 상인들을 자신의 배에 태웠다. 출항하고 보물을 가득 실었던 배들은 모두 바다에 침몰하고 말았다. 바다의 신은 그 상단의 우두머리가 보물을 버리고 상인들을 구한 것을 보고 마음으로 기뻐하여 그 우두머리가 버렸던 보물들을 가지고 날아와 그의 앞에 있다가 해안에 도착하고 나서 그 상단의 우두머리에게 돌려주었다.

상인들이 말하였다.

'우리는 왜 그 보물이 실린 배를 타지 않았을까? 차라리 보물과 함께 빠져 죽었어야 했다.'

비사거는 그들이 괴로워하는 것을 보고 매우 가엾이 여겨 그가 얻은 보물을 모두 나눠주었다. 그리고 출가하여 외도의 법을 닦고 다섯 가지 신통을 얻었다.

상인들이 말하였다.

'저 대사大士는 재물과 보물을 탐하지 않고 스스로 자신의 마음을 닦아 큰 이익을 얻었다. 우리도 본받아야 한다.'

상인들도 각자 보물을 버리고 선인들이 있는 곳으로 찾아가 그 법을 닦아 익히고 모두 다섯 가지 신통을 얻었다.

비구들이여 그때 그 비사거가 바로 지금의 나이고, 500명의 상인이 바로 지금 저 니건자들이다."

100.
하늘나라에 태어난 500마리 흰 기러기

부처님께서 사위국에 계실 때였다.

그때 반차라국에서 흰 기러기 500마리를 파사닉왕에게 바쳤다. 왕은 그것을 기원정사에 보냈다. 대중 스님들이 식사할 때 많은 사람이 찾아와 걸식하였는데, 그 기러기도 스님들이 모인 것을 보면 그 앞에 와서 섰다. 부처님께서 한 음성으로 설법하시면 중생들은 각기 제 부류에 따라 그것을 받아들이고 이해하였다. 그때 기러기들도 부처님 말씀을 이해하였기에 설법을 듣고 나서는 모두 기뻐하며 함께 합창하면서 못으로 돌아갔다.

기러기들은 그 뒤에 날개가 길게 자라 다른 곳으로 날아갔는데 사냥꾼이 그물로 잡아 모두 죽여 버렸다. 그물에 걸렸을 때 기러기 한 마리가 소리치자 다른 기러기들이 모두 화답하였으니, 그것은 기러기들이 부처님 설법을 들었을 때 내던 그 소리였다. 그들은 착한 마음 덕분에 죽어서 도리천에 태어났다.

하늘나라에 태어나면 세 가지를 생각하기 마련이다.

첫째, 나는 전생에 어디에 있다가 왔을까?

둘째, 지금 어디에 태어난 것일까?

셋째, 전생에 어떤 업을 지었기에 이 하늘나라에 태어났을까?

기러기들은 스스로 생각해 보았다.

'스스로 전생의 인因을 살펴보니 다른 선행은 없고 오직 부처님께 법을 들은 것뿐이다.'

이렇게 전생을 기억하고 나서 500명의 천자는 곧 하늘나라에서 부처님 앞으로 내려왔다. 부처님께서는 그들을 위해 법을 설하셨고, 그들은 모두 수다원을 얻었다.

그 무렵 파사닉왕이 마침 부처님께 찾아갔다. 전에는 항상 500마리 기러기가 부처님 앞에 늘어서 있는 것을 보았는데, 그 날은 보이지 않았다.

파사닉왕이 부처님께 여쭈었다.

"이곳에 있던 기러기들은 다 어디로 갔습니까?"

"기러기들을 보고 싶습니까?"

"보고 싶습니다."

부처님께서 말씀하셨다.

"그 기러기들은 다른 곳으로 날아갔다가 사냥꾼에게 잡혔습니다. 그들은 모두 목숨을 마치고 하늘나라에 태어나 지금은 단정하고 빼어난 모습에 좋은 하늘나라 왕관을 쓰고 있습니다. 이 500명의 천자가 바로 그들인데, 그들이 오늘 법을 듣고 모두 수다원을 얻었습니다."

왕이 부처님께 여쭈었다.

"이 기러기들은 어떤 업을 인연으로 축생에 떨어졌습니까? 또 어떤 업을 인연으로 목숨을 마치고 하늘나라에 태어났고, 오늘 도를 얻게 된 것입니까?"

부처님께서 말씀하셨다.

"옛날 가섭 부처님 시절에 함께 계를 받은 500명의 여인이 있었습니다. 그들은 마음이 견고하지 못해 받았던 계율을 깨뜨렸고, 계율을 범한 인연으로 축생 세계에 떨어져 기러기가 되었습니다. 하지만 계율을 받았던 인연으로 나를 만나게 되었고, 법을 듣고 도를 얻게 되었습니다. 그리고 기러기의 몸으로 법을 들은 인연으로 하늘나라에 태어난 것입니다."

101.

술 취한 코끼리를 풀어 부처님을 죽이려 한 제바달다

부처님께서 왕사성에 계실 때였다.

그때 제바달다가 호재護財라는 술 취한 코끼리를 풀어 부처님을 죽이려 하였다. 그때 500의 아라한은 모두 허공으로 날아갔지만, 오직 아난만 홀로 부처님 뒤에 남아 있었다.

그때 부처님께서 오른손을 드셨다. 하얀 코끼리 호재의 눈에는 그것이 500마리 사자로 보였다. 코끼리는 두려워하며 곧 항복하였다.

500의 비구는 모두 부처님을 버리고 달아났는데 오직 아난만 부처님 뒤에 남아 있자 부처님께서 말씀하셨다.

"오늘만이 아니다. 과거 전생에도 그랬다. 옛날에 가시국에 500마리 기러기가 무리를 지어 함께 살고 있었다. 그때 그 기러기들의 왕은 이름이 뢰타賴吒였다. 뢰타에게는 소마素摩라는 신하가 있었다.

어느 날 기러기 왕이 사냥꾼에게 잡혔다. 500마리 기러기

떼는 모두 그를 버리고 달아났지만, 오직 소마만은 그를 버리지 않고 따라다녔다. 그리고 사냥꾼에게 말하였다.

'우리 왕을 놓아주십시오. 제가 지금 이 몸으로 대신하겠습니다.'

그러나 사냥꾼은 듣지 않고 마침내 기러기 왕을 범마요梵摩曜 왕에게 바쳤다.

왕이 기러기 왕에게 물었다.

'편안한가?'

기러기 왕이 대답하였다.

'왕의 크신 은혜를 입어 왕의 맑은 물을 마시고 또 좋은 풀을 먹으며 생명을 보전하면서 항상 편안하게 이 나라에서 살았습니다. 부디 대왕이시여, 저 기러기들을 모두 놓아주어 두려움 없이 살게 하소서.'

그때 500마리 기러기가 왕의 궁전 위 허공에서 소리쳤다.

왕이 물었다.

'저것은 어떤 기러기인가?'

기러기 왕이 대답하였다.

'저들은 저의 권속입니다.'

왕은 그들이 두려움 없이 살도록 나라에 법령을 내려 기러기를 죽이는 것을 금지하였다.

기러기들의 왕이 범마요 왕에게 아뢰었다.

'부디 바른 법으로 나라를 다스리십시오. 세상은 덧없는 것입니다. 비유하면 동쪽에서 끝없이 높은 큰 산이 갑자기 밀려

오고, 남쪽과 서쪽과 북쪽에서도 똑같이 밀려와 이 세상을 갈아버리면 사람이건 귀신이건 일체중생이 모두 가루가 되어 사라지는 것과 같습니다.

이런 순간이 닥치면 피할 수도 없고, 믿을 데도 없고, 구제할 수도 없습니다. 그런 순간이 닥치면 무엇을 믿고 의지하겠습니까? 오직 이것을 생각해 부디 사랑하는 마음으로 일체중생을 두루 보살피고, 바른 법을 닦고 행하며 온갖 공덕을 지으십시오.

대왕이여, 아셔야 합니다. 어떠한 부귀도 무상함에 꺾여 부서지고, 그 무상함이 사방에 닥치면 허무로 돌아가게 됩니다. 아무리 건강하던 사람도 온갖 병이 사방에서 들이닥쳐 그 강건함을 파멸시키고, 아무리 젊은 사람도 쇠약함이 사방에서 산처럼 들이닥쳐 그 젊음을 파괴하며, 생명이 있는 모든 것에게 죽음이라는 큰 산이 사방에서 들이닥쳐 그 생명을 괴멸시킵니다. 이와 같은 네 산은 일체가 다 가지고 있는 것입니다. 하늘나라 신이나 용, 사람이나 귀신도 생명이 있는 부류라면 이것을 피할 수 없습니다.

그러므로 항상 자비로운 마음을 닦고 정성껏 바른 법을 행하십시오. 만약 그렇게 하신다면 죽을 때 후회하지 않을 것입니다. 후회하지 않기 때문에 좋은 곳에서 태어나 반드시 성현을 만날 것이며, 성현을 만나게 되면 생사를 벗어날 수 있을 것입니다.'

왕이 소마에게 물었다.

'너는 왜 가만히 있는가?'

소마가 대답하였다.

'지금 기러기 왕과 사람의 왕이 말씀을 나누고 계십니다. 제가 끼어들어 말하는 것은 예의가 아닙니다. 그러면 아래위가 없게 되고 공경하는 마음이 없어지게 됩니다.'

왕이 말하였다.

'정말 좀처럼 드문 일이다. 너는 기러기인데도 이렇게 충신처럼 절개를 지키는구나. 자기 목숨으로 기러기 왕을 대신하려 하니, 네가 사람보다 낫구나. 게다가 겸손하여 대화에 끼어들지도 않으니, 너의 기러기 왕에 대한 군신의 의리는 참으로 세상에 드문 것이다.'

왕은 곧 금아金鋞를 그들의 머리에 씌워 주고, 또 하얀색 비단을 기러기 왕의 머리에 달아 보내면서 말하였다.

'너는 아까 나를 위해 좋은 법을 설하였다.'

그리고는 곧 풀어 주었다.

그때의 기러기 왕이 바로 나이고, 소마는 아난이며, 범마요왕은 나의 아버지 정반왕이요, 그 사냥꾼은 바로 제바달다이다."

잡보장경

제9권

온갖 보배가 가득한 경

102.
악생왕의 여덟 가지 꿈을 풀이한 가전연

옛날에 악생왕이 잔인하고 포악한 짓을 하면서 남을 가엾이 여기는 마음이 없고 삿된 소견이 왕성하였다. 부처님께서 이를 매우 가엾이 여겨 제자들을 보내 여러 나라를 돌아다니면서 교화하게 하셨다.

가전연은 바로 그 악생왕 나라의 바라문 종족이었다. 부처님께서는 곧 가전연을 본국으로 보내 국왕과 백성들을 교화하게 하셨다. 그때 존자 가전연은 부처님의 분부를 받고 이내 본국으로 돌아갔다.

그 무렵 악생왕은 바른 도를 만나지 못해 삿된 도를 받들어 섬기고 있었다. 그는 언제나 이른 아침에는 사람을 만나지 않고, 먼저 하늘나라 신을 섬기는 사당에 절하였다. 그때 가전연이 악생왕을 교화하기 위해 아침 일찍 일어나 다른 사람으로 변하였다. 가전연은 단정한 얼굴에 먼 나라에서 찾아온 사자의 모습으로 왕궁의 문으로 들어갔다. 그러나 왕을 뵐 때가 되자 다시 본래 모습으로 돌아가 사문의 형상이 되었다. 악생왕은 특히 머리를 깎은 도사를 혐오하였다. 왕은 크게 화를 내며 말하였다.

"너를 당장 죽이겠다."

왕은 곧 사람을 시켜 가전연을 잡아다 죽이려 하였다.

그러자 가전연이 왕에게 아뢰었다.

"저에게 무슨 잘못이 있기에 죽이려 하십니까?"

왕이 말하였다.

"너처럼 머리 깎은 놈들은 보기만 해도 불길하다. 그래서 지금 너를 죽이려는 것이다."

존자 가전연이 말하였다.

"말씀하신 그 불길함이 지금 저에게 닥쳤지 왕에게는 있지 않습니다. 왜냐하면, 왕께서는 저를 보고 아무런 손해도 입지 않았지만 저는 왕을 뵙자마자 왕에게 죽게 생겼습니다. 이것으로 미루어 보면 말씀하신 그 불길함은 바로 저에게 닥쳤습니다."

악생왕은 본래 총명한 사람이었다. 그는 이 말을 듣고 곧 그 뜻을 깨달아 가전연을 풀어 주고 나쁜 마음을 내지 않았다. 그리고 몰래 두 사람을 보내 뒤를 따르게 하고 그가 머무르는 곳과 먹는 음식을 살피게 하였다. 그들은 가전연이 나무 밑에 앉아 좌선하며 걸식으로 살아가는 것을 확인하였다. 가전연은 음식을 얻으면 그 두 사람에게도 나눠주었다. 그리고 남는 찌꺼기는 강물에 쏟아버렸다.

두 사람이 돌아오자 왕이 가전연 존자가 머무르는 곳과 먹는 음식을 물었다. 두 사람은 본대로 자세히 왕에게 아뢰었다.

얼마 후 악생왕이 존자 가전연을 초청하여 거친 음식을 대접하였다. 그리고 사람을 보내 물었다.

"지금 이 음식이 마음에 드십니까?"

가전연 존자가 대답하였다.

"음식의 영양가가 충분하군요."

얼마 뒤에 다시 부드럽고 맛있는 음식을 대접하고 또 사람을 보내 물었다.

"음식이 마음에 드십니까?"

존자가 또 대답하였다.

"음식의 영양가가 충분하군요."

그 뒤에 왕이 존자에게 물었다.

"내가 음식을 대접했을 때 거칠고 부드러운 것을 가리지 않고 '충분하다'는 말만 하니, 왜 그런 것이오?"

존자 가전연이 대답하였다.

"이 몸과 입은 비유하자면 부뚜막과 같습니다. 귀한 전단 나무를 땔감으로 쓰나, 더러운 똥을 말려 땔감으로 쓰나 솥을 달구기는 마찬가지입니다. 우리 몸과 입도 마찬가지입니다. 그 음식이 거칠건 부드럽건 배를 든든히 채우면 그만입니다."

그리고 게송으로 말하였다.

이 몸은 마치 수레와 같아

좋고 나쁜 것 가림이 없네.
향기로운 기름이건 냄새나는 기름이건
음식을 조리하기는 마찬가지.

왕은 그 말을 듣고 그가 큰 덕을 갖춘 분임을 깊이 인정하였다. 왕은 거친 음식과 부드러운 음식을 바라문들에게 주어 보았다. 바라문들은 처음 거친 음식을 받았을 때는 모두 화를 내면서 정색을 하고 꾸짖다가 나중에 부드러운 음식을 주자 기뻐하고 찬탄하였다. 왕은 바라문들이 음식에 따라 기뻐하고 노여워하는 것을 보고는 가전연을 더욱 믿고 공경하였다.

그때 존자의 외생녀外生女가 일찍부터 성 밖의 바라문 촌에 살고 있었다. 그는 매우 좋은 머리카락을 가지고 있었다. 안거 때가 되자 그는 공양하고 싶은 마음에 자기 머리카락을 황금 500냥에 팔았다. 그리고 가전연을 초청하여 그 돈으로 여름 안거 동안 공양을 올렸다. 존자 가전연은 여름 안거를 그곳에서 보내고 성으로 돌아왔다.

그때 악생왕의 궁궐 문에 갑자기 죽은 꿩 한 마리가 나타났다. 그것은 전륜왕이 먹던 꿩과 같았으므로 악생왕이 그것을 먹으려 하였다. 그러자 한 지혜로운 신하가 왕에게 아뢰었다.

"이 꿩을 그냥 드시지 말고 먼저 시험해 보셔야 합니다."

왕은 그의 말을 따라 곧 사람을 시켜 꿩의 고기 한 점을 베어 개에게 주었다. 고기를 얻은 개는 그 고기 맛을 탐하여 자기 혀까지 꿀떡 삼켜 그만 죽고 말았다. 왕은 다시 고기를 조금 베어 어떤 사람에게 시험해 보았다. 그 사람은 고기를 먹고는 그 맛을 탐하여 마침내 자기 손까지 깨물어 먹고 죽어 버렸다. 왕이 그것을 보고 매우 두려워하자 어떤 사람이 말하였다.

"이 고기는 전륜왕이나 번뇌가 없는 지혜를 가진 도인이라야 먹을 수 있습니다."

왕은 곧 사람을 시켜 그 고기로 맛있는 음식을 만들어 존자 가전연에게 보냈다. 가전연은 그 음식을 먹고도 몸이 아주 편안하였다. 왕은 그 뒤에 사람을 보내 살펴보게 하였다. 그리고 가전연의 안색이 보통 때보다 배나 더 온화하고 기쁜 표정이라는 것을 확인하였다. 왕은 이 소식을 듣고 매우 기이하고 특별한 분이라 생각하여 가전연을 더욱 존경하고, 외도 바라문들은 업신여기며 천하게 여겼다.

왕이 가전연에게 물었다.

"존자께서는 이번 여름에 어디서 안거를 보내고 지금 오십니까?"

존자는 외생녀가 머리카락을 팔아 그 돈으로 스님에게 공양한 이야기를 자세히 들려주었다. 왕은 그 말을 듣고 말하였다.

"나의 궁궐에도 매우 아름다운 머리카락을 가진 사람이 있습니다. 하지만 그는 머리카락 값으로 불과 몇 닢 안 되는 동전밖에 받지 못하였습니다. 지금 그 여인은 머리카락 값으로 황금 500냥을 받았다고 하니, 그 여인은 머리카락만 뛰어난 게 아니라 얼굴도 분명 아름다울 것입니다."

왕은 곧 그 여인의 부모 이름을 묻고 사람을 보내 그곳으로 찾아가 직접 확인하게 하였는데, 자태의 빼어남이 과연 추측했던 것과 같았다. 왕은 사자를 보내 그를 맞아 부인으로 삼으려 하였다. 그런데 그 여자 집에서 많은 보물과 도시와 촌락을 요구하였다.

왕은 다시 생각하였다.

'그것을 주더라도 여자가 시집오면 다시 내게 돌아온다.'

곧 승낙하고 그를 맞아들여 부인으로 삼기로 하였다. 그 여인을 부인으로 맞이한 첫날, 온 나라가 기뻐하며 다들 경사라고 일컬었다. 왕은 다음 날 다시 널리 죄인을 사면하고, 그 여인의 이름을 시바구사尸婆具沙 부인이라 지었다. 왕은 그 부인을 매우 아끼고 사랑하였다. 부인이 그 뒤에 태자를 낳았고, 이름을 교바라喬婆羅라 하였다.

그 무렵 악생왕이 자다가 여덟 가지 꿈을 꾸었다.

첫째는 왕의 머리에 불이 붙는 꿈이었다. 둘째는 두 마리 뱀이 왕의 허리를 감는 꿈이었다. 셋째는 촘촘한 쇠 그물이 왕의 몸을 감는 꿈이었다. 넷째는 빨간 물고기 두 마리가 왕의 두 발을 삼키는 꿈이었다. 다섯째는 네 마리 흰 고니가 왕에게 날아오는 꿈이었다. 여섯째는 피가 범벅인 진흙탕 속에 겨드랑이까지 빠져 허우적대는 꿈이었다. 일곱째는 눈 덮인 하얀 산에 오르는 꿈이었다. 여덟째는 황새가 머리 위를 스치는 꿈이었다.

꿈에서 깨어난 왕은 상서롭지 못하다 생각해 근심하고 슬퍼하다가 곧 바라문들에게 찾아가 물었다. 바라문들은 평소 왕을 혐오하고 또 존자를 질투하였기 때문에 왕의 꿈 이야기를 듣고 이렇게 말하였다.

"대왕의 꿈은 매우 불길합니다. 만약 푸닥거리를 하지 않으면 그 화가 왕에게 미칠 것입니다."

왕은 그 말을 듣고 정말 그럴 것으로 생각하여 더욱 근심하고 번민하면서 그들에게 물었다.

"푸닥거리를 할 때에는 어떤 물건을 써야 하는가?"

바라문들이 말하였다.

"푸닥거리에는 대왕이 매우 사랑하는 것을 써야 합니다. 저희가 말해도 왕은 결코 저희 말대로 하지 않을 것입니다."

왕이 대답하였다.

"그 꿈은 너무 불길하니 큰 재앙이 내게 닥칠까 두려울 뿐이다. 나를 제외한 것이면 무엇도 아까울 것이 없다. 부디 나를 위해 푸닥거리에 필요한 물건을 말하라."

바라문들은 왕이 간절한 것을 보고 그 마음이 지극한 것을 알았다.

바라문들이 곧 왕에게 말하였다.

"그 꿈에 여덟 가지이므로 꼭 여덟 가지를 행해야 그 재앙을 막을 수 있습니다."

첫째, 왕의 사랑하는 부인 시바구사를 죽여야 합니다. 둘째, 왕의 사랑하는 태자 교바라를 죽여야 합니다. 셋째, 재상 대신을 죽여야 합니다. 넷째, 왕의 소유인 오신烏臣을 죽여야 합니다. 다섯째, 하루에 3,000리를 달리는 왕의 코끼리를 죽여야 합니다. 여섯째, 하루에 3,000리를 달리는 왕의 낙타를 죽여야 합니다. 일곱째, 왕께서 타시는 훌륭한 말을 죽여야 합니다. 여덟째, 까까머리 가전연을 죽여야 합니다.

지금부터 이레 뒤에 이 여덟 가지를 죽여 그 피를 모아 그 속에 들어가면 재앙을 면할 수 있습니다."

왕이 그 말을 듣고 자기 목숨을 소중하게 여겨 곧 허락하였다. 왕은 궁궐로 돌아와 근심하고 번민하였다.

부인이 왕에게 물었다.

"왜 그러십니까?"

왕은 부인에게 상서롭지 못한 꿈에 대해 자세히 이야기하고, 또 바라문이 말한 재앙을 막는 조건을 이야기하였다.

부인은 이 말을 듣고 아뢰었다.

"대왕만 아무 탈 없이 편안하시다면 첩의 천한 몸쯤이야 말할 것이 있겠습니까?"

그리고 다시 아뢰었다.

"지금부터 이레 뒤면 저는 죽은 목숨입니다. 제가 저 존자 가전연에게 찾아가 엿새 동안 재계를 지키면서 법을 듣는 것을 허락하여 주십시오."

왕은 말하였다.

"안 되오. 만약 당신이 그곳에 가서 혹시라도 그 사실을 말하여 그가 알아버리면 나를 버리고 날아가 버릴 것이오."

그러나 부인이 하도 간청해 왕은 어쩔 수 없이 가도록 허락하였다.

부인은 존자에게 찾아가 예배하고 문안드렸다. 그리고 사흘이 지났다. 존자가 이상히 여겨 물었다.

"부인은 지금까지 이곳에 와서 밤을 지낸 일이 없습니다. 이번에는 왜 평소와 다릅니까?"

부인이 왕의 꿈 이야기를 자세히 말하였다.

"이레 뒤면 우리를 죽여 재앙을 막는 데 쓸 것이니, 목숨이 얼마 남지 않았다는 생각에 존자께 법을 들으러 온 것입니다."

존자 가전연은 말하였다.

"그 꿈은 매우 좋은 꿈입니다. 장차 경사가 있을 것이니 걱정할 것 없습니다. 머리에 불이 붙었다는 것은 보주국寶主國에서 황금 10만 냥의 가치가 있는 하늘나라 왕관을 가지고 와 왕에게 바치는 바로 그런 꿈입니다."

부인은 마음이 급했다. 이레가 차면 왕에게 죽을 것이라는 생각 때문에 그것이 늦게 올까 걱정이 되어 존자에게 물었다.

"그것이 언제 오겠습니까?"

"오늘 오후에 반드시 도착할 것입니다. 그리고 뱀 두 마리가 왕의 허리를 감았다는 것은 월지국月支國의 왕이 황금 10만 냥의 가치가 있는 칼 두 개를 바칠 꿈입니다. 그것은 해가 질 무렵에 도착할 것입니다.

촘촘한 쇠 그물이 몸을 감았다는 것은 대진국大秦國의 왕이 황금 10만 냥의 가치가 있는 구슬 영락을 바칠 꿈입니다. 그것은 내일 새벽이면 도착할 것입니다.

빨간 물고기가 발을 삼켰다는 것은 사자국師子國의 왕이 황금 10만 냥의 가치가 있는 비유리毘琉璃 보배 신을 바칠 꿈입니다. 그것은 내일 아침에 도착할 것입니다.

네 마리 흰 고니가 날아왔다는 것은 발기국跋耆國의 왕이 황금 보배 수레를 바칠 꿈입니다. 그것은 내일 정오에 도착할 것입니다.

피가 범벅인 진흙탕 속에 겨드랑이까지 빠져 허우적거린 것은 안식국왕安息國王이 황금 10만 냥 가치가 있는 사슴털옷을 바칠 꿈입니다. 그것은 내일 정오를 지나 해가 기울기 시작할 무렵에 도착할 것입니다.

눈 덮인 하얀 산에 올랐다는 것은 광야국曠野國의 왕이 큰 코끼리를 바칠 꿈입니다. 그것은 내일 오후에 도착할 것입니다.

황새가 머리 위를 스쳤다는 것은 왕과 부인 사이에 남모를 사사로운 일이 있을 꿈입니다. 그 일은 그 다음 날 스스로 알게 될 것입니다."

과연 존자가 말한 대로 그 시각이 되자 여러 나라에서 바치는 물건이 속속 도착하였다. 그리하여 왕은 매우 기뻐하였다.

시바구사 부인은 앞서 쓰고 있던 하늘나라 왕관에다 보주국에서 바친 하늘나라 왕관을 겹쳐서 썼다. 왕은 장난삼아 시바구사 부인이 쓴 두 개의 하늘나라 왕관 중 하나를 벗겨 금만金鬘 부인의 머리에 씌웠다. 그러자 시바구사 부인이 화를 내며 말하였다.

"만약 나쁜 일이 있었다면 제가 먼저 당했을 것입니다. 그런데 이제 하늘나라 왕관을 얻으니 그에게 씌우십니까?"

부인이 타락(酪) 그릇을 왕의 머리에 집어 던져 왕의 머리가 더럽혀졌다. 왕은 크게 화를 내며 칼을 뽑아 부인을 내려치려 하였다. 부인은 왕이 두려워 방으로 들어가 방문을 걸었다. 그래서 왕은 들어가지 못하였다.

그때 왕은 깨달았다.

'존자가 남모를 사사로운 일이 있을 것이라고 해몽한 것이 바로 이것이구나.'

왕은 곧 부인과 함께 존자 가전연에게 찾아가 있었던 일들을 자세히 이야기하였다. 그리고 말하였다.

"법이 아닌 삿되고 악한 말을 믿고 하마터면 존자님과 아내와 자식과 대신 등 제가 사랑하는 사람들을 해치는 큰 죄악을 저지를 뻔하였습니다. 이제 존자님의 진실한 말씀을 듣고 어둡던 눈이 열려 바른 도를 보고 나쁜 일에서 벗어나게 되었습니다."

왕은 곧 존자를 초청하여 공경히 받들고 공양을 올렸다. 그리고 모든 바라문들을 멀리 국경 밖으로 쫓아 버렸다.

왕이 존자에게 물었다.

"어떤 인연으로 이처럼 여러 나라에서 각각 그런 보물을 제게 보낸 것입니까?"

존자가 대답하였다.

"아득한 옛날 91겁 전에 비바시라는 부처님이 계셨습니다. 그 부처님 때에 반두槃頭라는 나라가 있었습니다. 그 나라의 왕태자는 부처님을 믿고 정진하였습니다. 그는 부처님께 나아가 공양하고 예배한 뒤에 곧 자기가 가진 하늘나라 왕관과 보배 칼, 영락, 큰 코끼리, 보배 수레, 사슴의 털로 짠 옷인 흠바라 등을 그 부처님께 바쳤습니다. 그 복으로 말미암아 다음 생에는 태어나는 곳마다 높고 귀한 신분이 되어, 가지고 싶은 보물이 원하지 않아도 저절로 이르렀습니다."

왕은 이 말을 듣고 삼보에 대하여 깊이 공경하고 믿는 마음이 생겼다. 그리하여 예배하고 궁중으로 돌아갔다.

103.
황금고양이

옛날에 악생왕이 동산에 나가 놀다가, 동산에 있던 집에서 황금고양이 한 마리가 동북쪽에서 나와 서남쪽으로 들어가는 것을 보았다. 왕은 곧 사람을 보내 고양이를 잡으려고 땅을 파다가 곡식 석 섬을 담을 수 있는 크기의 구리 항아리 하나를 발견하였다. 그 항아리에는 황금 동전이 가득 담겨 있었다.

조금 더 깊이 파자 또 항아리 하나가 나왔다. 이렇게 하여 세 개의 항아리를 얻었는데, 모두 석 섬이 들어갈 크기였다. 또 옆을 파보자 거기에도 구리 항아리가 있었다. 이렇게 쉬지 않고 파다 보니 5리에 걸쳐 온통 구리 항아리가 묻혀 있었고 그 항아리에는 황금 동전이 가득했다.

악생왕은 매우 이상히 여겨 곧 존자 가전연에게 찾아갔다. 그리고 존자에게 돈을 얻게 된 내력을 자세히 이야기하고 말하였다.

"제가 이제 이 돈을 쓰려고 하는데, 장차 저나 백성들에게 혹시 화가 닥치지는 않겠습니까?"

존자는 대답하였다.

"그 돈은 왕께서 전생에 지은 원인의 복된 결과입니다. 써도 아무 탈이 없습니다."

왕이 다시 물었다.

"알 수 없습니다. 전생에 제가 어떤 원인을 지었습니까?"

존자가 대답하였다.

"자세히 들으십시오. 아득히 먼 옛날 91겁 전 비바시 부처님의 법이 세상에 남아 있을 때였습니다. 비구들이 네거리에 높고 큰 자리를 만들고 그 위에 발우를 얹어 두고서 이렇게 말하였습니다.

'누가 이 튼튼한 창고에 돈을 보관하시겠습니까? 이 창고에 넣은 돈은 물도 쓸어갈 수 없고 불도 태울 수 없으며, 왕도 빼앗을 수 없고 도둑도 훔쳐갈 수 없습니다.'

그때 어떤 가난한 사람이 마침 나무를 팔아 번 돈 3전이 있었다. 그는 이 말을 듣고 매우 기뻐하여 곧 그 돈을 모두 발우에 넣고 성심으로 발원하였습니다.

그리고 집까지 5리를 걸어오면서 걸음마다 기뻐하였고, 집 문에 이르러서는 보시한 그곳을 향해 진심으로 발원하고 집으로 들어갔습니다."

존자가 이어 말하였다.

"그때 그 가난한 사람이 바로 지금의 왕이십니다. 왕께서는 전생에 3전을 보시한 인연으로 세세생생 존귀한 집안에 태어나 항상 이와 같은 세 단으로 쌓은 돈 항아리를 얻었으며, 5리를 가는 동안 걸음마다 기뻐한 인연으로 항상 5리에 그런 돈이 있게 된 것입니다."

왕은 전생의 인연을 듣고 기뻐하면서 떠나갔다.

104.
오백 개의 발우를 얻은 악생왕

옛날에 악생왕이 울선연성欝禪延城에 머물고 있을 때였다. 어느 날 성문을 지키던 사람이 이른 아침에 성문을 열었더니 문밖에 뜻밖에도 수레 500대가 있었다. 그 수레에는 각각 보배 발우가 실려 있었고, 발우마다 좁쌀 같은 황금알갱이들이 가득 담겨 있었다. 발우는 모두 도장이 찍혀 봉해져 있고 '이 발우를 악생왕에게 주노라.'라고 쓰여 있었다.

문지기는 즉시 왕에게 보고하였다.

"성문 밖에 보배 발우가 있는데, 그 발우에 '왕에게 준다.'라는 글이 쓰여 있습니다. 어떻게 할까요? 지금 그것을 가져올까요?"

왕은 가만히 생각하였다.

'저 보물은 갑자기 나타났다. 혹시 불길한 것은 아닌가? 내가 저것을 가졌다가 장차 우리나라에 재앙이 되지는 않을까?'

이렇게 생각하고는 곧 존자 가전연에게 찾아가 물었다.

"오늘 새벽에 성문을 열었더니 갑자기 보배 발우가 나타났습니다. 거기에 도장이 찍혀 있고 악생왕에게 준다는 글이 쓰여 있었습니다. 이것이 길한 것인지 흉한 것인지 모르겠습니다. 가져도 될까요?"

존자가 대답하였다.

"그것은 왕께서 전생에 지은 복의 과보입니다. 의심하지 말고 그냥 가지십시오."

왕이 다시 존자에게 물었다.

"제가 전생에 어떤 공덕을 닦았기에 이런 과보가 나타난 것입니까?"

존자가 대답하였다.

"아득한 옛날 91겁 전에 신선들이 사는 산에 벽지불이 한 분 계셨습니다. 그 벽지불이 비를 만나 발이 미끄러져서 넘어지는 바람에 그만 사기 발우가 깨져버렸습니다. 그래서 곧 옹기장이의 집으로 찾아가 사기 발우를 구걸하였습니다. 옹기장이는 못내 기뻐하면서 곧 발우 다섯 개에 물을 가득 담아 그에게 보시하였습니다.

벽지불은 얻은 그 발우를 공중에 던지고 펄쩍 뛰어 허공에 오르더니 열여덟 가지 신통 변화를 보였습니다. 옹기장이와 그의 아내와 아들을 비롯해 옹기를 사러 왔던 사람이 이 신통 변화를 보고 다들 펄쩍펄쩍 뛰면서 한량없이 기뻐하였습니다.

그때 벽지불에게 옹기를 보시했던 옹기장이가 바로 지금의 왕이고, 그 부인이 바로 저 시바구사 부인이며, 옹기장이의 아들은 교바라 태자이고, 옹기를 사러 왔던 사람은 재상 부로규富盧闚이며, 옹기를 사러 왔던 사람의 부인은 재상의 부인입니다."

왕이 다시 물었다.

"알 수 없습니다. 지금 저 발우들은 저절로 생긴 것입니까? 어디서 온 곳이 있습니까?"

존자가 대답하였다.

"저 발우들은 저절로 생긴 것이 아니라 갠지스 강의 용궁에서 온 것입니다. 어떻게 알 수 있는가? 아득한 옛날에 라마왕羅摩王의 장인 되는 바라문이 저 갠지스 강 가에서 청정한 행을 닦았습니다.

그때 라마왕은 날마다 보배 발우에 음식을 담아 장인에게 보냈습니다. 그런데 바라문 법에는 그릇을 두 번 사용하지 않았습니다. 그래서 바라문은 음식을 먹고 그 발우를 갠지스 강에 버렸습니다.

그때 눈이 먼 용이 그 보배 발우를 주워 좁쌀 같은 황금알갱이들을 가득 담아서 자기 궁전에 두었습니다. 이렇게 버린 발우가 날마다 쌓여 결국 500대의 수레를 채우게 되었습니다. 그러다 눈이 먼 용이 죽었는데 그에게는 그 발우들을 물려줄 아들이 없었습니다. 그래서 천제天帝가 왕께서 전생에 발우를 보시한 인연이 있음을 알고 지금 왕에게 보낸 것입니다."

악생왕은 이 말을 듣고 그 보배 발우를 가져와 널리 보시를 행하고 삼보를 공양하는 등 복을 짓는 데 사용하였다. 그 인연으로 다음 생에도 좋은 곳에 태어났다.

105.
부자가 되길 원해 비마천에게 기도한 형

옛날에 두 형제가 있었다. 그들은 살림살이가 매우 빈곤하였다. 형은 날마다 아침저녁으로 비마천毘摩天에게 정성껏 예배하면서 큰 부자가 되게 해달라고 빌었다. 그리고 자신의 아우는 들에 보내 밭을 갈고 씨를 뿌리게 하였다. 이렇게 오랫동안 부자가 되길 바라며 기도하였다.

어느 날 비마천이 아우의 모습으로 변하여 형에게 찾아갔다. 형은 화를 내며 말하였다.

"농사일은 하지 않고 무엇 하러 여기 왔느냐?"

아우가 대답하였다.

"형님은 하늘의 신을 모신 사당에서 밤낮으로 기도하면서 큰 부자가 되기를 바랍니다. 저도 오늘은 형님을 본받아 재계齋戒하고 발원하여 큰 부자가 되게 해달라고 기도하겠습니다."

형이 말하였다.

"너는 밭도 갈지 않고 종자도 뿌리지 않으면서 풍족한 재물을 어떻게 얻을 수 있겠는가?"

아우가 대답하였다.

"정말 종자를 뿌려야 수확을 얻습니까?"

형은 대답하지 못하였다.

이에 비마천은 다시 하늘나라 신의 모습으로 돌아가 형에게 말하였다.

"지금 나의 힘으로는 너를 도울 수 없다. 오늘이라도 보시한다면 나중에 부자가 될 수 있다. 그런데 너는 과거에 보시하지 않았다. 그래서 가난하게 사는 것이다. 지금 아무리 밤낮으로 정성을 다해 나에게 많은 재물을 구한들 어떻게 얻을 수 있겠는가? 암바라菴婆羅 나무와 마찬가지다. 겨울이라면 백 명 천 명의 하늘나라 신들을 아무리 받들어 섬긴다 해도 그 열매를 얻을 수 없다. 너도 마찬가지다. 앞서 원인을 닦지 않았으므로 아무리 내게 큰 부자 되기를 구하여도 그렇게 될 수 없다. 열매가 익을 때가 되면 원하지 않아도 저절로 얻어질 것이다."

그리고 게송으로 말하였다.

복된 업은 열매가 익는 것과 같나니
신에게 제사한다고 얻는 것 아니네.
사람은 계율의 수레를 타야
하늘나라에 이를 수 있고
선정과 지혜의 등불로 어둠을 없애야
무위의 열반에 도달할 수 있나니

모든 것은 행한 대로 받는 것

하늘의 신에게 바란들 무슨 소용 있겠나?

106.
자식을 잃은 귀자의 어머니

늙은 귀신의 왕 반사가般闍迦의 아내인 귀자모鬼子母는 1만 명의 아들을 두었다. 그들은 모두 큰 역사의 힘이 있었다. 제일 막내아들은 이름이 빈가라嬪伽羅였다. 이 귀자모는 흉악하고 요사스럽고 포학하여 사람의 아이들을 잡아먹었다. 사람들이 이를 우환거리로 여겨 부처님께 아뢰었다. 그러자 부처님께서 곧 그의 막내아들 빈가라를 붙잡아 발우 밑에 숨겨 두었다. 귀자모는 온 천하를 뒤지며 이레 동안이나 아들을 찾았다. 그러나 찾지 못하여 근심하고 번민하였다.

그때 어떤 이가 말하였다.

"부처님께서는 모든 것을 아는 지혜를 가지셨다."

그 말을 듣고 곧 부처님께 찾아가 아들이 있는 곳을 물었다.

부처님께서 말씀하셨다.

"너에게는 만 명의 아들이 있다. 겨우 아들 하나를 잃었는데, 왜 괴로워하고 슬퍼하면서 그렇게 찾아다니느냐? 세상 사람들은 아들 하나나 혹은 셋이나 다섯을 두었는데 너는 그들을 잡아먹지 않았느냐?"

귀자모가 아뢰었다.

"제가 지금 빈가라만 찾는다면 다시는 세상 사람들의 아들을 해치지 않겠습니다."

부처님께서는 곧 귀자모에게 발우 밑에 있는 빈가라를 보여주셨다. 그는 신통력을 다 발휘하였지만 꺼낼 수가 없어 다시 부처님께 부탁하였다. 그러자 부처님께서 말씀하셨다.

"네가 이제 불법승 삼보에 귀의하고 다섯 가지 계율을 받아 목숨을 마칠 때까지 사람을 죽이지 않는다면 네 아들을 돌려주리라."

귀자모는 부처님의 분부대로 삼보에 귀의하고 5계를 받았다. 귀자모가 계율을 받아 지키자 부처님께서 그에게 아들을 돌려주며 말씀하셨다.

"너는 지금부터 계율을 잘 지켜라. 너는 가섭 부처님 시절에 갈니왕羯膩王의 일곱째 딸로서 큰 공덕을 지었다. 하지만 계율을 지키지 않았기 때문에 그런 귀신의 형상을 받은 것이다."

107.
하늘나라 신에게 제사를 올리던 제사장

옛날에 마실천摩室天을 섬기며 밤낮으로 받들던 한 바라문이 있었다. 하늘나라 신이 그에게 물었다.

"너는 무엇을 원하는가?"

바라문이 대답하였다.

"저는 지금 이 하늘나라 신께 올리는 제사를 주관하는 제사장이 되기를 원합니다."

하늘나라 신이 말하였다.

"저기 여러 마리 소가 있다. 너는 저기 가서 제일 앞에서 걸어가는 소에게 물어보아라."

그는 하늘나라 신이 시키는 대로 그 소에게 가서 물었다.

"너는 지금 괴로우냐, 즐거우냐?"

소가 대답하였다.

"매우 괴롭습니다. 가시가 양쪽 옆구리를 찌르고 땔감이 짓눌러 척추가 부서졌지만 무거운 수레를 끌면서 쉴 틈이 없습니다.”

그가 다시 물었다.

“너는 어떤 인연으로 이런 소의 형상을 받았느냐?”

소가 대답하였다.

“저는 저 하늘나라 신에게 올리는 제사를 주관하던 제사장이었습니다. 하늘나라 신에게 올린 제물을 제 맘대로 썼다가 죽어서 소가 되어 이 고통을 받습니다.”

그는 이 말을 듣고 하늘나라 신에게 돌아갔다.

하늘나라 신이 물었다.

“너는 지금도 하늘나라 신에게 올리는 제사를 주관하는 제사장이 되고 싶은가?”

바라문이 말하였다.

“소가 겪은 일을 보니 저는 정말 제사장이 되고 싶지 않습니다.”

하늘나라 신이 말하였다.

“사람은 자신이 지은 선악에 따라 그 과보를 받는다.”

바라문은 자신의 잘못을 뉘우치고 곧 온갖 선을 행하였다.

108.
나무의 신에게 제사한 노인

옛날에 어떤 노인이 있었는데 그 집은 큰 부자였다. 그 노인은 고기가 먹고 싶어 거짓 방편으로 밭머리의 나무를 가리키면서 여러 아들에게 말하였다.

"지금 우리 집이 이처럼 부자가 된 것은 저 나무 신의 은총을 입었기 때문이다. 그러므로 너희들은 오늘 양 한 마리를 잡아 제사를 지내야 한다."

아들들은 아버지 분부를 받고 곧 양을 잡아 그 나무에 제사를 올리고, 나무 아래에다 하늘나라 신에게 제사를 올리는 사당을 세웠다. 그 뒤 아버지는 목숨을 마치고 그가 행한 업에 따라 도로 자기 집의 양 떼 무리 중에 태어났다.

그때 마침 여러 아들이 나무의 신에게 제사하려고 양 한 마리를 고르다가 환생한 아버지를 잡아 죽이려 하였다. 그 양은 "하하하" 하고 웃으면서 말하였다.

"이 나무에 무슨 신령이 있겠는가? 나는 과거에 고기가 먹고 싶어 거짓으로 너희들에게 제사를 지내게 하고 너희들과 함께 고기를 먹었는데, 이제 그 재앙을 나만 먼저 받는구나."

때마침 어떤 아라한이 걸식하러 왔다가 그들의 죽은 아버지가 양의 몸을 받은 것을 보고, 그 아들들에게 도의 눈을 빌려주어 직접 보게 하였다. 자식들은 그 양이 아버지인 것을 알고 괴로운 마음에 곧 그 나무 신을 모신 사당을 부숴버렸다. 그리고 허물을 뉘우치고 복을 닦으면서 다시는 생물을 죽이지 않았다.

109.
음욕이 싫어 출가한 여인

옛날에 얼굴이 빼어나게 아름다운 한 여인이 외도 법 가운데 출가하여 도를 닦고 있었다. 그때 어떤 사람이 그 여자에게 물었다.

"그처럼 아름다운 얼굴이면 세속에 있어야 마땅한데 왜 집을 떠났는가?"

그 여인이 대답하였다.

"제가 지금도 예쁘지 않은 것은 아닙니다. 다만 어려서부터 음욕을 싫어했기 때문에 지금 출가한 것입니다. 저는 집에서 지낼 때 얼굴이 아름다웠기 때문에 일찍 시집가서 일찍 아들을 낳았습니다. 아들은 차츰 자라 어른이 되었고 단정하기가 비할 데 없었습니다. 그런데 아들이 차츰 여위더니 병자처럼 수척해졌습니다. 제가 아들에게 어디가 아프냐고 물었지만, 아들은 말하려 하지 않았습니다. 제가 자꾸 다그치자 아들이 할 수 없이 제게 대답하였습니다.

'제가 바로 말하지 않은 것은 목숨이 온전하지 못할까 두렵기 때문입니다. 바로 말하고 싶지만 참으로 뻔뻔스러운 짓입니다.'

아들이 이어 말하였습니다.

'저는 어머니와 정을 통하고 싶습니다. 그럴 수 없어 병이 난 것입니다.'

저는 아들에게 말하였습니다.

'옛날부터 그런 일은 없었다.'

그리고 다시 생각하였다.

'만일 내가 들어주지 않으면 저 아이는 혹시 죽을지도 모른다. 차라리 지금 도리에 어긋나더라도 아이의 목숨을 살려야겠다.'

그래서 곧 아들을 불러 아들의 뜻을 따르려 하였습니다. 아들이 침상에 오르자 곧 땅이 꺼지면서 저의 아들은 산 채로 땅속으로 빠져들었습니다. 저는 놀라고 두려워 손으로 아들을 붙잡다가 겨우 아들의 머리카락을 잡았습니다. 제 아들의 머리카락이 지금도 여전히 제 품에 있습니다. 이 일로 절실하게 느낀 바가 있기 때문에 저는 출가를 한 것입니다."

110.
고통스러운 과보를 받은 불효자

옛날에 가묵국迦默國의 구타선촌鳩陀扇村에 한 노모가 있었다. 그에게는 아들이 하나뿐이었다. 그 아들은 어머니의 뜻을 거스르며 자비와 효도를 닦지 않았다. 그는 어머니에게 화가 나 어머니를 손으로 한 번 내리치고 그 날로 집을 나갔다. 그는 길에서 도적을 만나 한쪽 팔이 잘렸다.

불효한 죄는 현생에 곧 과보가 나타나 이와 같은 고통을 받고, 나중에 지옥에서 받을 고통은 이루 헤아릴 수 없다.

111.
난타왕과 나가사나의 변론

옛날에 총명하고 널리 통달해 모든 일에 능숙한 난타왕難陀王이 있었다. 그는 자신의 지식을 당할 자가 없다고 생각해 신하들에게 물었다.

"의심되는 일을 물었을 때 나를 상대할 만한 자가 혹 있을까?"

그때 집안에 예전부터 한 늙은 비구를 공양하던 신하가 있었다. 그 비구는 계행은 청정하였으나 널리 배우지는 못하였는데 그가 왕과 변론하기로 하였다. 왕이 그에게 물었다.

"대개 도를 얻는 사람은 집에서 도를 얻습니까, 출가해서 도를 얻습니까?"

비구는 대답하였다.

"두 군데서 모두 도를 얻을 수 있습니다."

왕은 다시 물었다.

"만일 두 군데서 모두 도를 얻을 수 있다면 무엇 하러 굳이 출가합니까?”

그때 늙은 비구가 잠자코 무어라 대답할 줄을 모르자, 난타왕은 더욱 교만해졌다. 그러자 신하들이 왕에게 아뢰었다.

“나가사나那伽斯那는 총명하고 지혜가 뛰어난데 지금 산에 있습니다.”

그러자 왕이 그를 시험하기 위해 곧 사람을 시켜 병에 맑은 소酥를 가득 채워 보내면서 생각하였다.

‘나의 지혜가 이미 원만한데 누가 나에게 지혜를 보탤 수 있겠는가?’

나가사나는 소酥를 받고 그 뜻을 알아차렸다. 그래서 제자에게 바늘 500개를 묶어 그 소에 꽂게 하였다. 그러나 타락은 넘치지 않았다. 나가세나는 그것을 곧 왕에게 돌려보냈다. 왕은 그것을 받고 그 뜻을 알아차렸다. 그래서 사자를 보내 나가사나를 초청하였다. 나가사나는 왕의 명령을 받고 곧 출발하였다.

나가사나는 제자들을 거느리고 갔는데, 몸이 장대하여 그들 중에서도 훤칠하게 드러났다. 왕은 교만한 마음으로 호기를 부려 사냥을 핑계로 성을 나가 길에서 만났다. 왕은 나가사나의 아름답고 장대한 몸을 보자, 곧 손가락으로 멀리 다른 길을 가리켜 그 길로 피하면서 끝내 아무 말도 하지 않았다. 침묵으로 뭉개버리려 했지만 따르던 장자들은 아무도 그런 줄을 몰랐다. 그때 나가사나가 손가락으로 자기 가슴을 가리키면서 말하였다.

"나만 안다."

난타왕은 나가사나를 궁중으로 맞아들일 때 작은 집에다 문을 아주 낮게 만들어 나가사나가 몸을 구부리고 엎드려 들어오기를 바랐다. 그러나 나가사나는 자기를 함정에 빠뜨리려는 것임을 알고 곧 스스로 물러나 들어가지 않고 굴욕을 받지 않았다.

그러자 난타왕이 음식을 차리고 거친 음식 몇 가지를 내어놓았다. 나가사나가 너덧 숟갈 먹고는 "이만하면 충분합니다"라고 말하였다.

그다음에 또 맛있는 음식을 내놓자 나가사나가 다시 먹었다.

왕이 물었다.

"조금 전 충분하다고 말씀하였는데 지금 왜 다시 먹습니까?"

나가사나가 대답하였다.

"제가 조금 전 거친 음식은 충분히 먹었는데 맛있는 음식은 충분히 먹지 못했습니다."

그리고 이어서 말하였다.

"지금 왕의 궁전이 가득 차도록 사람을 모으십시오."

왕이 곧 사람들을 불러 모으자 빽빽이 들어차 더는 들어갈 곳이 없었다. 왕이 뒤에 와서 궁전에 오르려 하자, 사람들이 모두 두려워하며 엎드렸다. 그러자 점점 틈이 생겨 더 많은 사람을 수용할 수 있었다.

그때 나가사나가 왕에게 말하였다.

"거친 음식은 백성과 같고 맛있는 음식은 왕과 같습니다. 백성이 왕을 보고 누가 그 길을 피하지 않겠습니까?"

왕이 다시 물었다.

"출가자와 재가자 중 누가 도를 얻습니까?"

나가사나가 대답하였다.

"둘 다 도를 얻습니다."

"만일 둘 다 도를 얻는다면 무엇 하러 굳이 출가합니까?"

나가사나가 대답하였다.

"비유를 들어보겠습니다. 여기서 3천여 리의 길을 가는데, 젊고 건강한 사람에게 말을 주고 양식을 싣고 무기를 들려 보낸다면 일찍 도착할 수 있겠습니까?"

"그렇습니다."

"만약 노인에게 여윈 말을 주고 또 양식도 없이 보낸다면 도착할 수 있겠습니까?"

"양식을 가지고도 도착하지 못할까 걱정인데, 하물며 양식이 없는 것이겠습니까?"

나가사나가 말하였다.

"출가하여 도를 얻는 것은 저 젊은이와 같고 집에 있으면서 도를 얻는 것은 저 늙은이와 같습니다."

왕이 다시 물었다.

"나는 이제 나 자신에 관해 묻고 싶습니다. 나(我)는 영원합니까, 영원하지 않습니까? 내가 질문한 뜻을 살펴 대답해 주십시오.?"

나가사나가 왕에게 반문하였다.

"왕의 궁궐에 있는 암바라 나무의 열매는 답니까, 씁니까?"

왕이 대답하였다.

"나의 궁궐에는 그 나무가 한 그루도 없습니다. 그런데 왜 제게 그 열매가 단지 쓴지를 묻습니까?"

나가사나가 말하였다.

"저 역시 마찬가지입니다. 모든 5음陰에는 이미 나(我)라고 할 만한 것이 없습니다. 그런데 왜 저에게 영원한지 영원하지 않은지를 물으십니까?"

왕이 다시 물었다.

"지옥에서는 칼로 사람의 몸을 잘라 곳곳에 흩어버려도 목숨이 여전히 붙어있다는데 사실입니까?"

나가사나가 대답하였다.

"비유를 들어보겠습니다. 떡도 고기도 오이도 나물도 먹기만 하면 그 음식을 모두 소화하던 여인이 있습니다. 하지만 그 여인도 아기를 배면 그 아기를 소화하지 못합니다. 태아가 가라라歌羅羅일 때는 그 크기가 가는 티끌만 합니다. 뱃속에 있기는 마찬가지인데 왜 태아는 소화되지 않고 점점 더 커지는 걸까요?"

"그것은 업의 힘 때문입니다."

나가사나가 대답하였다.

"그 지옥에서도 그 업의 힘 때문에 생명의 뿌리가 여전히 살아있는 것입니다."

왕이 다시 물었다.

“하늘에 있는 해는 늘 똑같습니다. 그런데 왜 여름에는 몹시 덥고, 겨울에는 몹시 추우며, 여름에는 해가 길고, 겨울에는 해가 짧습니까?”

나가사나가 대답하였다.

“수미산에는 위쪽 길이 있고 아래쪽 길이 있습니다. 여름에는 해가 윗길로 다녀 길이 멀고 걸음이 느리며, 금산을 비추기 때문에 해가 길고 또 매우 덥습니다. 그리고 겨울에는 해가 아랫길을 다니므로 길도 가깝고 걸음도 빠르며, 큰 바닷물을 비추기 때문에 해가 짧고 또 매우 춥습니다.”

112.

시어머니를 죽이려다 남편을 죽인 며느리

옛날 어떤 며느리가 성질이 사납고 거칠어 예법을 따르지 않고 하는 말마다 항상 시어머니를 거슬렀다. 며느리는 시어머니의 꾸중을 들을 때마다 늘 불평을 품었다. 그러다 원망하는 마음이 더욱 커지자 몰래 시어머니를 죽이려 하였다. 그러던 어느 날 며느리는 계획을 세우고 남편을 시켜 시어머니를 죽이게 하였다.

어리석었던 남편은 아내의 말만 듣고 어머니를 데리고 광야로 가서 손발을 묶고 죽이려 하였다. 도리에 한참이나 어긋난 죄에 하늘이 노하여 사방에서 구름과 안개가 몰려들더니 벼락이 쳐 그 아들을 죽였다. 어머니가 집에 돌아가자, 아내가 문을 열면서 남편인 줄 알고 물었다.

"죽였습니까?"

시어머니가 대답하였다.

"그래 죽였다."

이튿날이 되어서야 며느리는 비로소 남편이 죽은 것을 알았다.

불효한 죄를 저지르면 현생에서 이와 같은 과보를 받고, 다음 생에는 지옥에 들어가 한량없는 고통을 받는다.

113.
무덤에서 부르는 소리를 들은 바라나국의 왕

무엇이건 가능한 것에서 방법을 써야 얻을 수 있지, 불가능한 것에서는 아무리 억지로 애를 써도 얻을 수 없다. 비유하면 모래를 눌러 기름을 짜고 얼음을 저어 타락을 만들려는 것처럼 이미 불가능한 것이기에 괜히 스스로 힘들게 할 뿐이다.

옛날에 바라나국에 범예梵譽라는 왕이 있었다. 그는 항상 밤중에 무덤에서 부르는 소리를 들었다.

"아, 왕이여. 아, 왕이여."

이렇게 하룻밤에 세 번씩 그 소리가 들렸다. 왕은 그 이상한 소리를 듣고 매우 놀라고 두려웠다. 그 소리가 오랫동안 끊이지 않자 왕은 여러 바라문과 태사太史와 점쟁이들을 모으고 의논하였다.

"나는 밤마다 무덤에서 나를 부르는 소리가 들린다. 그럴 때마다 공포에 떨면서 감히 대답하지도 못한다."

사람들이 말하였다.

"그 무덤에 분명 요망한 물건이 있어 그런 소리를 내는 것일 것입니다. 지금 담력이 세고 용감한 사람을 그 무덤으로 보내 살펴보게 하십시오."

왕은 곧 사람을 모집하였다.

"한밤에 저 무덤에 가는 사람이 있으면 황금 500전을 상으로 주리라."

그때 아버지 없이 고독하게 살던 한 사람이 있었다. 그는 집이 매우 가난하였으나 큰 담력이 있었다. 그는 곧 응모하여 갑옷에다 투구를 쓰고 손에 칼과 막대기를 들고서 밤에 그 무덤으로 찾아갔다. 무덤에서 왕을 부르는 소리가 들리자 용감한 사나이가 꾸짖었다.

"너는 누구냐?"

그는 대답하였다.

"나는 숨겨진 보물창고 패이貝耳다."

그리고 이어 말하였다.

"너는 씩씩한 사나이구나. 나는 밤마다 범예왕을 불렀다. 만약 그 왕이 내게 대답하였다면 나는 그의 보물창고로 찾아가려고 하였다. 그러나 왕은 겁을 먹고 한 번도 대답하지 않았다. 나는 내일 이른 아침에 일곱 사람을 데리고 너의 집으로 갈 것이다."

용감한 사나이가 물었다.

"내일 올 때 나는 어떻게 맞이해야 하는가?"

패이가 대답하였다.

“너는 물을 뿌리고 마당을 쓸어 더러운 똥이나 먼지를 치우고 향과 꽃으로 장식해 아주 깨끗하게 하라. 그리고 포도·복숭아·보릿가루·음료수·소·우유죽을 각각 여덟 개의 그릇 담아라. 그러면 여덟 명의 도인이 찾아올 것이다. 그때 지팡이로 먼저 상좌의 머리를 때리면서 ‘구석으로 들어가라.’ 하고 말하고, 이렇게 차례로 여덟 명의 머리를 때려 모두 구석 모퉁이로 몰아라.”

용감한 사나이는 이 말을 듣고 집으로 돌아갔다. 그는 여덟 명의 도인에게 대접할 음식을 차리기 위해 왕에게 황금 500전을 요구하였다.

왕이 물었다.

“무엇이 그 소리를 내던가?”

용감한 사나이가 거짓으로 대답하였다.

“귀신이었습니다.”

패이의 말을 들은 용감한 사나이는 속으로 기뻐하면서 이발사를 불러 말끔히 단장하였다. 그리고 이튿날이 되어 공양할 음식을 골고루 차리자 여덟 명의 도인이 찾아와 그 음식을 받았다. 도인들이 음식을 먹고 나자, 용감한 사나이가 상좌의 머리를 때리면서 구석으로 들어가라고 다그쳤다. 그러자 곧 한 항아리의 금전으로 변하였다. 이렇게 차례로 도인들을 구석으로 몰아넣자 황금이 가득 담긴 여덟 항아리가 되었다.

그때 그가 보물을 얻는 것을 이발사가 문구멍으로 보고 가만히 생각하였다.

'나도 방법을 알았다. 저 사람이 한 그대로 해보자.'

이발사는 다음날 용감한 사나이가 했던 그대로 음식을 준비하고 여덟 명의 도인을 초대하였다. 그리고 도인들이 음식을 다 먹고 나자 자기도 용감한 사나이처럼 보물 항아리를 얻으리라 기대하며 상좌의 머리를 때렸다. 그러자 도인은 머리가 깨져 피가 흥건히 흘러 상과 자리를 더럽혔다. 그런데도 이발사는 구석으로 들어가라며 계속 다그쳤다. 상좌는 너무 다급해 그만 똥을 쌌다.

이렇게 차례로 일곱 명의 도인이 모두 몽둥이질을 당하고 땅에 뒹굴었다. 그 가운데 한 사람은 기운이 왕성했다. 그가 곧 이발사의 손을 움켜쥐고 밖으로 뛰쳐나와 소리 높여 크게 외쳤다.

"이 사람이 우리를 죽이려 한다."

왕은 사람을 보내 살펴보게 하고, 곧 이발사를 체포하여 사건의 진상을 낱낱이 캐물었다. 그러자 이발사가 있었던 일을 자세히 왕에게 아뢰었다. 왕은 사람을 보내 모집에 응했던 그 용감한 사나이 집으로 갔다. 왕의 신하들이 황금을 발견하고 빼앗으려는 순간, 황금은 독사로 변했다가 또 불덩이로 변하였다.

왕이 용감한 사나이에게 말하였다.

"이것은 너의 복이다."

세상의 어리석은 사람도 모두 이와 같다.

정진을 빠짐없이 갖추고 여덟 가지 계율을 받아 지키면 좋은 과보를 얻고, 나아가 8정도를 실천하면 번뇌가 없는 무루과無漏果를 얻는다. 하지만 다른 사람을 본받아 여덟 가지 계율을 받아 지키더라도 마음에 진실한 믿음 없이 그저 이익과 즐거움만 바라고 구한다면 좋은 과보를 기대할 수 없는 것은 물론이고 오히려 재앙이 닥치게 된다. 저 어리석은 사람과 조금도 다름이 없다.

114.
수행의 네 가지 결과를 얻은 늙은 비구

불법은 관대하여 가없는 중생을 널리 구제한다. 지극한 마음으로 도를 구하면 얻지 못할 결과가 없다. 심지어 장난으로 했더라도 그 복은 헛되지 않다.

옛날에 나이가 많고 정신까지 혼미한 어떤 늙은 비구가 있었다. 그는 갖가지 설법을 하는 젊은 비구들이 수행의 네 가지 결과인 4과果에 대해 설명하는 것을 들었다. 늙은 비구는 마음으로 부러워하고 숭상하며 젊은 비구들에게 말하였다.

"너희들은 총명하고 지혜롭구나. 부디 그 4과를 나에게도 좀 다오."

젊은 비구들이 비웃으면서 말하였다.

"우리에게 4과가 있습니다. 좋은 음식을 주면 그것을 드리겠습니다."

늙은 비구는 이 말을 듣고 마음에 기쁨이 솟아 곧 양털로 짠 옷인 흠바라의欽婆羅衣를 벗어 필요한 물품과 바꿨다. 그리고 갖가지 맛있는 음식을 차리고 젊은 비구들을 청하여 4과를 구걸하였다. 젊은 비구들은 그 음식을 먹고, 손가락질로 늙은 비구를 희롱하며 말하였다.

"대덕이여, 당신은 이 집 한쪽 모퉁이에 앉으십시오. 당신에게 그 과果를 드리겠습니다."

늙은 비구는 이 말을 듣고 기뻐하며 그들의 말대로 방의 한쪽 구석에 앉았다. 젊은 비구들이 곧 가죽 공으로 그의 머리를 치면서 말하였다.

"이것은 수다원과須陀洹果입니다."

늙은 비구는 이 말을 듣고 생각을 집중해 흐트러트리지 않았다. 그리하여 곧 수행자가 얻는 첫 번째 결과(初果)를 그도 얻었다.

젊은 비구들이 다시 희롱하며 말하였다.

"당신은 이제 수다원과를 얻었습니다. 하지만 아직은 일곱 번 다시 태어나고 일곱 번 죽어야 합니다. 다시 다른 모퉁이로 옮겨 앉으십시오. 다음에는 사다함과斯陀含果를 드리겠습니다."

그때 늙은 비구는 이미 수행의 첫 번째 결과를 얻었기 때문에 마음이 더욱 공고해졌다. 늙은 비구가 자리를 옮겨 앉자, 젊은 비구들이 다시 가죽 공으로 머리를 때리면서 말하였다.

"당신에게 수행자가 얻는 두 번째 결과(二果)를 드립니다."

늙은 비구는 더욱 생각을 집중하였다. 그리하여 곧 수행자가 얻는 두 번째 결과를 그도 증득하였다.

젊은 비구들이 다시 희롱하며 말하였다.

"당신은 이제 사다함과를 얻었습니다. 하지만 아직도 태어나고 죽어야 하는 재난이 남아 있습니다. 당신은 다시 다른 자리로 옮겨 앉으십시오. 우리가 당신에게 아나함과阿那含果를 드리겠습니다."

늙은 비구는 그들의 말대로 옮겨 앉았다. 젊은 비구들이 다시 가죽 공으로 머리를 때리면서 말하였다.

"우리가 이제 당신에게 수행자가 얻는 세 번째 결과(三果)를 드립니다."

그때 늙은 비구는 이 말을 듣고 기뻐하면서 더욱 지극한 마음이 생겨 곧 아나함과를 얻었다.

젊은 비구들이 다시 희롱하며 말하였다.

"당신은 이제 이 세상으로 다시는 돌아오지 않는 결과를 얻었습니다. 하지만 색계色界와 무색계無色界에서 번뇌가 있는 몸을 받아 덧없이 무너지고 변할 것입니다. 그 고통을 생각하며 다시 다른 자리로 옮겨 앉으십시오. 다음에는 아라한과阿羅漢果를 드리겠습니다."

그때 늙은 비구는 그들의 말대로 옮겨 앉았다. 젊은 비구들이 다시 가죽 공으로 머리를 때리면서 말하였다.

"우리가 이제 당신에게 수행자가 얻는 네 번째 결과(四果)를 드립니다."

그때 늙은 비구는 한마음으로 사유하다가 곧 아라한이 되었다. 늙은 비구는 수행의 네 가지 결과를 얻고 너무나 기뻤다.

늙은 비구는 온갖 음식과 갖가지 향과 꽃을 차리고 젊은 비구들을 초청하여 그들의 은덕에 보답하고, 젊은 비구들과 도품道品의 번뇌 없는 공덕을 논하였다. 젊은 비구들은 그를 상대해 논설을 펼치다가 다들 말문이 막혀버렸다. 그때 늙은 비구가 비로소 말하였다.

"나는 이미 수행의 마지막 결과인 아라한과를 증득하였다."

젊은 비구들은 그 말을 듣고 앞서 희롱했던 죄를 함께 사과하고 뉘우쳤다.

그러므로 수행하는 사람은 마땅히 선을 생각하여야 한다. 희롱조차도 진실한 과보를 얻거늘 하물며 지극한 마음이겠는가?

115.
지극한 정성으로 도를 얻은 여인

만약 사람이 도를 구하려면 반드시 정성이 있어야 한다. 정성이 서로 감응하면 능히 도를 얻을 수 있다.

옛날에 총명하고 지혜로운 한 여인이 삼보를 깊이 믿었다. 그는 매일 스님들을 한 명씩 차례대로 집으로 초대해 공양을 올렸다. 그때 늙은 한 비구가 차례가 되어 그 집에 이르렀다. 그는 나이가 많고 근기가 둔하여 조금도 아는 것이 없었다.

그때 그 여인이 음식을 공양하고 나서 늙은 비구에게 설법을 청하였다. 여인은 혼자 자리를 펴고 앉아 눈을 감고 가만히 있었다. 그때 그 늙은 비구는 자기가 무식하여 설법할 줄 모른다는 것을 스스로 잘 알고 있었다. 그래서 그가 깜빡 잠이 든 틈을 노려 몰래 도망쳐 절로 돌아왔다.

그러나 그 여인은, 만들어진 모든 것은 덧없고 괴롭고 공허하며 자유로울 수 없다는 것을 지극한 마음으로 사유하였다. 그는 이렇게 깊이 관찰하다가 곧 수행의 첫 번째 결과를 얻었다.

그 여인은 수행의 결과를 얻고 나서 그 늙은 비구를 찾아 은혜를 갚으려 하였다. 늙은 비구는 자기가 무식해 몰래 도망쳤던 일을 생각하자 부끄러움이 배나 더하였다. 그래서 또 그를 피해 달아나 숨었다. 그러나 그 여인이 애써 찾기를 멈추지 않자 비로소 스스로 나타났다.

여인은 그때 늙은 비구에게 수행의 결과를 얻게 된 내력을 자세히 이야기하고, 큰 은혜에 보답하고자 공양을 가져온 것이라 하였다. 그때 그 늙은 비구는 매우 부끄러워하며 자신을 크게 꾸짖다가 그 역시 수행의 결과를 얻었다. 그러므로 수행하는 사람은 마음이 지극해야 한다. 마음이 지극한 자는 원하는 것을 반드시 얻는다.

잡보장경

제10권

온갖 보배가 가득한 경

116. 우타선왕 이야기

옛날에 로류성盧留城에 우타선왕優陀羨王이 있었다. 그는 총명하고 통달하여 큰 지혜가 있었다. 그의 부인 중 하나인 유상有相은 자태와 용모가 빼어날 뿐만 아니라 아울러 덕행까지 갖추었다. 그래서 왕이 매우 사랑하여 그에게 쏟는 정이 무척이나 도타웠다.

그때 그 나라 법에는 왕이 된 사람은 스스로 거문고를 연주하지 않게 되어있었다. 그런데 그 부인은 자기에 대한 왕의 사랑을 믿고 왕에게 아뢰었다.

"부디 저를 위해 거문고를 연주해 주십시오. 저는 대왕을 위해 춤을 추겠습니다."

왕이 그 뜻을 받아들여 거문고를 당겨 연주하자, 부인은 손을 들고 춤을 추었다. 왕은 예전부터 관상을 잘 보았다. 왕은 부인의 춤을 보다가 그에게서 죽음의 징조를 보았다. 왕은 곧 거문고를 밀치고 슬퍼하면서 길게 탄식하였다.

그러자 부인이 왕에게 말하였다.

"제가 지금 대왕의 은혜와 사랑을 받아 감히 그윽한 방에서 왕에게 거문고를 타게 하고 일어나 춤을 추면서 함께 즐기고 있습니다. 그런데 무엇이 못마땅해 거문고를 내려놓고 탄식하십니까? 부디 왕께시는 숨기지 말고 말씀하여 주십시오."

왕이 대답하였다.

"내가 길게 탄식한 이유는 당신이 들어서는 안 될 이야기요."

부인이 아뢰었다.

"저는 지금껏 왕을 받들며 정성을 다하였고 변함이 없습니다. 만약 도리에 어긋난 점이 있다면 분부하여 주십시오."

부인이 끝없이 간청하자, 왕이 사실대로 답하였다.

"당신에 대한 내 마음인들 어찌 변함이 있겠소? 조금 전 당신이 일어나 춤을 출 때 죽을상이 겉으로 드러났다오. 아마 남은 목숨은 이레를 넘지 못할 것이오. 그 때문에 거문고를 내려놓고 탄식한 것이오."

부인은 이 말을 듣고 매우 걱정되고 두려웠다.

부인이 곧 왕에게 아뢰었다.

"왕의 말씀대로면 죽을 날이 머지않습니다. 나는 바위 동굴에 사는 비구니 스님에게서 '믿는 마음으로 단 하루라도 출가하면 반드시 하늘나라에 태어난다.'라는 말을 들었습니다. 그러므로 저는 지금 출가하려 합니다. 부디 왕께서 허락하여 주소서. 그렇게 하면 도를 얻을 수 있을 것입니다."

왕은 깊이 든 정에 사랑하는 마음을 걷잡을 수 없어 부인에게 말하였다.

"엿새 뒤에 당신이 출가하여 도에 들어가는 것을 허락하리다."

엿새가 지나자 왕이 부인에게 말하였다.

"당신은 마음이 착해 굳이 출가하려 하는구려. 하늘나라에 태어나거든 꼭 나를 보러 찾아와 주오. 그렇게 하겠다면 내 당신의 출가를 허락하리다."

왕은 이렇게 맹세를 받고 부인에게 출가를 허가하였다. 부인은 곧 출가하여 여덟 가지 계율을 받았다. 그리고 그날 석청을 탄 꿀물을 많이 마셨다가 창자가 꼬여 이레째 되던 날 새벽에 죽었다.

부인은 좋은 인연덕분에 하늘나라에 태어났다. 그는 곧 세 가지를 생각하였다. 첫째, 나는 전생에 누구였을까? 둘째, 나는 전생에 어떤 공덕을 닦았을까? 셋째, 현재 이 몸은 틀림없는 하늘나라 사람의 몸이다. 이렇게 생각하고는 전생의 인연은 물론이고 왕에게 했던 맹세까지 모두 알게 되었다. 하늘나라에 태어난 그는 맹세를 지키기 위해 왕에게 내려갔다. 그때 광명이 온 왕궁을 가득 채웠다.

왕이 물었다.

"지금 이 상서로운 광명을 비추는 분은 누구십니까? 부디 알려 주소서."

그러자 하늘나라 사람이 대답하였다.

"저는 왕의 부인 유상有相입니다."

왕이 그 말을 듣고 말하였다.

"부디 여기 와 앉으시오."

하늘나라 사람이 대답하였다.

"지금의 저는 왕을, 악취가 풍기고 더럽다고 보기에 가까이 갈 수가 없습니다. 저는 예전에 했던 맹세 때문에 이렇게 찾아와 뵙는 것입니다."

왕이 그 말을 듣고 마음이 곧 열리어 이렇게 말하였다.

"지금 저 하늘나라 사람은 본래 내 아내였다. 착한 마음이 있어 도에 들어가기를 원해 하루 동안 출가했다가 곧 죽었고, 그 공덕으로 하늘나라에 태어난 것이다. 천신은 뜻이 고결하고 원대하기에 왕인 나마저 더럽고 천하게 본다. 나는 지금 왜 출가하지 못하는 걸까? 나는 예전에 '하늘나라 사람 손톱 하나의 값어치가 수미산 남쪽 염부제 전체에 해당한다고 들었다. 하물며 작은 한 나라에 불과한 나의 국토를 탐하고 아까워할 가치가 있을까?"

왕은 이렇게 말하고 나서 아들 왕군王軍을 세워 왕위를 물려주었다. 그리고 출가하여 도를 배우고 아라한이 되었다.

그때 아버지를 이어 왕이 된 왕군은 나라를 맡아 다스린 뒤부터 아첨하는 간사한 신하들을 믿고 나랏일을 돌보지 않았다. 우타선왕은 아들과 백성들을 가엾이 여겨 아들에게 찾아가 교화하고 권하여 선행을 닦게 하려 하였다.

그때 왕군왕은 아버지가 오신다는 소식을 듣고 한량없이 기뻐하였다. 그래서 모든 백성이 길에 나가 맞이하도록 명령을 내리려 하였다. 그러자 여러 간사한 신하들이 쫓겨날까 두려워 왕에게 아뢰었다.

"왕께서는 지금 머리에 하늘나라 관을 쓰고 사자좌에 앉아 계십니다. 사자좌에는 두 번 앉는 법이 없습니다. 만약 부왕을 맞아 왕위에 도로 앉게 하시면 분명 왕을 죽일 것입니다. 그러므로 왕께서 제대로 왕 노릇을 하시려면 반드시 부왕을 죽여야 합니다."

왕군왕은 걱정스럽고 놀란 마음에 의혹이 점점 커져만 갔다. 그러다 신하들이 간언을 멈추지 않자 결국 나쁜 마음을 먹고 전타라栴陀羅를 품꾼으로 사서 자신의 아버지를 죽이러 보냈다. 전타라는 분부를 받고 부왕에게 찾아갔다. 그가 땅에 엎드려 예배하고 아뢰었다.

"저는 옛날부터 부왕께 은혜로운 대접을 받았기에 조금도 반역할 마음이 없습니다. 그러나 지금 부왕을 살해하라는 명령을 받고 왔습니다. 만약 부왕을 해치지 않으면 반드시 저를 벌하여 죽일 것입니다."

부왕이 대답하였다.

"내가 지금 여기 온 것은 너의 왕을 교화하기 위해서이다. 그런데 어찌 내 몸을 아껴 너를 벌 받게 하겠는가?"

부왕은 곧 목을 쭉 내밀고 전타라에게 말하였다.

"네 마음대로 베어라."

그리하여 전타라가 온 힘을 다해 내려쳤지만, 목에 칼이 들어가지 않았다.

부왕은 그를 가엾이 여겨 신통력을 빌려주며 말하였다.

"너는 이제 나를 위해 네 왕에게 가서 말하라. 너는 지금 아버지를 죽이고 또 아라한을 죽였다. 두 가지 역죄逆罪를 지었으니 참회하는 것이 좋으리라. 그러면 죄가 가벼워질 것이다."

전타라는 분부를 받고 나서 칼을 들고 다시 내려쳐 부왕의 머리를 잘랐다. 전타라는 그 머리를 들고 왕군왕에게 돌아갔다. 왕군왕이 아버지의 잘린 머리를 살펴보니 얼굴빛이 평온하고 조금도 변함이 없었다. 그때야 아버지가 도를 얻어 왕위를 탐하지 않았음을 깨달았다. 왕군왕은 후회하는 마음이 생겨 괴로워하고 슬피 울면서 까무러쳤다가 한참 만에 깨어났다.

왕군왕이 전타라에게 물었다.

"부왕께서 뭐라 하시던가?"

전타라가 말하였다.

"부왕께서 왕에게 전하라 하셨습니다. 너는 아버지를 죽이고 다시 아라한을 해쳤다. 두 가지 역죄를 지었으니 참회하는 것이 좋으리라."

왕은 이 말을 듣자 더욱 애가 끓어 이렇게 말하였다.

"아라한의 도를 얻은 나의 아버지가 어찌 나라를 탐했겠는가? 이런 아버지를 내 손으로 죽이다니."

간사한 신하들은 왕이 자신들을 해칠까 두려워 왕에게 아뢰었다.

"이 세상에 무슨 아라한이 있겠습니까? 왕은 공연한 말을 믿고 스스로 괴로워하시는 것입니다."

왕이 대답하였다.

"지금 우리 아버지가 죽은 지 오래인데도 안색이 변하지 않았다. 도를 얻지 않고서야 어떻게 이럴 수가 있겠는가? 또 우리 아버지께서 통치하던 시절의 대신이던 바질사婆咥師와 우파질사優波咥師 등도 모두 출가하여 아라한의 도를 얻었다. 그들이 갖가지 신통 변화를 부리는 것을 우리가 목격하였고, 이곳에서 열반해 그 뼈를 거두어 만든 탑이 지금 현재 있지 않은가? 그런데 어떻게 없다고 하겠는가?"

간사한 신하들이 대답하였다.

"환상을 부르는 주술이나 약의 힘으로도 신통 변화를 보일 수 있습니다. 그 두 대신은 아라한이 아닙니다. 며칠 뒤 왕께 증명해 보이겠습니다."

이렇게 말하고 그들은 탑에다 구멍 두 개를 뚫고 거기에 고양이 한 마리씩을 넣어 길렀다. 그리고 "질사여, 나오라." 하고 부르면 고양이가 나와서 고기를 먹고, "도로 들어가라." 하고 말하면 고양이가 도로 구멍으로 들어가도록 훈련했다. 이렇게 가르치자 고양이는 곧 길이 들었다.

그러자 그들이 왕에게 아뢰었다.

"왕께서는 지금 그 바질사와 우파질사를 보시렵니까? 같이 가서 보시길 바랍니다."

왕은 곧 수레를 준비하라 명하고 탑이 있는 곳으로 갔다.

그때 간사한 신하가 말하였다.

"질사여, 나오라."

고양이가 곧 구멍에서 나왔다. 다시 말하였다.

"도로 들어가라."

그러자 고양이가 곧 구멍으로 들어갔다. 왕은 그것을 보고 마침내 미혹한 마음이 더해져 만사를 멋대로 하면서 죄와 복을 믿지 않았다.

그러던 어느 날 왕이 군사를 거느리고 나가 놀다가 돌아오는 길에 어느 고요한 곳에서 단정히 앉아 선정에 들어있는 가전연을 보았다. 왕은 문득 나쁜 마음이 생겨 손으로 흙을 움켜쥐어 가전연에게 뿌리면서 좌우 신하들에게 말하였다.

"너희들도 나를 위해 각자 흙을 쥐어 저 가전연에게 뿌려라."

그리하여 가전연 존자는 흙무더기에 파묻혔다. 삼보를 믿던 한 대신이 뒤에서 따라오다가 이 일을 보았다. 그는 매우 괴로워하며 존자를 위해 그 흙을 파헤치면서 사람들에게 말하였다.

"나를 생각하는 사람이 있거든 이 흙을 파헤쳐라."

그때 존자는 유리보배 굴에 앉아 있었고, 곱고 윤택한 신령스러운 위의가 더럽혀진 기색이 없었다. 대신은 매우 기뻐하며 땅에 엎드려 그 발에 예배하고 존자에게 아뢰었다.

"지금 왕이 무도하여 이런 죄악을 짓는군요. 선악에는 반드시 과보가 있는데 어떻게 재앙이 없겠습니까?"

존자가 대답하였다.

"지금부터 이레 뒤에 하늘에서 흙이 쏟아져 성을 채우고 흙산을 쌓아 왕과 백성들을 모두 뒤덮어 죽일 것입니다."

대신은 그 말을 듣고 걱정하고 괴로워하면서 왕에게 아뢰었다. 그리고 자신은 꾀를 내어 성 밖으로 통하는 길을 땅속에 만들었다.

이레가 되자 하늘에서 향과 꽃과 보물과 옷이 쏟아져 내려 그 성 사람들이 모두 기뻐하였다. 간사한 신하들이 왕에게 아뢰었다.

"지금 이 상서는 모두 왕의 덕 때문입니다. 무지한 사람들이 도리어 비방하여 흙이 쏟아진다고 말하였는데 이런 보물을 얻었습니다. 저들이 세상 사람들을 속이고 홀린 게 지금껏 한두 번이 아닙니다."

왕이 나쁜 인연을 지은 뒤에 도리어 좋은 상서가 생겼다는 말을 듣고 사람들이 구름처럼 모여들었다. 그때 성의 네 문에서 남모를 인연의 힘 때문에 쇠 빗장이 모조리 내려앉았다. 사람들은 도망치거나 숨을 길이 없었다. 그때 하늘에서 곧 흙이 비처럼 쏟아져 성을 채우고 산을 이루었다. 그러나 그 대신과 또 그와 마음을 같이한 이들은 땅속 길로 성을 나갈 수 있었다. 그들이 존자가 있는 곳으로 찾아가 아뢰었다.

"말씀하신 대로 하늘에서 비처럼 쏟아진 흙이 산을 이루어 하루 만에 성을 뒤덮었습니다. 그리하여 임금과 신하들이 모두 죽었습니다. 전생에 어떤 인연이 있었기에 지금 이런 고통을 함께 받은 것입니까?"

그때 존자가 대신에게 말하였다.

"자세히 들으십시오. 당신을 위해 말하겠습니다. 먼 옛날 여러 겁 전에 그 나라에 어떤 장자의 딸이 있었습니다. 그는 이른 아침에 다락을 청소하다가 흙먼지를 비구 머리에 떨어뜨렸습니다. 그러나 그는 참회할 줄 몰랐습니다. 얼마 후 그는 좋은 남편을 얻게 되었습니다.

그때 여자들이 그 여인에게 물었습니다.

'당신은 어떤 인연을 지었기에 이런 좋은 배필을 얻었습니까?'

그 여자가 대답하였습니다.

'다른 일이 없고, 제가 다락을 쓸다가 흙먼지를 비구 머리에 뿌린 적이 있습니다. 그 덕분에 좋은 남편을 만났습니다.'

여자들이 그 말을 듣고는 그의 말대로 너도나도 앞 다퉈 흙먼지를 비구에게 뿌렸습니다. 그 업을 인연으로 모두 저런 과보를 받은 것입니다."

가전연 존자는 이렇게 말하고 공덕천功德天과 함께 화씨성花氏城으로 향하였다. 옛날부터 로류성盧留城과 화씨성은 서로 번갈아 성하고 쇠하였다. 이 로류성이 이미 망했기 때문에 저 화씨성이 다시 번창하였다. 그래서 존자들이 화씨성으로 향하자 그 지역의 우두머리였던 호음성好音聲 장자가 존자께 공양하였다. 장자는 원래 부자였는데, 존자가 그 집에 오고 나서는 재보가 넘쳐 전보다 훨씬 많아졌다.

존자 가전연이 부처님께 여쭈었다.

"호음성 장자는 어떤 인연으로 음성이 아름다우며 또 큰 부자로서 한량없는 재보가 넘칩니까?"

부처님께서 말씀하셨다.

"먼 옛날에 어떤 장자가 있었는데, 그는 날마다 사람을 보내 500명의 벽지불을 자기 집으로 초청해 공양을 올렸다. 심부름꾼이 스님들을 초청하러 갈 때마다 늘 개를 데리고 갔는데, 한 번은 마침 그가 다른 일이 있어 초청하러 가지 못하였다. 개는 때를 맞추어 혼자 승방으로 가서 스님들을 향해 짖었다. 그때 벽지불들은 이렇게 말하였다.

'속세의 일이 많아 주인이 초청하는 것을 잊어버리자 저 개가 찾아와 짖어 우리를 부르는 것이다.'

그들이 함께 어울려 장자의 집으로 가자, 장자는 매우 기뻐하며 법답게 공양을 올렸다.

그때 500명의 벽지불에게 공양을 올린 장자가 바로 나이고, 심부름꾼은 아나율阿那律이며, 개가 바로 호음성 장자이다. 이런 인연 때문에 호음성 장자는 태어나는 세상마다 음성이 아름답고, 또 재보가 많게 되었느니라. 그러므로 지혜로운 사람은 복밭에 정성껏 공양해야 하느니라."

117.
부처님의 아들 라후라

나는 예전에 이런 이야기를 들은 적이 있다.

부처님께서 처음으로 집을 떠나던 밤에 부처님의 아들 라후라羅睺羅가 비로소 어머니 태에 들었다. 6년 동안 고행하던 실달悉達 보살은 보리수 아래에서 네 악마를 항복시켰고, 온갖 어두운 번뇌의 덮개를 제거하고 활연히 크게 깨달아 위없는 최고의 도를 이루었다. 그리하여 10력力과 4무소외無所畏를 두루 갖추고, 18불공법不共法을 성취하고, 4변재辯才를 갖추고, 모든 바라밀을 빠짐없이 성취하여 피안의 언덕에 이르렀고, 모든 부처님의 법을 밝게 알아 모든 성문과 연각을 훌쩍 뛰어넘었다.

부처님께서 처음 도를 성취하신 그 밤에 라후라가 태어났다. 온 궁중의 궁녀들은 모두 창피하게 여겨 크게 걱정하고 번민하면서 이렇게 말하였다.

"괴상하구나. 몹시 나쁜 야수다라耶輸陀羅가 옳고 그름을 생각하지 않고 스스로 삼갈 줄 몰라 경솔한 짓을 저질러 우리 궁전 전체를 더럽혔다. 실달 보살이 집을 떠난 지 이미 오래인데 이제 갑자기 아이를 낳았으니, 이것은 큰 치욕이다."

그때 전광電光이라는 석가족 여인이 있었다. 그는 야수다라 이모의 딸이었다. 그가 가슴을 치고 허벅지를 때리면서 화를 내고 꾸짖었다.

"야수다라, 너는 존장尊長의 친족으로서 왜 스스로를 망치는가? 실달 태자가 집을 떠나 도를 배운 지가 이미 6년이 지났는데 이 아이를 낳았으니, 이것은 도저히 때가 맞지 않는다. 누구 자식이냐? 너는 부끄러운 줄도 모르고 우리 종족을 욕되게 하였다. 종족을 생각하지 않고, 나쁜 소문을 조심할 줄도 모르는구나. 실달 보살은 큰 공덕이 있어 그 명성이 널리 퍼졌는데, 너는 왜 그를 아끼지 않고 이제 욕되게 하느냐?"

그때 정반왕이 누각 위에 있다가 대지가 여섯 가지로 진동하는 기이한 현상을 목격하였다. 정반왕은 자기 아들인 실달 보살이 죽었기 때문에 나타난 현상이라고 생각했다. 정반왕은 근심의 화살이 심장에 박혀 매우 괴로워하면서 말하였다.

'내 아들의 계율의 향기는 사방을 가득 채우고, 상호는 장엄하여 연꽃으로 만든 머리 장식 같았다. 그런데 오늘 죽음이 닥쳐 모두 말라 버렸다.

계율이라는 깊고 튼튼한 뿌리, 부끄러움이라는 가지와 잎사귀, 명예라는 향기, 큰 자비라는 짙은 그늘, 나의 아들은 큰 나무와 같았는데 이제 죽음의 코끼리에게 짓밟혔구나.

황금의 산처럼 우람하고 온갖 보배로 장엄했던 나의 아들 금산의 왕, 아름다운 상호로 장식했던 그 몸이 이제 무상無常이라는 금강저金剛杵에 맞아 박살이 났구나.

온갖 보배가 가득한 큰 바다를 저 마갈어가 마구 휘젓듯이, 큰 바다 같은 나의 아들도 그와 같이 죽음의 마갈어에게 괴롭힘을 당했구나.

수많은 별에 둘러싸인 보름달처럼 나의 아들도 그와 같이 공덕이 한량없고 상호가 장엄했는데, 이제 무상이라는 라후라에게 먹혀버렸구나.

대장부인 우리 종족은 로월盧越·진정眞淨 등 이런 왕들이 서로 이어 오늘에 이르렀는데, 오늘을 끝으로 장차 우리 종족이 끊어지지 않겠는가?

나의 아들은 전륜성왕이 되거나 혹은 불도를 이루리라고 특별히 기대했었다. 그런데 어찌 지금 죽는단 말인가? 만약 내 아들을 잃는다면 나는 분명 근심 끝에 쇠약하여 목숨을 보전하지 못할 것이다.

나는 내 아들이 출가하여 가사를 입고 발우를 들고 다니면서 감로법甘露法을 널리 연설하기를 바랐다. 그러나 이제 그런 갖가지 일을 보지 못하게 되었구나.'

정반왕은 아들 생각에 이렇게 갖가지로 걱정하며 근심하였다. 그때 아들의 궁전에서 소리 높여 크게 우는 소리가 들렸다. 왕은 더욱 놀라고 두려워하면서 태자가 죽었다고 생각하였다. 그래서 앞으로 달려가는 하녀에게 물었다.

"왜 저렇게 우는가? 내 아들이 죽은 것은 아니겠지?"

하녀가 아뢰었다.

"태자님은 죽지 않았습니다. 야수다라가 지금 아들을 낳았기 때문에 온 궁전 사람이 창피해서 우는 것입니다."

왕은 그 말을 듣고 걱정이 배나 늘어 소리 내어 크게 울었다. 그리고 큰 소리로 부르짖으며 외쳤다.

"괴상하구나. 아주 더럽고 욕된 일이다. 내 아들이 집을 떠난 지 이미 6년이나 지났는데 이제 아이를 낳다니."

당시 그 나라 법에는 북을 한 번 치면 모든 군사가 모이게 되어 있었다. 북을 치자 9만 9천의 석가 종족이 모두 모여 야수다라를 불러냈다.

야수다라는 희고 깨끗한 옷을 입고 아기를 품에 안았다. 전혀 놀라거나 두려워하는 기색 없이 아기를 안고 친족들 앞에 섰다. 그의 얼굴에는 약간의 얼룩이 있었다.

그때 지팡이를 짚은 석가 종족이 화난 얼굴로 야수다라를 꾸짖었다.

"이 더러운 것아, 너무도 창피한 일이다. 우리 종족을 욕되게 하고 무슨 낯짝으로 우리 앞에 섰느냐?"

그때 비뉴천毘紐天이라는 석가 종족이 있었다. 그는 야수다라의 외삼촌이었다. 그가 야수다라에게 말하였다

"너보다 더럽고 어리석은 자는 없을 것이다. 외삼촌에게 사실대로 말하라. 어떤 놈의 자식이냐?"

그러나 야수다라는 조금도 거리끼거나 부끄럼 없이 정직

하게 말하였다.

“집을 떠난 석가 종족 실달, 저는 그 사람에게서 이 아이를 얻었습니다.”

정반왕이 이 말을 듣고 화를 내면서 말하였다.

“그 아이를 생각하지 않고 딴말을 하는구나. 참말인지 거짓말인지 모든 석가 종족이 다 안다. 내 아들 실달은 과거 집에서 지낼 때도 5욕欲을 가졌다는 말을 내가 들은 적이 없다. 하물며 출가한 지금에 와서 욕심이 있어서 아이를 낳았겠느냐? 그따위 말은 실로 야비하고 몰염치하다. 누구에게서 아이를 얻어 우리를 욕되게 하는가? 그렇게 거짓말하는 것은 정직한 법이 아니다.

내 아들 실달은 과거 집에서 지낼 때도 보물이나 맛난 음식에도 전혀 집착하지 않았다. 그런데 하물며 지금은 고행하면서 매일 참깨가루만 먹고 산다. 이런 내 아들을 헐뜯는단 말인가?”

정반왕은 머리끝까지 화를 내며 여러 석가 종족에게 물었다.

“저것을 이제 어떻게 고통스럽게 죽이면 좋을까?”

어떤 석가 종족이 말하였다.

“제 생각은 불구덩이를 만들고 저 모자를 그 속에 던져 깡그리 없애면 좋겠습니다.”

그 자리에 모인 사람들이 다들 말하였다.

“그 방법이 좋겠소.”

사람들은 곧 구덩이를 파고 그 안에 거타라佉陀羅 나무를 쌓아 불을 붙였다. 그리고 야수다라를 끌고 그 곁으로 갔다. 야수다라는 그 불구덩이를 보고서야 비로소 놀라고 두려워하였다. 마치 초원의 사슴이 홀로 우리에 갇혀 사방을 둘러보아도 의지할 곳이 없는 것과 같았다.

야수다라는 스스로 꾸짖었다.

"아무 죄도 없는데 이런 화를 당하는구나."

여러 석가 종족을 둘러보았으나 자기를 구해줄 자는 아무도 없었다. 야수다라는 아기를 안고 길게 탄식하였다. 그리고 보살을 생각하면서 말하였다.

"당신은 자비가 있어 일체중생을 가엾이 여깁니다. 그래서 하늘나라 신도 용도 귀신도 모두 당신을 공경합니다. 지금 우리 모자가 복이 없어 아무 죄도 없이 고통을 받는데, 보살은 왜 우리를 염려하지 않습니까? 왜 우리 모자를 오늘의 이 액운에서 구하지 않습니까? 하늘나라의 착한 신들도 누구 하나 우리를 생각하지 않는군요. 예전에 보살이 석가 종족에 계실 때는 수많은 별 가운데 보름달 같았는데, 이제는 다시 볼 수 없군요."

야수다라는 곧 부처님 계신 곳을 향하여 일심으로 경례하였다. 그리고 다시 여러 석가 종족에게 절하고는 불을 향해 합장하고 진실한 말을 하였다.

"이 아이는 진실로 다른 사람의 자식이 아닙니다. 6년 동안 나의 태 안에 있었던 것입니다. 제 말이 진실이요 거짓이 아니라면 저 불은 우리 모자를 끝내 태워 죽이지 못하고 스스로 꺼질 것입니다."

이렇게 말하고 곧 불구덩이 속으로 뛰어들었다. 그러자 그 불구덩이가 못으로 변하고 야수다라의 몸은 연꽃 위에 올려졌다. 그는 조금도 두려움이 없이 온화하고 즐거운 얼굴빛으로 여러 석가 종족에게 합장하고 말하였다.

"만일 제 말이 거짓이었더라면 곧 타죽었을 것입니다. 이 아이는 진실로 보살의 아들입니다. 저는 진실한 말로 불의 화를 면하였습니다."

어떤 석가 종족이 말하였다.

"야수다라의 모습을 보면 전혀 놀라거나 두려운 기색이 없다. 이로 미루어 보아 그의 말은 분명 사실이다."

또 어떤 석가 종족이 말하였다.

"불구덩이가 맑은 못으로 변하였다. 이 증험으로 그에게 잘못이 없다는 것을 알겠다."

그때 여러 석가 종족은 야수다라를 데리고 궁중으로 돌아가 더욱 공경하고 찬탄하였다. 그리고 유모를 구해 그의 자식을 받들어 섬기게 하였는데, 그 아기는 처음 낳았을 때와 조금도 다름이 없었다.

할아버지 정반왕은 손자를 매우 사랑하고 소중히 여겨 라후라가 보이지 않으면 밥도 먹지 않았다. 그리고 보살이 생각날 때면 라후라를 안고 그 시름을 잊었다.

그다음에 있었던 일들은 간략히 줄이겠다. 그리고 다시 6년이 지난 뒤 정반왕이 부처님을 간절히 그리워하여 사람을 보내 부처님을 초청하였다. 부처님께서는 가엾이 여겨 본국으로 돌아오셨다. 석가 종족의 궁전에 이르시자 부처님께서 1,250명의 비구를 모두 부처님과 같은 모습으로 변화시켰는데 그 광명과 상호가 전혀 다르지 않았다.

야수다라가 라후라에게 말하였다.

"어느 분이 너의 아버지시냐? 그 곁으로 가거라."

그때 라후라는 부처님께 나아가 예배하고, 부처님의 왼쪽 발 곁에 섰다. 부처님께서는 곧 한량없는 겁 동안 닦은 공덕으로 나타난 바퀴 모양이 있는 손으로 라후라의 정수리를 어루만지셨다.

그때 여러 석가 종족이 모두 이렇게 생각하였다.

"부처님께 아직도 사사로운 애착이 남아 있구나."

부처님께서 여러 석가 종족의 마음속 생각을 아시고, 다음 게송으로 말씀하셨다.

나를 낳아준 권속에게도
또 내가 낳은 아들에게도
편애하는 마음은 없나니
그저 손으로 정수리를 쓰다듬었을 뿐.

나는 모든 결박과 강박을 없애고
사랑과 미움 역시 영원히 없앴으니
너희들은 의심하지 말라

자식이라 아직도 망설인다고.

이 아이 역시 출가하여
다시 내 법의 아들이 되리니
그의 공덕을 간단히 말하면
출가하여 참된 도를 배우고
반드시 아라한을 이룰 것이다.

118.
아첨과 거짓에 속은 늙은 바라문

교활한 아첨과 거짓말, 간사한 홀림, 그것들은 모두 겉모양은 그럴싸하다. 하지만 속에는 간악한 속임수를 품고 있다. 그러므로 지혜로운 사람은 참과 거짓을 잘 관찰해야 한다.

옛날에 어떤 바라문이 늙은 나이에 젊은 아내를 맞이하였다. 아내는 남편이 늙은 것이 싫어 쉬지 않고 딴 남자와 바람을 피웠다. 음욕에 맛이 들자 그는 남편을 속이고 연회를 마련해 젊은 바라문들을 초청하였다. 남편은 아내가 간음하는 것이 아닐까 의심하여 연회를 계속하는 것을 허락하지 않았다. 그러자 아내가 갖가지 꾀를 써서 남편을 홀렸다.

늙은 바라문의 전처 아들이 불 속에 떨어졌다. 그때 젊은 아내는 눈으로 보고도 그 아이를 붙잡지 않았다.

바라문이 말하였다.

"아이가 지금 불길에 떨어졌는데 왜 붙잡지 않았는가?"

아내가 대답하였다.

"저는 여태 제 남편만 가까이하였지 다른 남자는 접촉한 적이 없습니다. 그런데 왜 갑자기 이 사내아이를 잡으라 하십니까?"

바라문은 그 말을 듣고 그렇겠다고 생각하였다. 바라문은 아내를 확실히 믿었기 때문에 곧 자기 집에서 큰 연회를 열고 바라문들을 초청하였다. 그러자 젊은 아내는 다시 여러 사람과 정을 통하였다. 바라문은 이 사실을 알고 분하고 원통하여 곧 보물을 모아 옷에 싸 가지고는 아내를 버리고 집을 떠났다.

그는 집을 떠나 멀리 가던 도중에 어떤 바라문을 만나 동행하게 되었다. 해가 저물어 한 곳에서 같이 자고, 이튿날 아침에 다시 길을 떠났다. 잠을 잤던 집을 떠나 차츰 멀어지려 할 때 동행한 바라문이 늙은 바라문에게 말하였다.

"어젯밤 잤던 집에서 풀잎 하나가 제 옷에 붙어 따라왔습니다. 저는 어려서부터 남의 물건을 건드린 적이 없습니다. 그런데 지금 이 풀잎이 제게 따라왔으니, 제가 몹시 부끄럽군요. 이 풀잎을 주인에게 돌려주고 오겠으니, 당신은 제가 돌아올 때까지 여기서 기다리십시오."

늙은 바라문은 이 말을 듣고 그의 말을 깊이 믿어 그를 더욱 사랑하고 존경하게 되었다. 그래서 기다리기를 승낙하였다. 그 바라문은 거짓으로 그 풀잎을 주인에게 돌려주겠다며 떠났다. 그리고 조금 떨어진 곳의 어떤 도랑 구덩이에 숨어 드러누웠다가 한참 만에 돌아와 말하였다.

"그 풀잎을 주인에게 돌려주었습니다."

늙은 바라문은 그랬으리라 믿고 그를 더욱 사랑하고 존경하였다. 그러다 늙은 바라문이 마침 대소변이 보고 싶었다. 늙은 바라문은 대소변을 보고 그것을 씻으려고 보물을 그에게 맡겼다. 그는 얼마 후 그 보물을 가지고 달아났다. 늙은 바라문은 보물을 도둑맞았다는 것을 알고 그 사람을 원망하고 탄식하였다.

늙은 바라문은 자신의 처량한 신세를 슬퍼하고 근심하고 괴로워하면서 다시 길을 떠났다. 그렇게 얼마쯤 갔을 때였다. 어떤 나무 아래에서 쉬다가 입에 풀을 물고 있는 황새 한 마리를 보게 되었다. 그 새가 다른 새들에게 이렇게 말하였다.

"우리는 서로를 가엾이 여겨야 한다. 한곳에 모여 같이 살자."

새들이 모두 그 말을 믿고 몰려들었다. 그때 황새는 다른 새들이 모두 밖으로 나간 틈을 노려 그들의 둥지에서 알을 쪼아 즙을 마시고 그 새끼들을 죽여 버렸다. 그리고는 새들이 올 때가 되자 다시 풀을 입에 물었다. 새들이 돌아와 벌어진 일을 보고 모두 그를 꾸짖었으나 이 황새는 버티며 말하였다.

"나는 그러지 않았다."

그러자 다른 새들이 교묘한 거짓말임을 알고 모두 그를 버리고 떠났다.

늙은 바라문은 그 나무 아래에서 다시 시간을 보내다가 출가한 한 외도를 만났다. 그는 누더기를 입고 조용하고 천천히 걸으면서 말하였다.

"가거라, 가거라, 중생들아."

바라문이 물었다.

“왜 나란히 걸어가면서 입으로 ‘가거라, 가거라.’ 하고 외칩니까?”

외도가 대답하였다.

“저는 출가한 사람으로서 일체중생을 가엾이 여깁니다. 저 벌레나 개미 따위를 해칠까 두려워 이러는 것입니다.”

늙은 바라문은 그 외도가 입으로 그런 말을 하는 것을 보고 돈독한 믿음이 생겼다. 그래서 곧 그를 쫓아 그의 집으로 갔다. 날이 저물자 그가 바라문에게 말하였다.

“저는 고요히 제 마음을 닦아야겠습니다. 당신은 딴 방에 가서 누워 주무십시오.”

그때 바라문은 도를 닦는다는 말을 듣고 마음으로 매우 기뻐하였다. 그런데 한밤이 지나자 악기를 연주하며 춤추고 노래하는 소리가 들렸다. 늙은 바라문은 곧 나가 살펴보았다. 그리고 출가한 외도가 머무는 방에 땅속으로 구멍이 하나 있고 그 구멍에서 여자가 나와 그와 정을 통하는 것을 보았다. 여자가 춤을 추면 그 외도는 거문고를 타고, 외도가 춤을 추면 그 여자가 거문고를 탔다. 바라문은 이것을 보고 스스로 생각하였다.

‘인간이고 짐승이고 할 것 없이 천하 만물은 어느 하나 믿을 것이 없구나.’

그리고 게송을 읊었다.

다른 남자랑 손도 잡아본 적 없어요.

풀잎을 주인에게 돌려주러 갑니다.

속임수로 풀을 입에 문 황새

벌레를 죽일까 두렵다는 외도

이것은 모두 알랑거리는 거짓말

믿을 만한 이가 아무도 없네.

그때 그 나라에 집이 아주 부자고 진귀한 보물이 많은 한 장자가 있었다. 그런데 어느 날 밤에 많은 재물을 잃어버렸다.

왕이 소식을 듣고 장자에게 물었다.

"누가 왔다 가고 나서 그 재물이 사라졌는가?"

장자가 왕에게 아뢰었다.

"오랫동안 드나든 바라문이 한 분 계십니다. 그분은 처음부터 간악하고 난잡함이 없이 함께 왕래했습니다. 몸을 청결하게 하여 세상 물건은 건드리지 않고 옷에 붙은 풀잎마저 오히려 주인에게 돌려주는 분입니다. 그분 외에 다른 사람은 없습니다."

왕이 이 말을 듣고 바라문을 체포해 조사하였다.

그때 장자가 왕에게 가서 아뢰었다.

"저 분의 정결한 행실은 세상에 비길 데가 없습니다. 그런데 왜 하루아침에 구속하십니까? 차라리 재물을 잃어버려도 좋으니, 왕께서는 부디 풀어 주십시오."

왕이 대답하였다.

"예전에도 이와 비슷한 사건이 있었다는 얘기를 내가 들은 적이 있다. 겉으로는 거짓으로 청정한 듯 꾸미고 속에는 간악함을 품은 것이다. 너는 너무 걱정하지 말고, 내가 사실을 밝히도록 기다려라."

왕은 이렇게 말하고 나서 즉시 조사하여 추궁하였다. 바라문은 변명할 말이 바닥나고 진술의 앞뒤가 들어맞지 않자 고개를 숙이고 사실을 인정하였다.

그러므로 지혜로운 자는 거울에 비친 모습처럼 세상을 살고 진실과 거짓을 잘 분별하여 세상을 인도하는 스승이 되어야 한다.

119.
시어머니를 죽이려 한 바라문의 아내

옛날 어떤 바라문이 있었다. 그의 아내는 한창 젊어 얼굴이 곱고 아름다웠지만 욕정이 너무 많아 음탕한 구석이 있었다. 하지만 시어머니가 있어서 마음대로 하지 못하였다. 그래서 몰래 간악한 꾀를 내어 시어머니를 해치려 하였다. 그는 거짓으로 효도하고 봉양하는 척하여 남편의 마음을 미혹시켰다. 아침저녁으로 정성을 다하고 조금도 모자람 없이 이바지하자, 남편이 기뻐하며 아내에게 말하였다.

"당신이 지금 어머니를 공양하는 것은 효도하는 며느리가 할 일이오. 우리 어머니가 늘그막에 의지할 곳은 당신 힘뿐이오."

아내가 대답하였다.

"지금 제가 어머니께 이 세상의 공양을 올릴 수 있는 날도 얼마 남지 않았습니다. 어머니께서 만약 하늘나라의 공양을 받는다면 제 소원이 만족할 것입니다. 혹 하늘나라에 태어나시게 할 묘한 법이 없을까요?"

남편이 대답하였다.

"바라문 법에 바위에서 떨어지거나 불 속으로 뛰어들거나 다섯 가지 뜨거운 것으로 몸을 지지는 등 이런 일을 행하면 곧 하늘나라에 태어난다고 하였소."

아내가 말하였다.

"만약 그런 법이 있다면 어머님은 하늘나라에 태어나 저절로 차려지는 음식들을 공양 받을 것입니다. 무엇하러 애써서 이 세상의 공양을 받겠습니까?"

아내가 이렇게 말하자, 남편은 그 말을 믿었다. 남편은 곧 밭에 큰 불구덩이를 파고 땔감을 잔뜩 쌓아 아주 사납게 불을 붙였다. 그리고 그 불구덩이 위에 큰 연회를 마련하고는 늙은 어머니를 모시고 친족들을 불러 모았다. 바라문들은 모두 거기 모여 음악과 노래로 종일토록 즐겼다.

시간이 흐른 후 손님들이 모두 흩어지고 늙은 어머니만 혼자 남았다. 부부는 늙은 어머니를 데리고 불구덩이가 있는 곳으로 가서 불구덩이에 밀어 넣고는 뒤도 돌아보지 않고 달아났다.

그때 그 불구덩이 안에 마침 조그만 턱이 있었다. 늙은 어머니는 그 턱에 걸려 마침내 불길에 떨어지지 않았다. 구덩이에서 빠져나오고 보니 날이 이미 어두워지고 있었다. 늙은 어머니는 올 때의 자취를 더듬어 집으로 향하였다. 숲속을 지나는데 사방이 깜깜하였다. 늙은 어머니는 호랑이와 나찰 귀신들이 두려워 낮은 나무를 붙잡고 기어올라 그 두려움을 피하고 있었다.

그때 마침 많은 재물과 보물을 훔쳐 나무 아래에서 쉬는 도적 떼를 만나게 되었다. 늙은 어머니는 겁이 나서 꼼짝도 하지 않다가 도저히 참을 수 없어 그만 나무 위에서 재채기를 하였다. 도적들은 그 재채기 소리를 듣고 악귀라 생각해 그 재물과 보물을 버린 채 모두 흩어져 달아났다. 새벽녘이 되어 늙은 어머니는 아무 두려움 없이 태연히 나무에서 내려왔다. 그리고 나무 아래에서 향기로운 영락과 구슬과 금팔찌와 귀고리 등 온갖 진귀한 보물만 골라 잔뜩 짊어지고 집으로 향했다. 아들 부부는 어머니를 보고 깜짝 놀라면서 시체가 다시 살아난 귀신으로 생각해 감히 가까이 가지 못하였다.

그러자 어머니가 그들에게 말하였다.

"나는 죽어 하늘나라에 태어나서 이런 재물과 보물을 많이 얻었다."

그리고 그 며느리에게 말하였다.

"이 향기로운 영락과 구슬과 금팔찌와 귀고리 등은 네 부모와 고모부·이모부·자매들이 너에게 주라고 해서 가지고 온 것이다. 나는 늙고 약해서 많이 가져오지는 못하였다. 오면 얼마든지 주겠다고 너에게 말을 전하라 하더라."

며느리는 시어머니의 말을 듣고 못내 기뻐하면서 시어머니에게 한 것처럼 자신도 불구덩이에 몸을 던져 보물을 구하려고 하였다.

그가 남편에게 말하였다.

"늙으신 시어머님이 불구덩이에 몸을 던져 이런 재물과 보물을 얻었지만, 힘이 약해 많이 짊어지고 오지 못하였습니다. 제가 가면 반드시 많이 얻어 올 수 있을 것입니다."

남편은 아내 말대로 불구덩이를 만들었다. 아내는 거기에 몸을 던졌고 몸이 완전히 타서 죽고 말았다.

그때 여러 하늘나라 사람들이 게송으로 말하였다.

사람들아, 자기보다 높은 이에게
부디 나쁜 생각 일으키지 말라.
시어머니를 해치려 한 며느리처럼
도리어 자신이 불에 타 죽으리니.

120.
올빼미의 원수를 갚은 까마귀

옛날에 서로 원수가 되어 미워하던 까마귀와 올빼미가 있었다. 까마귀는 올빼미가 낮에 보지 못한다는 것을 알고 낮을 기다렸다가 올빼미 떼를 밟아 죽여 그 고기를 먹었다. 올빼미는 밤이 되면 까마귀가 눈이 어둡다는 것을 알고 까마귀 떼를 쪼아 창자를 꺼내 먹었다. 이렇게 서로 낮과 밤을 두려워하면서 그칠 새가 없었다.

그때 까마귀 떼 가운데 한 지혜로운 까마귀가 다른 까마귀들에게 말하였다.

"이미 원수가 되어 서로를 증오해 어떻게 풀 방법이 없다. 결국은 서로를 죽이면서 양쪽 다 온전하지 못하게 될 것이다. 어떤 방법을 써서라도 저 올빼미들을 완전히 없애 버려야 우리가 편안하고 즐겁게 살 수 있다. 만약 그렇게 하지 않으면 마침내 우리가 패하게 될 것이다."

까마귀들이 말하였다.

"네 말과 같다. 어떤 방법을 써야 저 올빼미들을 모두 죽일 수 있겠는가?"

지혜로운 까마귀가 말하였다.

"너희 까마귀들은 일단 함께 나를 쪼아라. 나의 털을 뽑고 내 머리를 쪼아서 깨트려라. 내가 계획을 세워 반드시 그놈들을 몰살할 것이다."

까마귀들이 모두 그의 말대로 하였다. 지혜로운 까마귀는 가엾은 꼴을 하고 올빼미들이 사는 굴 밖에서 처량하게 울었다. 한 올빼미가 그 소리를 듣고 나와 말하였다.

"너는 지금 왜 머리가 부서지고 털이 빠진 채로 이곳을 찾아와 슬피 울면서 괴로워하는가? 무슨 할 말이라도 있는가?"

까마귀가 말하였다.

"까마귀들이 나를 미워해 살 수가 없습니다. 그래서 저 원수들을 피해 당신들의 보호를 받으려고 이곳에 온 것입니다."

그때 그 올빼미는 그를 가엾게 여겨 살려주려고 하였다. 그러자 다른 올빼미들이 말하였다.

"저놈은 우리 원수다. 가까이할 수 없다. 무엇 때문에 원수를 살려주려고 하는가?"

그러자 그 올빼미가 말하였다.

"지금 매우 괴롭고 곤란한 처지가 되어 우리에게 몸을 의지하러 왔다. 혈혈단신인 그가 도대체 뭘 할 수 있겠는가?"

그래서 결국 그를 살려주고 남는 고기를 주었다. 얼마 지나 까마귀는 털이 다시 자랐다. 까마귀는 거짓으로 기뻐하면서 몰래 꾀를 내었다. 마른 나뭇가지와 풀을 물고 와 올빼미 굴에 쌓으면서 무슨 은혜라도 갚는 체하였다.

그러자 올빼미가 물었다.

"무엇을 하려고 그렇게 하는가?"

까마귀가 대답하였다.

"이 굴속에는 순전히 찬 돌뿐입니다. 이 풀과 나무로 찬바람을 막으려는 것입니다."

올빼미는 그러려니 생각하고 잠자코 있었다. 그래서 까마귀는 굴을 지키면서 거짓으로 심부름꾼이 되었다. 그때 마침 폭설이 내리고 추위가 기승을 부려 올빼미들이 모두 굴속으로 모여들었다. 기회를 노리던 까마귀는 드디어 기뻐하면서 목동의 불을 물고 와 올빼미 굴에 불을 질렀다. 그래서 올빼미 떼가 한꺼번에 모두 타죽고 말았다.

그때 여러 하늘나라 사람들이 게송으로 말하였다.

오랜 원한이 있던 자
너무 믿지 말라.
까마귀가 거짓으로 착한 체하여
올빼미들을 태워죽였느니라.

121.
염소와 싸운 여종

옛날에 성질이 얌전하고 검소한 여자 노비가 있었다. 그는 항상 주인을 위해 보리와 콩을 관리하였다. 그때 주인집에 있던 숫양 한 마리가 빈틈을 엿보아 보리와 콩을 먹어치워 한 말이나 축내었다. 그래서 주인에게 꾸중을 들었다.

그는 주인의 신임을 잃게 된 것이 모두 양 때문이라 생각하였다. 그래서 그는 늘 양을 미워하여 막대기로 때렸다. 그러면 양도 화가 나 그를 뿔로 들이받았다. 이렇게 서로를 공격한 것이 한두 번이 아니었다.

그러던 어느 날 여자 노비가 손에 불을 들고 있었다. 양은 그의 손에 막대기가 없는 것을 보고 곧장 달려와 그를 들이받았다. 여자 노비는 너무 놀라 손에 들었던 불을 양의 등에 던져버렸다. 불이 붙은 양이 여기저기 돌진하는 바람에 불이 마을 사람들을 태우고 또 산과 들까지 번졌다.

그때 그 산에 살던 500마리 원숭이도 닥치는 불길을 피하지 못해 한꺼번에 타죽고 말았다.

여러 하늘나라 사람들이 그것을 보고 게송으로 말하였다.

화내며 싸우는 자 있으면
그 틈에 머물지 말라.
숫양과 여자 노비가 싸우는 바람에
마을 사람들과 원숭이가 죽었느니라.

잡보장경

2023년 8월 10일 초판 1쇄 인쇄
2023년 8월 28일 초판 1쇄 발행

옮긴이 동국역경원 역경위원회
원문교감 및 윤문 성재헌
발행인 박기련
발행처 동국역경원

출판등록 제1964-000001호
주 소 04626 서울시 중구 퇴계로36길2 신관1층 105호
전 화 02-2264-4714
팩 스 02-2268-7851
Homepage http://dgpress.dongguk.edu
E-mail abook@jeongjincorp.com
디자인 나라연
인쇄처 네오프린텍

ISBN 978-89-5590-387-4 93220

값 35,000원